Ordenes slotte

Ordenes slotte
Om sprog og litteratur i Norden

Útgefandi / Udgiver:
Stofnun Vigdísar Finnbogadóttur í erlendum tungumálum/
Vigdís Finnbogadóttir Instituttet for Fremmedsprog ved
Islands Universitet, Reykjavík (www.vigdis.hi.is)

Grafisk tilrettelægning:
Arkitekt Bertelsen v/ Jens Bertelsen
Trykt hos Nørhaven Book A/S, Viborg
Fotos fra Nordatlantens Brygge: Jens Lindhe

ISBN 87-990710-0-2
Trykt i Danmark 2005

Dreifing / Distribution:
Nordisk Bog Center A/S: Bækvej 10-12, 4690 Haslev, Danmark
Háskólaútgáfan: Háskólaútgáfan við Hagatorg, IS-107 Reykjavík, Ísland

norden
Nordisk Kulturfond

Ritstjórar ritraðar / Serieredaktører:
Dr. Gauti Kristmannsson
Dr. Peter Weiß

Ordenes slotte
Om sprog og litteratur i Norden

HYLDEST TIL
VIGDÍS FINNBOGADÓTTIR
ÍSLANDS PRÆSIDENT 1980-1996

REDAKTION:
AUÐUR HAUKSDÓTTIR
JØRN LUND
ERIK SKYUM-NIELSEN

Stofnun
VIGDÍSAR FINNBOGADÓTTUR
í erlendum tungumálum

Indhold

6   Redaktionen
Forord

9   Tabula gratulatoria

17   Vigdís Finnbogadóttir
Nordens sprog – kulturelle værdier

21   Suzanne Brøgger
Om at huske – at huske

25   Thorvald Steen
Snorre og Undir svikulli sól

31   Torfi H. Tulinius
Snorri og hans slægt i moderne nordisk litteratur

39   Vésteinn Ólason
Vikinger og helte i skyggen af to verdenskrige

51   Erik Skyum-Nielsen
Nye og gamle fortælleformer i moderne vestnordisk prosa i postkolonialt perspektiv

62   Einar Már Guðmundsson
Midten befinder sig under dine fodsåler

69   Jógvan Isaksen
Færøsk litteratur set med postkoloniale briller

75   Oddvør Johansen
I morgen er der atter en dag

84   Kirsten Thisted
Grønlandsk litteratur i dag

93   Kelly Berthelsen
       Fem digte

99   Henrik Galberg Jacobsen
       Dansk mellem nordboer

107 Katarina Lundin-Åkesson
       Grannspråksförståelsen i Norden i dag

118 Nils Øivind Helander
       De samiske språkene

130 Naja Blytmann Trondhjem
       Fra Nuuk til …? Hvad betyder dansk for grønlænderne?

136 Pirkko Nuolijärvi
       Svenskans ställning i Finland på 2000-talet

148 Jens Normann Jørgensen
       Hvorfor er det så svært for danskerne at forstå dansk?

157 Auður Hauksdóttir
       Hvorfor undervises der i dansk i Island?

171 Jørn Lund
       Dansk og nordisk – set fra Bryggen

179 Kaj Elkrog og Morten Meldgaard
       Nordatlantens Brygge. En drøm, en vision – og en virkelighed

Forord

Denne bog er et nordisk festskrift skrevet på dansk, norsk og svensk og udgives i anledning af Vigdís Finnbogadóttirs 75 års fødselsdag den 15. april 2005. Bogen beskriver over et bredt register de nordiske landes sproglige og kulturelle situation. Baggrunden for festskriftet er en todages konference om nordisk sprog og kultur, der i november 2003 blev afholdt i København i tilknytning til indvielsen af kulturhuset Nordatlantens Brygge – et møde, der var arrangeret af Vigdís Finnbogadóttir Instituttet ved Islands Universitet. Det var Vigdís' ønske, at man ved denne lejlighed den ene dag satte fokus på nordisk sprogforståelse, den anden på nyere vestnordisk litteraturs dialog med fortiden. Få dage efter holdtes på Schæffergården i Gentofte en beslægtet litterær konference, fra hvilken vi har den glæde at bringe et bidrag af den norske forfatter Thorvald Steen. Da vi videre har ønsket en bredere nordisk dækning af bogens emneområder, har vi indkaldt en særlig skribent til at belyse den samiske sprogsituation og en anden til at skildre det svenske sprogs stilling i Finland. Hertil kommer en artikel om den immaterielle kulturarv. Endelig fandt vi det oplagt at lade folkene bag den visionære og praktiske etablering af Nordatlantens Brygge slutte af med at fortælle kulturhusets interessante historie.

Listen over bidragydere omfatter herefter, foruden fødselsdagsbarnet, forfatterne Suzanne Brøgger (Danmark), Oddvør Johansen (Færøerne), Kelly Berthelsen (Grønland), Einar Már Guðmundsson (Island) og Thorvald Steen (Norge), litteraturforskerne Erik Skyum-Nielsen og Kirsten Thisted (Danmark), Jógvan Isaksen (Færøerne) og Vésteinn Ólason og Torfi H. Tulinius (Island), sprogforskerne Henrik Galberg Jacobsen, Jørn Lund og Jens Normann Jørgensen (Danmark), Pirkko Nuolijärvi (Finland), Naja Blytmann Trondhjem (Grønland), Auður Hauksdóttir (Island), Nils Øivind Helander (Sameland) og Katarina Lundin-Åkesson (Sverige). Desuden bidrager initiativtagerne Kaj Elkrog, formand for byggeudvalget, og Morten Meldgaard, fhv. direktør for Bryggen, til bogen. Værket er illustreret med billeder fra Nordatlantens Brygge taget af den svenske fotograf Jens Lindhe.

Redaktionen har dels villet benytte en god lejlighed til at præsentere aktuel forskning i Nordens sprog og litteratur; dels har man ønsket at hædre den person, som frem for nogen har været en varm fortaler for nordisk samarbejde på sprog- og kulturområdet, og som har været drivende kraft i oprettelsen og igangsætningen af et nordisk kulturhus på Bryggen. Til markering heraf indledes bogen med gratulationshilsener fra medlemmer af Islands nordiske broderfolk og islændinge i Norden, som er venner med Vigdís, eller som har samarbejdet med hende i nordiske sammenhænge.

Titlen *Ordenes slotte. Om sprog og litteratur i Norden* fortæller i sidste led, hvad indholdet er. Men dens poetiske første led stammer faktisk fra Vigdís selv, som ved flere lejligheder har brugt netop dette udtryk til at indkredse den form for rigdom og storhed, der kan bestå i at bruge sproget til at formidle viden og ægge fantasien.

Værket vil blive overrakt til Vigdís på fødselsdagen på en international konference, der holdes på Islands Universitet i anledning af 75 års dagen under overskriften "Dialog mellem kulturer".

Redaktionen takker Nordisk Kulturfond for økonomisk støtte til konferencen og udgivelsen, Nordatlantens Brygge for værtskabet ved konferencen og Fondet for Dansk-Norsk Samarbejde dels for afholdelse af den ovenfor nævnte litterære konference, dels for den velvilje, hvormed Fondet gennem årene har stillet sine faciliteter til rådighed for nordiske kursister, herunder islandske dansklærere og islandske danskstuderende. Endvidere takkes Fondet for Dansk-Islandsk Samarbejde og Selma og Kaj Langvads Legat for økonomisk støtte til afholdelse af konferencen. Sidst men ikke mindst takkes Islands Regering og Islands Ambassade i Danmark for værdifuld direkte og indirekte støtte.

Marts 2005

Auður Hauksdóttir
Jørn Lund
Erik Skyum-Nielsen

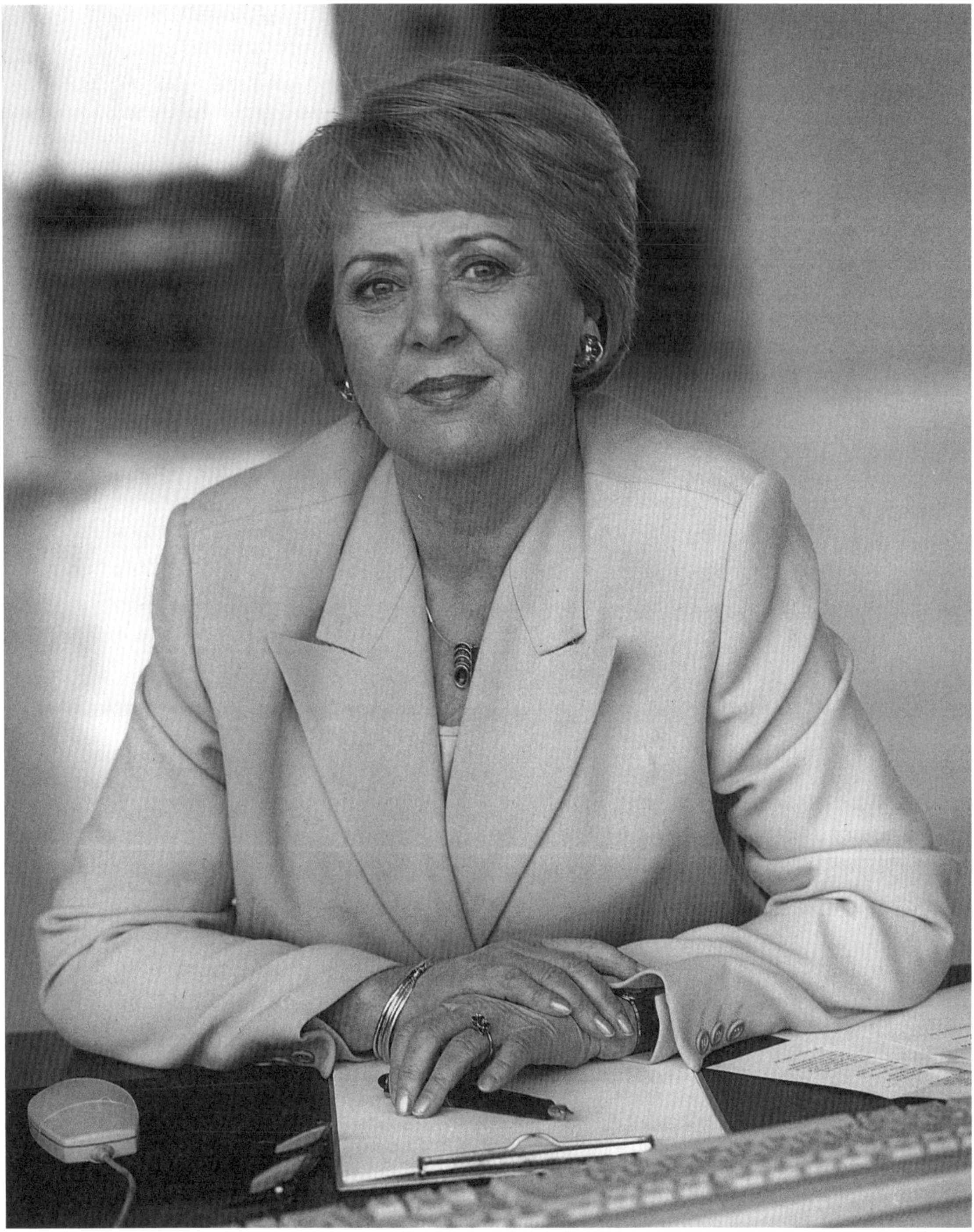

Tabula gratulatoria

Åsa Abelin, Inst. för lingvistik, Göteborgs universitet, Sverige
Gerður Albertsdóttir Welander, Strängnäs, Sverige
Sture och Solveig Allén, Göteborg, Sverige
Jens Allwood, Inst. för lingvistik, Göteborgs universitet, Sverige
Tone Andersen, Fredericia, Danmark
Svava Aradóttir, København, Danmark
Poul Bache, Nordisk Kulturfonds bestyrelse
Stefán Baldursson, Nordisk Kulturfonds bestyrelse
Jóhanna Barðdal, Bergen, Norge
Gunnar Benediktsson, Österskär, Sverige
Gunnar Bergendal, Lund, Sverige
Nils Bernstein, Statsministeriet, Danmark
Kelly Berthelsen, Nuussuaq, Grønland
Jónína Bjartmarz, Nordisk Kulturfonds bestyrelse
Leo Bjørnskov, Ministeriet for Videnskab, Teknologi og Udvikling, Danmark
Marit Bjørnson Barkbu, Skarnes, Norge
Naja Blytmann Trondhjem, Københavns Universitet, Danmark
Kjell Magne Bondevik, Statsministeriet, Norge
Anneli og Håkan Branders, Helsingfors, Finland
Torbjørg Breivik, Oslo, Norge
Suzanne Brøgger, Høng, Danmark
Gun Carlsson, Nordisk Kulturfonds bestyrelse
Søren Christensen, Udenrigsministeriet, Danmark
Birgitta Dahl, Uppsala, Sverige
Ingrid Dahlberg, Falun, Sverige
Niels Davidsen-Nielsen, Dansk Sprognævn, Danmark
Jørgen Didriksen og Lise Lotte Færeh, Oslo, Norge
Peter Duelund, Nordisk Kultur Institut, Frederiksberg, Danmark

Anna Einarsdóttir, Reykjavík, Ísland
Nils-Erik Eklund, Mariehamn, Åland
Kaj Elkrog, Holte, Danmark
Uffe Ellemann-Jensen, Hellerup, Danmark
Christina og Lars-Åke Engblom, Huskvarna, Sverige
Hans Enoksen, Nuuk, Grønland
Aase og Ivar Eskeland, Oslo, Norge
Susanne Fibiger, Hirtshals, Danmark
Anders Fogh Rasmussen, Statsministeriet, Danmark
Laila Freivalds, Utrikesdepartementet, Sverige
Karl Erland Gadelii, Inst. för lingvistik, Göteborgs universitet, Sverige
Henrik Galberg Jacobsen, Syddansk Universitet-Odense, Danmark
Karin Garde, Roskilde, Danmark
Svavar Gestsson og Guðrún Ágústsdóttir, Islands ambassad, Sverige
Steinar Gimnes, Trondheim, Norge
Rigmor Duun Grande, Nordisk Ministerråd
Kai Granholm, Finlands ambassad/Suomen suurlähetystö, Ísland
Catharina Grünbaum, Ekerö, Sverige.
Rannveig Guðmundsdóttir, Nordisk Råd
Einar Már Guðmundsson, Reykjavík, Ísland
Hjördís Gunnarsdóttir og Tómas Á. Tómasson, Frederiksberg, Danmark
Karitas H. Gunnarsdóttir, Undervisnings- og Kulturministeriet, Ísland
Þorsteinn Gunnarsson, Reykjavík, Ísland
Matti Gustafson, Riihimäki, Finland
Ingunn Hagen og Øyvind Stokke, Oslo, Norge
Zakaris Svabo Hansen, Tórshavn, Føroyar
Guri Hanssen, Nordisk informasjonskontor i Nord-Norge, Alta, Norge
Marjun Hanusardóttir, Løgmannsskrivstovan, Føroyar
Helgi Haraldsson, Østerås, Norge
Steen Harbild, Undervisningsministeriet, Danmark
Søren Haslund-Christensen, Hellerup, Danmark
Rikke Hauge, Oslo, Norge
Auður Hauksdóttir, Stofnun Vigdísar Finnbogadóttur, Háskóli Íslands, Ísland
Connie Hedegaard, Miljøministeriet og Ministeriet for Nordisk Samarbejde,
    Danmark
Riitta Heinämaa, Helsingfors, Finland
Nils Øivind Helander, Samisk høgskole, Sápmi, Norge
Mats Hellström, Stockholm, Sverige

Aviâja, Sofie Kristine, Asta Naja, Sara Lin og Hans Jakob Helms, København, Danmark
Anne Marie og Lars Heltoft, Vedbæk, Danmark
Henrik Holmboe, Handelshøjskolen i Århus, Danmark/NorFA
Joan og Ove Hornby, Frederiksberg, Danmark
Lars Huldén, Helsingfors, Finland
Kirsten Haastrup, Frederiksberg, Danmark
Jógvan Isaksen, Københavns Universitet, Danmark
Guðrún Jakobsdóttir og Hans Walter Rothenborg, Hellerup, Danmark
Pia Jarvad, Dansk Sprognævn, Danmark
Anette Jensen, Nordisk Informationskontor i Sønderjylland, Flensborg, Danmark
Birgitte Jensen, Hjørring, Danmark
Niels Jensen, Hirtshals, Danmark
Bertil og Marie-Louise Jobeus, Sveriges ambassad, Ísland
Edmund Joensen, Lagtinget, Føroyar
Tryggvi Johanesen, Færøernes Repræsentation, Danmark
Jahn Otto Johansen, Oslo, Norge
Oddvør Johansen, Tórshavn, Føroyar
Pétur Mikkel Jónasson, Københavns Universitets Ferskvandsbiologiske Laboratorium, Hillerød, Danmark
Mona-Lisa Juuranto, Helsingfors, Finland
Riitta Kaivosoja, Undervisningsministeriet, Finland
Klaus Otto Kappel, Vedbæk, Danmark
Kaj Kleist, Grønlands Hjemmestyre, Grønland
Marianne og Bent A. Koch, Odense, Danmark
Ingeborg Kongslien, Universitetet i Oslo, Norge
Mauno och Tellervo Koivisto, Helsingfors, Finland
Jon og Christine Krabbe, Harpelunde, Danmark
Kjeld Kristensen, Det Danske Sprog- og Litteraturselskab, Danmark
Lise Iversen Kulbrandstad og Lars Anders Kulbrandstad, Høgskolen i Hedmark, Norge
Veikko Kunnas, Nordisk Kulturfonds bestyrelse
Rune Kyrkjebø, Fyllingsdalen, Norge
Ásdís Kvaran Þorvaldsdóttir, Reykjavík, Ísland
Lars Roar Langslet, Oslo, Norge
Søren Langvad, Lyngby, Danmark
Bula Larsen, Direktorat for Kultur, Uddannelse, Forskning og Kirke, Grønland
Lise Lennert Olsen, Nordisk Kulturfonds bestyrelse

Anders Ljunggren, Föreningen Norden, Sverige
Sylfest Lomheim, Norsk språkråd, Norge
Jógvan í Lon Jacobsen, Hoyvík, Føroyar
Jonna Louis-Jensen, Den Arnamagnæanske Samling, Københavns Universitet, Danmark
Jørn Lund, Det Danske Sprog- og Litteraturselskab, Danmark
Katarina Lundin-Åkesson, Lunds universitet, Sverige
Arne Lyngstad, Nordisk Kulturfonds bestyrelse
Ivar Lærkesen, Aakirkeby, Bornholm, Danmark
Lars Lönnroth, Göteborg, Sverige
Ola T. Lånke, Stortinget, Norge
Emma og Mærsk Mc-Kinney Møller, Charlottenlund, Danmark
Guðjón Magnússon, Garðabær, Ísland
Jakob Mathiassen, Nuussuaq, Grønland
Chr. Mejdahl, Folketinget, Danmark
Morten Meldgaard, Holte, Danmark
Brian Mikkelsen, Kulturministeriet, Danmark
Josef Motzfeldt, Nuuk, Grønland
Brit Mæhlum, Universitetet i Trondheim, Norge
Birgir Thor Møller, København, Danmark
Per Stig Møller, Udenrigsministeriet, Danmark
Gudlaug Nedrelid, Institutt for nordisk og mediefag, Høgskolen i Agder, Kristiansand, Norge
C.C. Nielsen, Odense, Danmark
Linda Nielsen, København, Danmark
Irmeli Niemi, Sauvo, Finland
Jens Normann Jørgensen, Københavns Universitet, Danmark
Pirkko Nuolijärvi, Helsingfors, Finland
Jørgen Nørby Jensen, København, Danmark
Vibeke Nørgaard Nielsen, Brædstrup, Danmark
Kristín Oddsdóttir og Peter Bonde, Valby, Danmark
Kent Olsson, Nordisk Kulturfonds bestyrelse
Kjartan Ottosson, Oslo, Norge
Vésteinn Ólason, Stofnun Árna Magnússonar, Háskóli Íslands, Ísland
Elín Óskarsdóttir, Islands ambassad, Sverige
Þorsteinn Pálsson og Ingibjörg Þ. Rafnar, Islands Ambassade, Danmark
Sigríður J. Pétursdóttir og Steen Lindholm, Holte, Danmark
Jóhann Hendrik W. Poulsen, Kirkjubø, Føroyar

Henriette Rasmussen, Direktoratet for Kultur, Uddannelse, Forskning og Kirke, Grønland
K. Torben Rasmussen, Århus, Danmark
Lasse Reimann, Kgl. dansk Ambassade, Ísland
Kristina Rennerstedt, Nordisk Kulturfonds bestyrelse
Mikael Reuter, Helsingfors, Finland
Klaus Rifbjerg, Rørvig, Danmark
Johannes Riis, Gyldendal, Danmark
Hanne Rochholz, NORDSPRÅK
Eva Rode og Böðvar Guðmundsson, Nivå, Danmark
Flemming Rohde Nielsen, Herning, Danmark
Grethe F. Rostbøll, Frederiksberg, Danmark
Simo Rundgren, Nordisk Kulturfonds bestyrelse
Marianne och Kai A. Saanila, Helsingfors, Finland
Ann Sandelin og Borgar Garðarsson, Borgå, Finland
Malene Schwartz, København, Danmark
Erla Sigurðardóttir, København, Danmark
Agnete Sippel, TJALDUR – vänskapsförening Finland-Färöarna UPPIK
    – vänskapsförening Finland-Grönland, Helsingfors, Finland
Gústaf Skúlason og Ólöf Baldursdóttir, Sollentuna, Sverige
Erik Skyum-Nielsen, Københavns Universitet, Danmark
Jens Smærup Sørensen, Nykøbing Mors, Danmark
Christian Sparrevohn, København, Danmark
Kirsti Sparrevohn, Nordisk Bibliotek, Københavns Universitet, Danmark
Peter Springborg, Den Arnamagnæanske Samling, Københavns Universitet, Danmark
Ole Stavad, Nordisk Råds Danske Delegation, Danmark
Thorvald Steen, Oslo, Norge
Pär Stenbäck, Helsingfors, Finland
Thorvald Stoltenberg, Oslo, Norge
Björn W. Stålne, Rikskonserter, Sverige
Valgerd Svarstad Haugland, Kultur- og Kirkedepartementet, Norge
Einar G. Sveinbjörnsson, Stocksund, Sverige
Ulf Svenér, Sveriges ambassad, Ísland
Björn von Sydow, Sveriges Riksdag, Sverige
Astrid Sæther, Senter for Ibsen-studier, Universitetet i Oslo, Norge
Tom och Kaija Söderman, Helsingfors, Finland
Helge Sønneland, Nordisk Kulturfonds bestyrelse

Frode Sørensen, Nordisk Kulturfonds bestyrelse
Kirsten Thisted, Københavns Universitet, Danmark
Torfi H. Tulinius, Stofnun Vigdísar Finnbogadóttur, Háskóli Íslands, Ísland
Per Unckel, Nordiska Ministerrådet
Krista Varantola, Tammerfors Universitet, Finland
Magne Velure, Lillehammer, Norge
Guttorm Vik, Norges Ambassade, Ísland
Eva og Per Ivar Vaagland, Stabekk, Norge
Raija Wallenius och Mats Jönsson, Stockholm, Sverige
Liv Helene Willumsen, Tromsø, Norge
John Winther, Frederiksberg, Danmark
Adam Worm, Grønlands Repræsentation, Danmark
Jakob Worm Buhl, Marstal, Danmark
Kim Zahle, København, Danmark
Knut Ødegård og Þorgerður Ingólfsdóttir, Molde, Norge og Reykjavík, Ísland
Carl Öhman, Helsingfors, Finland
Liv og Per Aasen, Drammen, Norge

Afdeling for Eskimologi og Arktiske Studier, København, Danmark
A.P. Møller og Hustru Chastine Mc-Kinney Møllers Fond til almene Formaal, København, Danmark
Den Arnamagnæanske Samling, Københavns Universitet, Danmark
Bjørnstjerne Bjørnson-Akademiet, Det Norske Akademi for Litteratur og Ytringsfrihet, Norge
Bokförlaget Natur och Kultur, Stockholm, Sverige
Carlsbergfondet, København, Danmark
Dansk-Islandsk Samfund, Lyngby, Danmark
Dansk Polarcenter, København, Danmark
Dansk Sprognævn, Danmark
Det Danske Akademi, Danmark
Det Danske Sprog- og Litteraturselskab, Danmark
Eik Bank, København, Danmark
Fondet for Dansk-Norsk Samarbeid, Lysebu, Oslo, Norge og Schæffergården, Gentofte, Danmark
Foreningen Norden, Danmark
Forlaget Vindrose, Valby, Danmark
Forskningscentralen för de inhemska språken, Helsingfors, Finland
Føroyamálsdeildin, Fróðskaparsetur Føroya, Tórshavn, Føroyar

Grønlands Repræsentation, Danmark

Kaupthing Bank, Luxembourg

Kgl. dansk Ambassade, Ísland

Institutt for kultur og litteratur, Universitetet i Tromsø, Norge

Isländska sällskapet, Uppsala, Sverige

Kreftforeningen (Norwegian Cancer Society), Norge

Kultur- og kirkedepartmentet, Norge

Letterstedtska Föreningen, Sverige

Nordatlantens Brygge, København, Danmark

Nordens Institut i Finland, Helsingfors, Finland

Nordisk Bibliotek. Institut for Nordiske Studier og Sprogvidenskab,
    Københavns Universitet, Danmark

Nordisk Kulturfond

Nordisk Råd

Det nordiska universitetsadministratörssamarbetet, NUAS

Norðurlandaskrifstofan/Nordisk Sekretariat, Statsministeriet, Ísland

Norræna húsið – Nordens hus – Pohjolan talo, Ísland

Norsk språkråd, Norge

Norges Ambassade, Ísland

Pohjola-Norden, Finland

Rikskonserter/Orkester Norden, Sverige

Sámi giellalávdegoddi/Samisk språknemnd, Guovdageaidnu/Kautokeino,
    Sápmi/Sameland

Svenska Institutet (SI), Sverige

Svenska språknämnden, Sverige

Svenska teatern, Helsingfors, Finland

Voksenåsen, Oslo, Norge

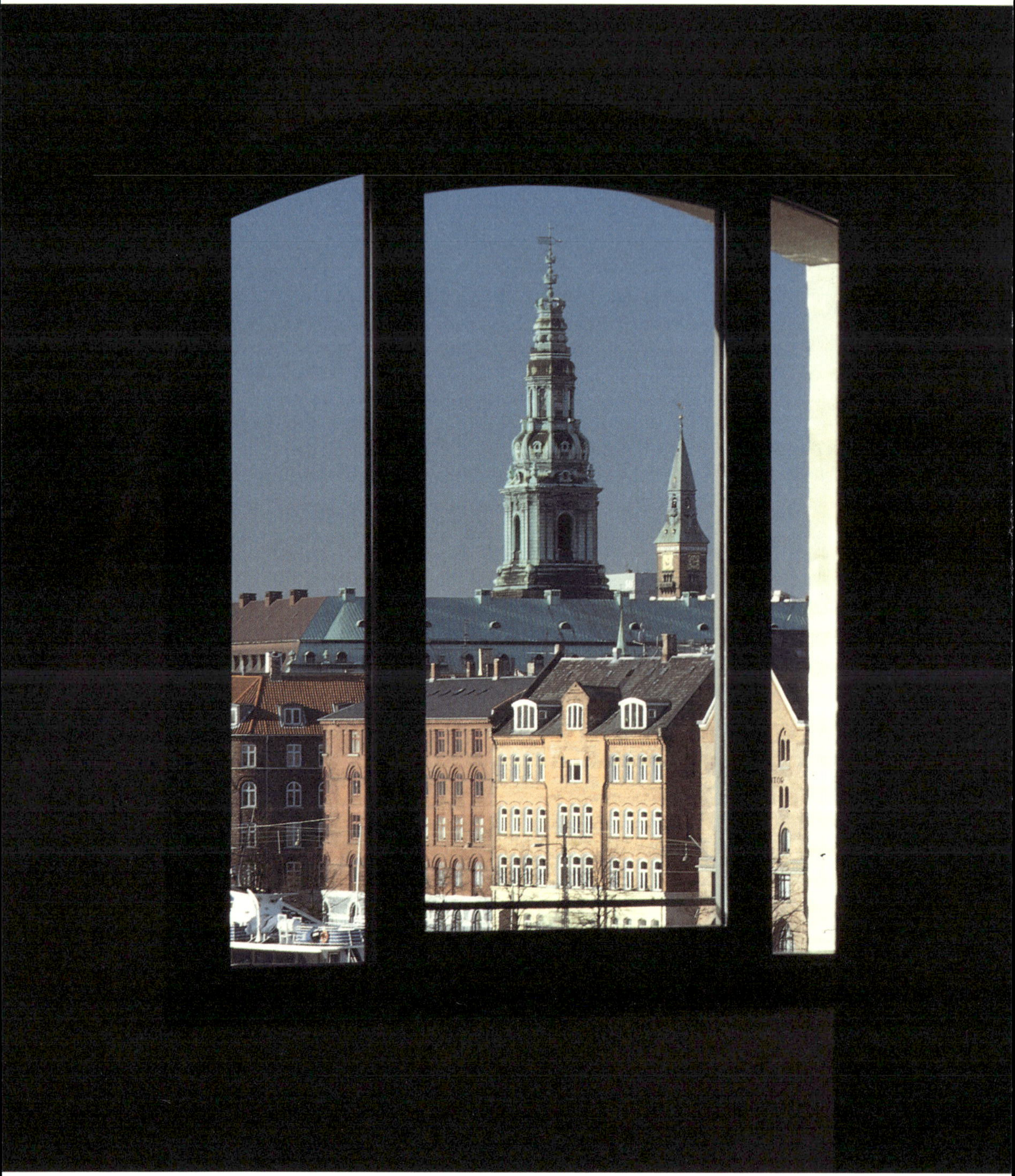

VIGDÍS FINNBOGADÓTTIR

Nordens sprog – kulturelle værdier

Nordiske sprog- og liitteraturdage på Nordatlantens Brygge d. 29.-30. november 2003

Mine damer og herrer, kære nordiske sprogvenner:
"Hans moder lærte ham at synge. Og efter at han var blevet voksen og havde lyttet til verdens sang, så syntes han intet var mere ophøjet end igen at vende tilbage til hendes sang. I hendes sang boede menneskeslægtens kæreste og mest uforståelige drømme. Dengang voksede tuerne ind i himlen. Luftens sangfugle lyttede undrende til denne sang; livets skønneste sang."

Sådan skriver Halldór Laxness i *Sjálfstætt fólk* (Frie Mænd), og mine tanker går ofte til disse ord, når jeg tænker på menneskenes mest dyrebare skat – sproget.

Dette møde med nordisk sprog og litteratur på dagsordenen skriver sig nu ind i selve åbningen af Nordatlantens Brygge og viser dermed vejen for at dette hus kan blive et fremtidens levende debatforum omkring den treenighed, som er så tæt knyttet sammen: vore nordiske sprog, – vores kultur, – vores identitet.

For mig personligt kunne intet være mere kærkomment end at åbne dette hus, som jeg har så store forhåbninger til, ved at tale om netop sproget – denne usynlige blomst i vore kulturers hjerter.

Det er ingen hemmelighed, at jeg er fascineret af vores sprog i Norden som de enestående kulturskatte, de er. For vores sprog, det er os. Vi er sprogene, og det, som er så fængslende, er, at sprogene ikke blot tilhører dem, der er født med dem og er inde i dem, men derimod er tilgængelige for hver og én, som gør sig den umage at lære dem, og tage sig den frihed at udtrykke sig på dem.

Sproget er selve menneskeartens livsenergi. For sproget har den enestående kraft at kunne tolke den menneskelige tankegang og skaberevne under alle forhold og til alle tider – i fortid, i nutid og i fremtid. Som en del af naturens mangfoldighed og af menneskelivets mønster er sprogene lige så komplicerede, som de er skønne, lige så rige, som de er nyttige. Sprogene leger med tankerne, samtidig med at de beriger dem.

Ingenting præger os som vores sprog. Vi opdager verden på sprog. Vi, de privilegerede, lærer at læse på vores sprog, og vi indtager vores første indtryk af den lærde verden, først og fremmest igennem det sprog, der omgiver os.

Et sprog er et ekko af det folk, der taler det, og det land, folket tilhører. De nordiske modersmål gør os hvert for sig lidt anderledes – en lillebitte smule anderledes – end andre folk. Og det er spændende at være anderledes. Vi genkender mennesker og det land, de stammer fra, på deres sprog – også når de ikke taler deres modersmål, genkender vi dem på den accent, de har arvet. Ligesom jeg må bede andre om at være overbærende med min accent, når jeg drister mig til at udtrykke mig på de sprog, jeg mener, jeg har kendskab til, hører jeg det straks, når danskere taler islandsk eller engelsk, ligesom vi alle naturligvis hører det, når franskmænd taler tysk. Selv genkender jeg islændinge hvor som helst ... når blot de taler et fremmed sprog.

Således har ethvert sprog sin egen karakter, der trænger igennem alle kunstarterne og taler til os alle. Selvfølgelig står det stærkest i litteraturen, og her er det interessante, at de værker, der beskæftiger sig med eviggyldige spørgsmål, og som mennesker og kulturer over hele kloden kan identificere sig med, samtidig er stærkt forbundne til de sprog, de er skrevet på. Tænk blot på Carl Michael Bellmanns *Fredmans Epistlar* og *Fredmans Sånger,* der er så umiskendeligt svenske, eller Henrik Ibsens *En Folkefiende,* der beskriver et meget norsk tænkesæt og samfund. Det færøske sprog lyser igennem Rói Paturssons forfatterskab, og det rige islandske digtersprog præger alle Einar Már Guðmundssons romaner og fortællinger, mens den livsmuntre grønlandske fortælleglæde pibler ud af hver en side i Hans Lynges erindringsbøger.

Men det forunderlige er, at alle disse sprogs forfattere samtidig rækker så langt ud over deres egne landes grænser. Mod hele verden.

I den sammenhæng kan vi knap være i tvivl om, hvem vi nævner fra dansk side med det vidunderlige danske sprogs genklang: H.C. Andersen – som ingen andre steder end i de nordiske lande bliver kaldt H.C. (fordi vi ejer ham) – ellers Hans Christian. H.C. er mere dansk end noget andet. Den grimme ælling er en meget international fabel, ligesom f.eks. "Det er ganske vist". Men alligevel er de jo så uendelig danske. Det samme gælder den stakkels lille forfrosne pige, der ved lyset fra svovlstikkerne ser ind til det dækkede julebord og det pyntede juletræ. Det er naturligvis et dansk julebord og et dansk juletræ, hun ser ind på.

En skreven tekst betyder 'en sammenvævning'. Den er vævet sammen af 'ord, ord, ord,' som Hamlet ville sige. Men ud over ordene består sammenvævningen også af mængder af usynlige tråde. Kulturens tråde. Det er dem, der binder stoffet sammen, det er dem, der gør det slidstærkt. Det er igennem sproget, kulturen åbenbares for os. Sprogene er bærere af kulturen.

Derfor bliver jeg heller aldrig træt af at understrege, hvor vigtig sprogundervisning er, og hvor vigtigt det er at bevare den mangfoldighed, vi ejer i sprogene. Sprogene er nøglen til at forstå, hvordan andre folk tænker og handler, og til virkelig at forstå deres kultur. Ligeledes er sprogene nøglen til andre sprog. Som for os islændinge, hvor dansk er blevet nøglen til de øvrige skandinaviske sprog og det nordiske sprogfællesskab – og dermed til et rent skatkammer.

Vi bliver i disse tider bevidste om, at den gensidige forståelse mellem de nordiske sprog er aftagende – og vi er mange, som begræder det. Men hvorfor skal vi være kede af, at folk i stigende grad benytter engelsk i stedet for at forsøge at kommunikere med hinanden på deres nordiske sprog?

Det skal vi naturligvis, fordi vi i Norden har et enestående historisk kulturfællesskab, og fordi vi er så heldige at have den samme samfundsforståelse og opfattelse af demokratisk dialog som basis for alt det meget andet, vi har til fælles. Ingen steder i denne gudsforladte verden har vi så gode venner, som vi har i hinanden i de nordiske lande. Har vi ikke en tendens til at glemme dét i den overvældende diskussion om politiske forbindelser mod syd og øst og vest?

Sprogene er vores personlige skatte. Uendeligt strømmer der tanker igennem vores sind i sprogets form. Vi indgår alle i et konstant kærlighedsforhold til vores sprog. Ja, vi går rundt med en hel ordbog i hovedet og vil ikke undvære et eneste af dens ord – tværtimod har vi altid tomme sider til rådighed bagest i det mentale leksikon, så vi kan tilføje nye ord, så tankerne kan strømme endnu friere og kærlighedsforholdet gro.

Vores sprogs særlige karakteristika – og vi selv – kommer netop fuldt til syne igennem denne ordbog, som sammen med det samfund, vi er opdraget i, og den natur, vi er vokset ud af, udgør vores personlige identitet.

Eller sagt med ordene fra den finske digter Antii Tuuri, der ligesom islændinge ofte var udsat for at skulle udtrykke sig på andre sprog end sit modersmål: Jeg kan sige, hvad jeg vil på mit eget sprog, men blot hvad jeg kan på andres.

Som god gammeldags islænding mener jeg, at engelsk er ved at blive lidt overvældende på vores nordlige kanter. Jeg beklager meget, at mine landsmænd ikke er så interesserede i de nordiske sprog, som jeg synes de burde være for at bevare den dyrebare nordiske kontakt.

Selvom vi ikke kan måle sprogets værdi i kroner og ører, lavede en islandsk økonom for nogle år siden en interessant teoretisk undersøgelse og fandt ud af, at Island – ud fra en strengt økonomisk synsvinkel – kunne forvente massive besparelser ved at opgive islandsk og i stedet indføre engelsk. Det ville naturligvis medføre store startomkostninger med oversættelser af alt, hvad der er blevet skrevet på islandsk – og det er nu ikke så lidt – samt med at opøve tre-fire stædige generationer, der ikke vil kunne give slip på den gamle ordbog! Men det ville altså også medføre umiddelbare besparelser ikke at blive nødt til at undervise i islandsk eller at oversætte noget mere og ej heller "spilde tid" på vores egen livsform, når vi nu kunne importere én anden for en brøkdel af prisen. Den økonomiske gevinst af disse investeringer ville snart blive åbenlys, når folk instinktivt begyndte at benytte sig af engelsk.

Heldigvis understregede økonomen, at dette udelukkende var en teoretisk undersøgelse, og at han ikke ville anbefale, at den blev grundlag for politiske handlinger, hvilket præcist beviser pointen om, at kultur er andet og mere end blot penge.

Det er klart, at vi må stå vagt over for alle varsler om, at vores sprog er i fare. I disse tider taber vi domæner, for der hersker ingen tvivl om, at it-sproget og videnskabsproget sammen med en stor del af handelssproget glider over til engelsk.

Halldór Laxness, hvis ord om den vidunderlige sang var mit udgangspunkt i dag, er en af verdens forfattere, hvis identitet modersmålet altid røber.

Da han kom hjem til Island efter at være blevet tildelt Nobelprisen, takkede han sin bedstemor for det sprog, hun havde givet ham. Og da folket takkede ham for de værker, han havde skrevet, svarede han 'þakka þú mér eigi fyrir þessi ljóð. Það varst þú sem gafst mér þau áður': 'Tak mig ikke for disse digte, det var jer, der gav dem til mig tidligere'.

Senere sagde han også:

'Når vi ikke længere er på vagt over for vores uafhængighed og bliver skyllet ud i én eller anden supermagts oceaniske nationale identitet, når den sidste gamle kvinde, der kan recitere et islandsk vers, er gået bort, så er verden blevet fattigere. Og supermagten, som har opslugt os, er ikke blevet rigere af den grund.'

Således taber vi alle, hver gang et sprog går tabt.

Vores sprog er et reservoir for generationers minder og erfaringer. Vi, som er bevidste om det, vi som har øje for sprogenes værdier, må gøre alt, hvad der står i vores magt, for at værne om dem, bevare dem og overlevere dem til kommende generationer. At være vidne til, at et sprog mister sin udtrykskraft som følge af den globale angloficering, er som at tabe en juvel i strømmen og se den rulle med vandet ud i et hav, hvor ingen ser den igen.

Lad os love hinanden, at det aldrig må ske for den underfulde gave af beslægtede juveler, som historien har skænket os mennesker i Norden – vore sprog.

SUZANNE BRØGGER

Om at huske – at huske

Hvordan skal man regne ud, hvad det er værd i kroner og øre at lære et barn at synge *Dronning Dagmar ligger udi Ribe syg,* denne middelaldervise på 29 vers, i forhold til den værdsættelse, der finder sted i forbindelse med fascinationskraften fra MTV? Hvordan skal man i det hele taget værdisætte den opmærksomhed, barnets fantasi kræver af os, og hvor meget er det værd at holde en døende nabo i hånden?

Er det muligt, at den fattigdomsramte, såkaldt underudviklede verden, på visse områder er mere civiliseret end vi er her i det rige Norden, hvor en uvurderlig fattigdom har ramt vores menneskesyn som en af de uforudsete bivirkninger ved globaliseringen?

For at indkredse det uvurderlige – det immaterielle – er vi nødt til at være konkrete. Så lad mig fortælle om det sted, hvor jeg bor. I et landbrugsområde, 100 kilometer syd for København på den ø, der hedder Sjæl-land. Men hvor er sjælen blevet af? Mens homo sapiens er en art – på linje med katte og fugle – er menneskelighed noget andet igen, noget ekstra. Det er en særlig måde at være dødelig på, det er at have et forhold til de døde. At være menneskelig betyder frem for alt – at begrave.

Vores forfædre i bronzealderen vidste det. Derfor byggede de huse til de døde, før de bosatte sig selv. De vidste, at det særligt menneskelige er forbundet med forestillingen om arv.

Når vi tillægger selve begravelsesritualet symbolsk betydning i stedet for bare at kaste liget på møddingen, vidner det om den respekt, vi traditionelt har næret for de døde og for alt, hvad de har overleveret til os.

Som den danske digter Johannes V. Jensen siger det i sin sang: *Hvor smiler fager den danske Kyst*

> *Hvad Haanden former, er Aandens Spor*
> *Med Flint har Oldbonden tømret, kriget.*
> *Hver Spaan du finder i Danmarks Jord*
> *Er Sjæl af dem, der har bygget Riget.*

Vil selv du fatte dit Væsens Rod,
skøn på de Skatte, de efterlod!

Ikke desto mindre er henved 100.000 af vores bronzealdergrave i den senere tid forsvundet som resultat af landbrugsindustriens overpløjning. De resterende grave er truede. Jeg tænker ikke så meget på gravhøjene som videnskabelige forskningsobjekter, hvad de i høj grad også er, men på et dybere bevidsthedstab omkring spørgsmålet, hvad det vil sige at være menneske.

Tab af gamle sten og ben... kan det virkelig kaldes for tab af menneskelighed? Digteren Martin A. Hansen har beskrevet digtningens ur-væsen som en forhandling med de døde. Det gamle ord for digter var en thul, en udesidder (outsider), som sad ved gravene om natten og konverserede de døde, som man kunne lære af på grund af deres omfangsrige erfaringer. I forhold til døden er de levende jo novicer.

Denne forbindelse mellem de levende og de døde, denne poetiske linie, er blevet brudt i den dagsaktuelle, nyhedsorienterede markedsøkonomi. Så det siger sig selv, at ordet sam-vittighed – at vide noget sammen med andre – er blevet temmelig meningsløst. Og heraf følger, naturligvis, at vores litterære arv er gået under jorden. For hvad skal vi med alt det gamle møg? Vores national-litteratur findes ganske vist stadig, men mest for specialister. Den har mistet sin almene værdi som mental reference og ledesnor. Det er nærmest umuligt i dag for skolerne at undervise unge mennesker i noget gammelt eller for den sags skyld at indgive dem det perspektiv, at der også efter dem kommer – ikke syndfloden, men en mulig fremtid.

Tabet af menneskelighed er særlig synligt i forhold til de gamle og til alderdom overhovedet. Behandlingen af gamle mennesker kan i mange henseender forekomme pæn og proper, men man hører hele tiden hårrejsende eksempler på hvordan en kvinde på 89 i løbet af to år må byde 126 hjemmehjælpere indenfor. Om hvordan al samtale mellem de gamle og hjemmehjælpen er forbudt ved lov. Den immaterielle værdi forbundet med holdningen til de gamle, minder mest af alt om væmmelse. Ingen værdsætter gamle. De sandeste følelser, der omgiver aldring, vil jeg tro er frygt og had. Derfor har ældreplejen den laveste status på hele omsorgsområdet. De gamle er en byrde. Der er opstået et nyt ord: Ældrebyrden. Ordet henviser ikke, som man ellers skulle tro, til den byrde, det i sig selv indebærer at blive gammel og dermed at skulle bære på et langt livs blandede landhandel af skuffelser, bitterhed og tvivlsom lindring. *Ældrebyrden* refererer til den blotte og bare omstændighed: De gamle eksisterer. Med den klare undertekst: Desværre!

Min anden immaterielle kulturarv er ganske enkelt: *demokrati.* 2 kilometer hvorfra jeg bor, ligger der en kreds af sten til minde om et oprindeligt *tingsted*, et gammelt oldnordisk ord, som udtales ligesom det engelske *thing*. Allerede i år 98 beskriver den romerske historiker Tacitus den imponerende nordiske tradition, vi kalder for demokrati. I umindelige tider har vi siddet på disse sten i en cirkel (rundkredspædagogik!) og diskuteret ret og vrang, taget initiativer og truffet beslutninger – som fx hele kirkebyggeriet i 11-1200-tallet.

På tingstedet har vi vedtaget love, udvist forbrydere fra lokalsamfundet, og – mere sjældent – eksekveret dødsdomme. Som en ambassadør i Danmark engang formulerede det, har vi her i landet et demokrati, der ligner det, de har i Ghana: palaver-demokrati. Denne form for lirum-larum-demokrati er ved at forsvinde. I stedet bliver den offentlige debat i stigende grad underlagt kommercielle hensyn. Og som vi ved – eller vidste engang – er stemmeurnen den mindst betydningsfulde del af demokratiet. Det allervigtigste er hele det mentale samtale-klima med frie diskussioner i civilsamfundets offentlige sfære. Den slags diskussioner eksisterer næsten ikke mere. Lokalradioerne er fortrinsvis kommercielle, og medialiseringen har generelt bidraget til og spillet på en sænkning af det almindelige intelligensniveau i befolkningen. Dette har medført et tab af noget, vi ikke vidste, vi havde, og i stedet har vi fået noget, vi ikke har bedt om: En fjendtlig vælgerbefolkning, som ikke har anden indflydelse end gennem forurettelse, hævn og straf.

I en verden af voksende kompleksitet repræsenterer demokratiet en udfordring – ikke kun for de lande, der ikke har noget, men især for de lande, der har. Siden de gamle grækere har vi vidst, at demokratiet udviklede sig som en sidegevinst ved implementeringen af skriftsproget, som gav mulighed for refleksion og abstrakt tænkning. For en minoritet af befolkningen. Resten var bare slaver.

Vi har stadig, på verdensplan, en sådan elite. Men verden bliver ikke regeret af de lærde, af filosofferne eller de intellektuelle. Og jeg siger ikke, at den burde være det. Men vi bliver i stedet styret fra medialiseringens markedsplads af instinkternes hævnpolitik, hvilket udgør en stor sikkerhedsrisiko for vores verden.

Min første immaterielle kulturværdi var forbindelsen mellem de levende og de døde. Mit sidste bud er – fødslen. Smilets fødsel eller simpelt hen: sprog. Johannes V. Jensen beretter i en af sine myter om, hvordan en mand og en kvinde i forhistoriske tider mødes på stranden. Ved synet af hinandens fremmedhed, knytter de næven og skærer tænder som en selvbeskyttende aggression, klar til drab. Men i stedet rammes de af mystiske grunde af en uforklarlig anelse: Måske er den anden – den fremmede – i virkeligheden et tilbud om en uforudset nydelse, der ville gøre det mere meningsfuldt at leve i stedet for at slå ihjel og blive ladt alene tilbage. Så i stedet slappes kæberne, og den tænderskærende sammenbidthed løsner op i den grimasse, vi kalder for et smil. Og det er stadig, den dag i dag, med et smil, vi hilser på hinanden, selv på en fremmed. Så alt i alt er sprog bare en raffineret undvigelsesmanøvre, hvorved vi undgår at dræbe den anden – hvilket vi normalt ville gøre, hvis vi ikke havde andre metoder.

Og hvilket vi gør. Slår ihjel. For ord kan dræbe, som det hedder. Ikke nødvendigvis ved aggressiv tale. Men en hvilken som helst sproglig henvendelse, der ikke tager hensyn til den anden – som et levende menneske – er kun få skridt fra regulær vold og muligt mord. Primo Levi har beskrevet, hvordan han iført det stribede lejrtøj blev tiltalt af kz-kommandanten – ikke som et menneske, men som en ting, en ingenting.

Den jødisk-litauiske filosof Lévinas har fokuseret sin filosofi på læsningen af udtrykket i den andens ansigt, ligesom Martin Buber har indkredset grundlaget for al civilisation overhovedet i forholdet mellem et du og et jeg. Næppe en tilfældighed, at alle tre filosoffer er jøder, som i europæisk sammenhæng altid har spillet rollen som skyggen eller netop – den anden.

Lad mig komme tilbage til "min landsby", havde jeg nær sagt. Men landsbyer eksisterer næsten ikke mere i betydningen 'selvforsynende lokalsamfund'. I stedet har vi bymæssig udvikling på landet, der mange steder afvikles i global slum. Tag en lille provinsby som Høng med 3.500 mennesker, inklusive 6 højere læreanstalter, gymnasieskoler, landbrugsskole, efterskoler og studenterkursus. Man skulle tro, at det var helt naturligt med en café i en sådan ungdomspræget by. En café er jo netop dér, hvor man kan sidde i fred og ro og sludre. Men jeg har dårlige nyheder: Det er ikke muligt at oprette en café i denne by på grund af sprogets forfald. Hver gang en person optimistisk åbner en café, må den hurtigt lukke igen, fordi dens trivsel trues af de mennesker, der ikke behersker civiliseret sprogbrug.

For et par måneder siden forsøgte en lokal bande i denne provinsby at forhandle sig til rette med økser flyvende gennem luften. Et menneske kastede sig selv ud af vinduet for at undgå våbenild. Navnet på den sidste café, vi havde i Høng, var – ja, hvad ellers? – Utopia.

Utopia er stadig navnet på den verden, hvor vi kan leve fredeligt sammen. Og dette er desværre ikke en påfaldende kulturarv, men et håb, vi ikke mister, så længe vi bare – som vølven ville sige – husker at huske.

THORVALD STEEN

Snorre og Undir svikulli sól

I

Det er to bøker som har betydd mer for nordmenn enn noen andre. Ingen av forfatterne bak verkene er norske. Det er ikke kontroversielt å påstå at Bibelen ikke er skrevet av nordmenn. Det er noe annet med *Heimskringla* eller *Norges Kongesagaer*. Forfatteren Snorre Sturlasson er definitivt islending. Når vi i Norge først skulle rammes av å ha to tilnærmet hellige skrifter, skal vi være glade for at det ble disse. Begge verkene er lysende litteratur og kommer til å stå seg også i de neste hundreårene. For Bibelens del ser det ut til at påstanden vil bli oppfylt, uten for stor innsats fra Island eller Norges innbyggere. For *Heimskringla* er det dessverre annerledes.

Selv om *Heimskringla* har hatt en unik posisjon i Norge, særlig i de siste 120 årene, er det forbausende hvor lite nordmenn kjenner til Snorres liv. I Island derimot er de fleste av hans sterke og svake sider – fra han ble født i 1178 til han døde på Reykholt den 23. september 1241 – langt bedre kjent. Jeg tror at forskjellen ligger i de to lands forhold til *Heimskringla*.

Islendingene forholder seg til boka som en tekst de vurderer sammen med resten av forfatterskapet. For nordmenn ble verket noe langt mer. Det ble rett og slett et vesentlig bidrag til den norske identiteten. *Heimskringla* tar for seg fortellingen om Ynglingekongene fra stamfaren Odin til Halvdan Svarte og Harald Hårfagre og deretter hele kongerekken fram til kong Sverre. I 1896 oversatte Gustav Storm verket til et norsk som samtiden kunne lese. De seinere utgavene er bygget på Storms utgave. Stortinget subsidierte arbeidet fordi de ville ha verket oversatt så billig som mulig, for at alle nordmenn skulle kunne anskaffe seg og lese det. Fra 1905 ble virkelig verket folkelesning i den unge norske staten, og våre fremste kunstnere som Halvdan Egedius, Christian Krohg, Gerhard Munthe, Eilef Pettersen og Erik Werenskiold illustrerte boka. I tillegg brukte Ibsen, Bjørnson og Grieg utdrag fra sagaene som bakteppe for sine egne arbeider. For kong Håkon, Fridtjof Nansen, statsminister Christian Michelsen, eller vår nåværende konge og statsminister for den saks skyld, var og er det en selvfølge at man fletter inn et utdrag fra *Heimskringla* i talene. Å sitere fra

Snorre var ikke bare et uttrykk for at man var dannet, men også viktig for selvhevdelsen. En slik saga hadde nemlig ikke svenskene.

I 1931 foregikk det en rasende debatt i våre største aviser, Aftenposten og Tidens tegn, mellom professorene Odd Worm-Müller og Edvard Bull. Bull hevdet med utgangspunkt i Sigurd Jorsalfars opplevelser i Konstantinopel at ikke hvert ord i *Heimskringla* måtte oppfattes bokstavelig. Nettopp fordi Snorre måtte oppfattes som en stor historiker, var det riktig å underlegge hans materiale en kritisk granskning, mente Bull. Professor Worm-Müller tok det ikke nådig opp. Han reagerte slik fundamentalister gjør når noen setter spørsmålstegn ved deler av Bibelen eller Koranen. Å bestride deler av Snorre lå tett opptil landsforræderi. I dag er klimaet annerledes. Men likevel er forskningen rundt Snorre lite opptatt av å lese ham inn i hans samtid med både private, religiøse og politiske motiver.

Knappe tre år gammel ble Snorre sendt til Jón Loptsson på Oddi i den sørlige delen av Island. Oddi var det nærmeste vi kan tenke oss et akademi eller universitet i Nord-Europa på den tiden. Jón var utdannet ved universitetet i Paris og var i flere år leder av Alltinget. Et verv fostersønnen seinere skulle inneha i åtte år. Snorre bodde hos Jón i 20 år før fosterfaren fikk ham giftet bort til biskopens datter som var særdeles rik. Resten av livet skulle Snorres kvinnehistorier og hans iherdige iver etter å utvide sine eiendommer og øke formuen, komme til å prege ham og tilslutt bli hans bane. Men ingen av hans tvilsomme sider kan ta fra ham hans storhet som forfatter og historiker.

I sin utdannelse på Oddi er det mye som tyder på at han hadde lært seg flere språk, blant annet gresk og latin. Han hadde tilgang på store leksikalske og historiske verk som tok for seg europeiske kongehus. I tillegg er det grunn til å tro at han kjente til arabisk medisin og astronomi.

Det som i svært liten grad er blitt lagt vekt på i det akademiske miljøet i dag, er det omfattende internasjonale kontaktnettet han hadde. Selv reiste han mindre enn det de rike og lærde islendingene ofte gjorde, men han hadde venner som fartet vidt omkring. Disse brakte med seg materiale fra Konstantinopel, Visby, Paris, Roma og Russland. Når jeg leser *Heimskringla*, blir jeg slått av hvor omfattende kunnskapene hans er og med hvilken nøkternhet de blir framlagt. Men det er også viktig å være klar over at verket er ujevnt. Det skulle bare mangle.

Stoffet bygger på materiale fra i hovedsak munker i Island og Norge som har skrevet historiske oversiktsverker eller har tatt for seg noen enkeltkonger og deres samtid. Selvfølgelig er det stor forskjell på tilfanget, og flere steder er det lett å gjennomskue forfatterens anti- og sympatier. Men verkets storhet kan ingen rokke ved. For meg har det vært stimulerende å lese om igjen det han skriver om Olav den Hellige, Olav Kyrre og Sigurd Jorsalfar. Sagaen om den av de tre kongene som hadde den korteste regjeringstiden, har fått overlegent størst plass. Den brutale kong Olav den Hellige, som kristnet landet og ofte ble omtalt som helgenkongen, blir framstilt som en helgen, men også som en sammensatt person. Forfatteren formidler hans overgang fra hedning til kristen som en gripende indre kamp. Det er dette som gjør verket så unikt i hans samtid. På Reykholt hadde Snorre tilgang til skaldekvad, legender og sagastoff, inkludert den til da mest omfangsrike, skrevet av Stymir Kárason som bodde hos Snorre på Reykholt. Snorres storhet ligger i at han stort sett siktet sine kilder og valgte bevisst det stoffet som tjente fortellingens formål og progresjon. Samtidig forkastet han det som virket søkt eller tydelig preget av at kildene hadde egne, private motiver. Snorre gjør helgenen til et menneske av kjøtt og blod, som gjennomgår en gigantisk utvikling fram til helgenstatusen han fikk etter sin død. Det er også tydelig at konfliktene i hovedpersonens hode, men også de stridene Olav hadde med sine mange fiender, har utviklet Snorre som forfatter.

Kong Olav Kyrre derimot, blir omtalt på fire sider. Han ledet landet i en lang, fredelig periode med vekst og få konflikter. Det er ikke min mening å styre leseropplevelsen, men det er vanskelig å forstå at Snorre mener at Olav Kyrre har én eneste positiv egenskap. Snorre uttrykker seg til og med nedlatende om klesdrakten hans. Når det gjelder kong Sigurd Jorsalfar, blir han framstilt som en helt som legger ut fra Bergen i 1108 og nedkjemper de "vantro" i sju slag før han når fram til Jerusalem. I Sigurds tilfelle er det interessant at Snorre i så liten grad legger vekt på at Sigurd leder en stor flåte av korsfarere og at han ble et annet menneske etter at han kom hjem. Bjørnstjerne Bjørnson skrev skuespillet "Sigurd Jorsalfar", basert på at kongen ble depressiv etter hjemkomsten til Oslo. Den kristne fundamentalisten som reiste ut, kom hjem og var på kant med kirken resten av sitt liv uten at man kunne finne noen annen forklaring enn psyken. Selv mener jeg at Sigurd fikk sjokk etter at han kom til verdensmetropolen Konstantinopel. Han må ha forventet at keiseren, Alexios I, som hadde overbevist pave Urban II om å starte korstogene i 1095, behandlet de vantro slik Sigurd selv hadde gjort det. Nemlig ved å drepe de vantro før de rakk å omvende seg til kristendommen. Men det Sigurd opplevde i Konstantinopel var at jøder og muslimer ikke bare fikk praktisere sin tro, men at de også hadde framskutte posisjoner ved hoffet. Alexios trengte korsfarerne til å legge ferden gjennom Anatolia for å fordrive tyrkerne som inntok stadig større deler av Bysants. Det er god grunn til å tro at Sigurd forsto at han hadde vært en brikke i et politisk spill.

Det er i det hele tatt forbausende i hvor liten grad Snorre er blitt vurdert som en politisk aktør og skribent. Snorre skrev sitt verk under korstogenes mest hektiske periode. Hans norske oppdragsgivere, Hertug Skule og kong Håkon Håkonsson, var i ledelsen for en europeisk stormakt. Enkelte engelske kilder har til og med hevdet at kongen var en kandidatene til vervet som tysk-romersk keiser. Den daværende keiser Fredrik 2. ble av paven oppfattet som en forræder ettersom han prøvde å ha et respektfullt forhold til den arabiske delen av verden. På Snorres tid gjaldt det å ta tilbake Jerusalem fra muslimene og gjøre byen til en ensrettet kristen by.

I 1204 skjedde noe som skulle få store konsekvenser for tenkningen i Europa. Snorre var 26 år og høyst tilstede i verden. 9. april gikk korsfarerne fra England, Tyskland, Frankrike og Venezia til angrep. Men ikke på Jerusalem. De angrep sine allierte gjennom 110 år: Bysants og Konstantinopel. De kristne brødre som forsvarte Hagia Sofia-katedralen ble massakrert og alt gull som fantes ble fraktet til Venezia. Mesteparten av det gullet man i dag kan se i Venezia er sikkert stjålet fra Konstantinopel. Vestmaktene og paven i Roma hatet bysantinerne for deres pluralisme. Etter 1204 ble kristendommens senter igjen flyttet til Roma og Det bysantinske riket var på vei mot sammenbruddet.

Det er verdt å merke seg alt det Snorre ikke skriver om og hva han behendig ikke problematiserer eller nevner med et ord. Professor Sverre Bagge har påvist at Snorre er en historiker på et høyt nivå når man sammenlikner ham med andre samtidige historikere i Europa. For egen del har jeg lest verker av to andre historikere fra middelalderen; Anna Komnena og den arabiske Bahaeddin. Snorre skiller seg positivt ut, han jatter ikke med sine oppdragsgivere, men skriver stort sett i tråd med det som var målsettingen for kongenes og stormennenes skalder i Norge og Island: Å skrive troverdig – så godt det lot seg gjøre.

II

Men hvorfor bestemte jeg meg for å skrive en roman om Snorre? Å rive ned det romantiske forholdet vi har til ham i Norge og avsløre at han hadde opptil flere svake sider, fant jeg ikke videre interessant. Selvfølgelig er hans svake sider viktige for å forstå ham som menneske, men for min del ikke nok til å bruke flere år på å skrive en roman. Hans forhold til kvinner, hans grådighet, hans ærgjerrighet og hans kompliserte relasjon til sønnen Orækja, sier mye om Snorres personlighet, men var ikke avgjørende for min del. Heller ikke hvordan han behandlet sine barn som han ofte arrangerte ektskapene for ut ifra sine egne, høyst personlige interesser. Men så kom jeg til å lese om hans svigersønn Gissur Thorvaldsson. Det skulle sette meg på sporet av noe jeg fant virkelig interessant. Gissur støttet sin svigerfar i flere sammenhenger, blant andre ved det første mordforsøket på Snorre i 1237, som hertug Skule og kong Håkon Håkonsson sto bak.

Det som fasinerte meg var at Snorre, som mente han forsto både det islandske og det norske samfunnet, hadde særdeles små evner til å forstå hvordan han ble oppfattet av andre. To år etter mordforsøket seilte Snorre til Norge. Nesten tjue år tidligere hadde han lovet kongen å føre Island inn under Norges krone. Snorre hadde mottatt penger og store gaver for å utføre oppdraget. Men selv etter flere advarsler hadde han ikke innfridd løftet. Og ikke bare det, han trosset den mektige norske kongen ved å seile hjem igjen, mot kongens uttrykkelige ordre. Snorre måtte ha forstått at dette var en handling som var ensbetydende med å underskrive sin egen dødsdom? Motsetningen mellom en enorm intellektuell kapasitet når det gjaldt temaer som foregikk utenfor ham selv, og samtidig den manglende forståelsen av hvordan han ble oppfattet av sine nærmeste, er i høyeste grad en moderne problemstilling. Den historiske Snorres liv belyser dette tydeligere enn noen skapning jeg vet om. For å illustrere dette, bestemte jeg meg for å ta for meg de fem siste dagene av hans liv, på Reykholt. Snorre selv og Orækja forsto tydeligvis ikke hva som skulle skje, i motsetning til svært mange på Reykholt og andre steder. Det at Orækja ikke var i nærheten, gjorde det lett for Gissur Thorvaldsson og hans menn å omringe Reykholt og – på vegne av kong Håkon – ta livet av Snorre på det vi i våre dager må kunne kalle klassisk mafiavis.

Under arbeidet med *Undir svikulli sól* (på norsk: Den lille hesten) og de andre historiske romanene jeg har utgitt, har jeg hatt et ydmykt forhold til historikerne og andre forskeres arbeid. Særlig i den første fasen av mitt arbeid, er deres studier avgjørende for at jeg skal kunne danne meg et inntrykk av Snorres personlighet, landskapet, maktforholdene og så videre. Under forberedelsene reiste jeg blant annet til Visby, Paris, Istanbul og Roma. På dette stadiet, da jeg enda ikke var sikker på om jeg skulle bruke de fem siste dagene som ramme for romanen om Snorre, opplevde jeg at forskerne ofte var uenige. Drev for eksempel overklassen med falkejakt i det hele tatt, og hvor stor var egentlig tettheten av trær på Snorres tid? Svært tidlig forsto jeg at de ikke hadde vært noen omfattende forskning på å sette Snorre i sammenheng med verdenen som omsluttet ham. Den første fasen av romanen kan kanskje best sammenliknes med arbeidet til en frittstående historiker. Deretter måtte jeg ta stilling til hvilke europeiske kilder jeg ville støtte meg til eller forkaste, og finne ut hvor det ikke var gjort noe forskningsarbeid. Fra da av begynte konstruksjonen av romanens rammer, personene som skulle være med, dyr, fauna og så videre, kort sagt: den nye historien om Snorre i sitt eget univers, som jeg har skapt og er ansvarlig for.

III

Undir svikulli sól kan selvfølgelig ikke gi et endelig, sant bilde av personen Snorre Sturlasson, like lite som en forskers biografi kan det, men jeg håper at leseren kan merke en energi som prøver å *nærme seg* dette mennesket som har betydd så mye for Island og Norge. Romanen prøver både å korrigere, kommentere og komplettere historien om Snorre, og lar det skje gjennom fiksjonen. Det er altså ikke snakk om en ren gjengivelse av historien, rett og slett fordi det er en umulig og meningsløs oppgave. Ærgjerrigheten ligger i å forvandle historien, der alt skjer på en uunngåelig og uforanderlig måte, og lage en ny synkroni, en roman, der den nye fortellingen av historien i et fiktivt univers gir en ny forståelse av Snorre. Orækjas kjærlighet til faren, som ikke blir gjengjeldt, er et slikt eksempel. Romanen viser her en side av Snorre som er lite omtalt og som fiksjonen er best egnet til å formidle. De historiske romanene er ofte preget av en nostalgisk holdning til fortiden. Min målsetting er ikke å rekonstruere Snorres liv, det er heller å vise hva som kan ha skjedd. Det illuderes ikke at jeg gjengir historien, snarere oppfinner jeg den på nytt, som en fortelling, for å kunne henvende meg til det forgangne. Jeg gir meg ikke ut for å befinne meg i Snorres tid. Tvert imot skaper jeg avstand til fortellingen ved å kommentere den med aforismer, fakta fra vår tid, eller andre innspill som viser at jeg er her, nå.

Uansett, denne fremragende islending og store europeer, dette mennesket på godt og vondt, led en skjebne han ikke kan lastes for, nemlig å bli født inn i et lite språk. Det betyr at vi ikke er så veldig mange her i verden som forstår denne mannens unike egenskaper. Vårt ansvar for å bringe videre kjennskapet om ham til de nye generasjonene og verden for øvrig, er derfor ekstra stort.

TORFI H. TULINIUS

Snorri og hans slægt i moderne nordisk litteratur

I modsætning til andre islændinge lærte jeg stort set ikke dansk i skolen – ikke før i gymnasiet, hvor jeg tog studentereksamen i dansk efter et år. Det var et gymnasium ude på landet, hvor der ikke var andre end præsten til at lære os dansk – det var en rar gammel mand som hed Ingólfur Ástmarsson. Han underviste mellem klokken otte og ni hver morgen, og vi fik lov til at ligge og sove hen over bordet. Det beskedne danske, som jeg kan, kom til mig i drømme. Derfor vil jeg tilegne Ingólfur denne tekst.

Pastor Ingólfur var præst i Mosfell, som er en kendt landsby i det sydlige Island, hvor der har boet mennesker siden bosættelsen af Island i slutningen af 800-tallet. De høvdinge, der regerede på sydlandet i 1200-tallet, stammer fra Mosfell, bl.a. Gissur Þorvaldsson, den første jarl i Island – manden, som var den drivende kraft, da Snorri Sturluson blev dræbt. Det 13. århundrede er helt specielt i Islands historie og også i vores fælles nordiske kulturhistorie. Det skyldes den litteraturproduktion, som fandt sted på den tid i Island. Edda-digtningen, *Snorris Edda,* kongesagaerne og fornaldar-sagaerne blev skrevet og/eller bevaret i Island, men har betydning for hele Norden. Islændingesagaerne handler først og fremmest om islændingene, men det er en så vigtig og smuk litteraturskat, at alle gerne vil eje dem, og det er de da også velkomne til. Vi ville synes, at det var komisk, hvis grækerne påstod, at kun de ejede de homeriske digte. Islændingesagaerne er menneskehedens fælleseje og tilhører dermed også alle de nordiske nationer. De nordiske lande har dog en noget større andel i dem end resten af verden på grund af den interesse, som deres forskere og åndspersoner har udvist gennem tiden. I Norden har man forsket i sagaerne og bevaret håndskrifterne – især her i Danmark. Islændinge kommer aldrig til at glemme, da danskerne leverede en stor del af dem tilbage til Island.

Der er en bestemt type saga, som jeg stadig ikke har nævnt – og det er samtidssagaerne. Det vil sige de sagaer, der blev skrevet i 1200-tallet og også handler om begivenheder og personer i 1200-tallet. Man kunne forestille sig, at disse kun var interessante for islændingene selv, men sådan forholder det sig ikke – disse sagaer er nemlig unikke, idet de giver et usædvanlig detaljeret billede af livet og forholdene mellem middelalderlige europæiske aristokrater. De er derfor interessante for alle, som vil forstå den europæiske middelalder. De handler om de komplicerede og langtrukne magtkampe, der fandt sted årtierne inden Island blev en del af det norske kongerige. De giver én et fascinerende billede af det miljø, hvoraf denne litteratur udsprang. Hovedparten af samtidssagaerne blev samlet i et skrift, som kaldes *Sturlungasaga,* og som hovedsagelig handler om Snorri Sturluson og hans slægt. På baggrund af *Sturlungasaga* ved vi en masse om Snorri Sturluson, en mand, der både var høvding og forfatter, og det er helt enestående at vide så meget om sådan en enkeltpersons liv og levned. *Sturlungasaga* er omfattende og kompliceret, det er derfor ret svært at læse den, og derfor er den ikke særlig kendt i Norden. Den bliver heller ikke læst i særlig vid udstrækning i Island. Dette ændrede sig dog en smule for femten år siden, da et nyt forlag – som dog senere gik fallit – udgav en fantastisk veltilrettelagt ny udgave af sagaen med en stor mængde forklarende materiale, som i høj grad hjalp læseren til at forstå indholdet. Denne version af *Sturlungasaga* blev solgt i overordentlig mange eksemplarer, og jeg vil mene, at man kan sige, at den har haft stor betydning, ikke blot for islandske læsere og deres oplevelse af fortiden, men også for islandske forfattere. I dag – femten år senere – kan vi konstatere, at mange af vores bedste forfattere trækker på den verden, som beskrives i *Sturlungasaga,* og bruger den til at skabe deres eget værk.

I denne artikel vil jeg gerne trække nogle af disse værker frem. Det drejer sig om tre romaner af islandske forfattere: Thor Vilhjálmsson, Einar Kárason og Pétur Gunnarsson, og desuden en norsk roman af Thorvald Steen. Jeg tror, at det kan være interessant at se nærmere på, hvordan disse fire forskellige forfattere benytter sig af den verden, de har fået adgang til. Hvad jeg gerne vil undersøge, er, HVORDAN de bruger denne middelalderverden. Grunden til, at jeg stiller dette spørgsmål, er, at islændingesagaerne kan betragtes som en dialog mellem det 13. århundrede og vikingetiden (som min kollega Vésteinn Ólason har påpeget i sin bog *Dialogues with the Viking Age*), og det er netop det, som gør dem interessante. De fortæller os meget om vikingetiden, men endnu mere om deres samtid. Spørgsmålet er, om de fire nævnte forfattere har tilstrækkelig indsigt i Sturlunga-perioden til, at deres dialog med den bliver tilstrækkelig interessant. Dette skal ikke opfattes som en forskers arrogance; det underliggende spørgsmål er også, om vi forskere endnu har opnået tilstrækkelig forståelse for perioden.

Til alt dette knytter der sig et grundlæggende aspekt ved al kommunikation: For at kunne kommunikere med en anden, er man nødt til at se den andens forskellighed, ellers er det blot som at tale til sit eget spejlbillede. Men det kræver en indsats at forstå den anden, en endnu større indsats, når det er 7-800 år, der adskiller os fra denne anden. I løbet af disse 7-800 år er der sket omfattende forandringer – reformationen, Descartes, oplysningstiden, den franske revolution, industrialiseringen, psykoanalysen og meget andet. Selv om Snorri og hans slægt talte et sprog, som ligner moderne islandsk, er disse mennesker ganske anderledes end nutidens islændinge. Vi må anstrenge os for at forstå dem og dermed for at kunne indgå i en dialog med dem.

Nu skal vi se nærmere på, om det lykkedes for de omtalte forfattere. Jeg vil understrege at dette ikke skal betragtes som en kritik af deres værker, men en dialog med dem om et specifikt emne – nemlig hvordan de går i dialog med det 13. århundrede.

Jeg vil begynde med en bog, der udkom 2001, skrevet af en populær forfatter, Einar Kárason. Bogen hedder på islandsk *Óvinafagnaður,* hvilket betyder "Det som glæder fjenden". Dette er en begivenhedsrig og levende beretning med historiske personer, og den bygger på historiske fakta fra 1240-50. Snorri er død på dette tidspunkt – Sighvatur Sturluson, Snorris bror, og fire af hans sønner er blevet dræbt i en voldsom kamp på Örlygsstaðir i 1238, og deres fjender har taget alle deres ejendele og al deres jord. En af Sighvats sønner, Þórður Kakali, havde været ved den norske konges hof, men i 1241 vender han tilbage til Island for at vinde sin slægts ejendele og jord tilbage. På denne tid var magtbalancen i Island yderst følsom og usikker, og Sturlungernes fjender betragtede Þórður som en trussel, men samtidig ser hans overlevende slægt og støtter et nyt håb i ham. Romanen fortæller om, hvordan det lykkedes ham at samle en hær, der var parat til at kæmpe med ham, og beskriver voldsomme og farverige slag – blandt andet det eneste søslag i Islands historie, som kaldes Flóabardagi. Romanen er meget underholdende og bliver inden længe filmatiseret af Friðrik Þór Friðriksson – og den passer da også godt ind i det traditionelle Hollywoodmønster, hvor helten kommer og sejrer – mod alle odds. Romanen er også interessant på den måde, at den anvender en fortælleform, som Einar Kárason siger han har fra William Faulkner – hvor han benytter sig af mange forskellige fortællere, og på den måde skabes der et nuanceret billede af begivenhederne. Dette stiller dog store krav til forfatteren om at skabe de forskellige fortælleres subjektivitet – her møder vi igen førnævnte problem med spejlet. Hvordan tænkte folk i middelalderen? Dette har historikere – ikke mindst den nyere tids historieskrivning – forsøgt at forstå, og de har overbevist os om, at middelalderfolkets indre liv og tankegang i høj grad adskiller sig fra vores. Dette er ikke så underligt i betragtning af alle de omfattende historiske forandringer, der har fundet sted, og som jeg opregnede før. Det bliver ikke mindre problematisk og vanskeligt af, at vi tror vi ved så meget om folk, der levede i 1200-

tallet, eftersom vi har hørt så meget om denne periode i skolen – ikke mindst fordi denne periode spiller en meget stor rolle i islændingenes selvopfattelse. Paradokset er, at vi forestiller os, at de er ligesom vi, i stedet for at se dem som dem, de var.

Einar Kárason vælger at lade sine mange fortælleres indre monolog foregå i et nutidigt sprog. Dette gør teksten mere læsevenlig og gør personerne mindre fremmede for læseren. Men samtidig betyder det, at der er tendens til, at mystikken forsvinder. Personerne afviger ikke fra vores forhåndsopfattelse af folk, og de er tæt på at blive klichéer. Gennem sin fortællemåde prioriterer han begivenhederne – som ganske vist er spændende – men han giver ikke læseren nogen øget forståelse, hverken af de specifikke begivenheder, som spiller en central rolle i Islands historie, eller af de mennesker, som deltog i dem.

I sin roman fra 1998, *Morgunþula í stráum,* sætter den aldrende, men evigunge forfatter Thor Vilhjálmsson sig for at fortælle historien om Sturla Sighvatsson, Þórður Kakalis bror. Han var med andre ord Snorri Sturlusons brors søn, og denne mand er en af de mest interessante i det 13. århundrede. Han er høvdingesøn og har mange karakteristika, som gør, at han passer godt til sin samtids idealbillede af en leder. Han ser godt ud, han er god til at håndtere våben og er ikke bange for at bruge dem. Og han har lederevner. Desuden virker det, som om han forstod at tilpasse sig middelalderaristokraternes smukke skikke, og tillige har han forstand på litteratur, ligesom sin farbror. Han lod de fortællinger nedskrive, som Snorri komponerede, hvilket er det eneste direkte vidnesbyrd fra Snorris samtid om hans forfatterskab.

Sturla er høflig – i middelalderens betydning af dette ord – og Norges Kong Håkon beundrer ham da også og beder ham samle islændingene under sin ledelse. Det forsøger Sturla, ja, han forsøger endda selv at få magten over landet, men for at gennemføre denne opgave er han nødt til at få en stor del af sin nærmeste slægt til at bøje sig for ham, folk der imidlertid ikke mener, at de har grund til at adlyde Sturla. Han begynder med Snorri, som han forviser fra hans land og hele vejen til Norge. Derefter kastrerer han Snorris søn, sin egen fætter Órækja Snorrason. Derefter tager han fat i Gissur Þorvaldsson, som jeg nævnte før, og tvinger ham til at sværge på, at han vil stå bag ham. Konsekvensen af dette er, at Gissur vender sig mod ham med fuld kraft og får en høvding fra Nordlandet, Kolbeinn Arnórsson, kaldet Kolbeinn den Unge, med sig. I fællesskab lykkes det dem at lokke Sturla og hans far og brødre samt en stor hær af deres støtter i en fælde. De bliver alle dræbt. Det var i 1238. Dette er slaget ved Örlygsstaðir, som jeg nævnte før.

Thor følger Sturla fra vugge til grav. Han vælger ikke at fortælle hans levnedsløb som en sammenhængende historie, i stedet beskriver han nogle specielle øjeblikke i Sturlas liv. Fortællingen bliver på den måde mere fragmenteret, men samtidig yderst levende. Netop fordi vores liv ikke er en sammenhængende fortælling. Det er snarere en række af begivenheder, som vi er så tæt involveret i, at vi ikke er bevidste om den store fortælling, som vores liv er. Og spørgsmålet er da også, om den store fortælling overhovedet findes. Er det ikke blot noget, vi selv skaber bagefter, eller måske snarere et stort selvbedrag? Som f.eks. den fortælling, som Sturla utvivlsomt har bildt sig selv ind – fortællingen om hans eget liv, der ville forløbe således, at han en dag ville blive jarl, eller måske konge, over Island. Sværdet, som Gissur huggede mod hans hoved, satte et punktum for denne drøm – eller måske snarere for dette selvbedrag.

Thor har tydeligvis et godt kendskab til Sturlungateksterne. I stedet for at lade sine personer genfortælle dem i en indre monolog, sådan som Einar Kárason gør, vælger han en metode, som virker langt mere naturlig. Begivenhederne genlyder i personens tanker, samtidig med at vedkommende oplever et øjeblik. Personen kan være ude at ride eller i færd med at tale med en anden. Personen kan være ude at sejle eller blot ude at gå en tur og er på den måde i tæt kontakt med både sig selv og sine omgivelser. Det er her, Thors stilmagi for alvor kommer til sin ret. Han er en billedrig forfatter og han har let ved at flette det, han ser ude i den islandske natur, sammen med en beskrivelse af den indflydelse, det har på personernes indre liv. Og det er langtfra blot en indre monolog i fortælleform, men består af mange forskellige billeder, minder, længsel og frygt. Man kan roligt sige, at Sturla bliver levendegjort i læserens sind, på en overbevisende måde – man får et indtryk af en mangesidig og kompliceret person.

Men lykkes det også Thor at undgå anakronisme? Er der tale om en dialog eller en ensidig spejlen sig (og os) i denne historiske person? Jeg vil mene, at han er langt tættere på at skabe en dialog end Einar, og det skyldes den måde, hvorpå han formår at skabe et spændingsforhold mellem det kendte (det som vi allerede kender) og det ukendte i Sturlas historie. Det kommer blandt andet til udtryk i måden, hvorpå han bruger det islandske landskab. Vi kan roligt gå ud fra, at det ikke har ændret sig meget siden det 13. århundrede, og derfor bliver hans metode med at vække landskabet til live i personernes sind en metode til at knytte dem til nutidens menneskers oplevelser. For at give sine personers indre liv indhold trækker Thor i høj grad på vores viden om deres litteratur, især gude- og heltesagn, og det er da også en velvalgt måde at lede os ind i deres tankegang på. Men der er til gengæld et andet aspekt, som har ændret sig væsentligt siden dengang, og det er vores holdning til religion og tro. Sturla var en middelalderlig katolik, som troede på, at han enten ville ende i Helvede eller i Himmerig efter døden – eller formodentlig havne i Skærsilden. Thor glemmer da heller ikke at være opmærksom på dette skel, og en helt central begivenhed og et afgørende vendepunkt i romanen er, da Sturla tager til Rom for at få pavens tilgivelse for, at han har overfaldet den katolske biskop i Island. Det er på denne rejse, at Sturla stifter bekendtskab med det ukendte. Han er selv ukendt i dette land, og derfor er det billede, som andre har af ham derhjemme, ikke længere til stede til at fortælle ham, hvem han er. Rejsen til Rom er på den måde en rejse ind i ham selv, eller måske snarere en måde at lade hans selvopfattelse splintres på, så han kommer tilbage som et forandret menneske. Forandret, men ikke nødvendigvis bedre – måske på en måde splittet. Og det er i denne splittelse, at Thor finder forklaringen på modsigelserne i Sturlas opførsel i de sidste år af hans liv, hvor han forsøger at tilvende sig magten over Island. På den ene side udviser han stor beslutsomhed og endda ondskab. På den anden side er han ubeslutsom og tør ikke tage de nødvendige skridt. Det er denne tvivlen, som fører til hans fald.

Jeg synes, det udmærket lykkes for Thor at give Sturla Sighvatsson et liv, som virker troværdigt – et liv, man kan forestille sig, han har levet. Selvfølgelig kan man have en anden opfattelse af vigtigheden af de forskellige begivenheder. For eksempel er det min opfattelse, at uenigheden mellem Sturla og Snorri om herredømmet over Dalene og Vestfjordene, som spillede en stor rolle for Sturla som voksen, har haft større betydning, end Thor tillægger den. Man må ikke glemme, at Sturla var parat til at overfalde Snorri og slå ham ihjel i 1229, og drømte om, at Snorri blev lagt i kisten før ham selv, hvad der dog skulle vise sig ikke at blive tilfældet. Jeg mener også, at man ville kunne gå endnu længere end Thor gør, i fremmedgørelsen af 1200-tallets menneskes sjæleliv ved i endnu højere grad at bygge på det, som vi takket være litteraturen ved om deres tankegang – og her tænker jeg ikke kun på den litteratur, som vi normalt hylder, almuens litteratur og den litteratur, som giver os oplysninger om vores kulturarv, men også den kristne litteratur, som der var så meget af. Men dette udspringer af mit videnskabelige syn på, hvordan mænd som Sturla og Snorri opfattede verden, og denne holdning er stadig til diskussion blandt forskere. Derimod tvivler jeg ikke på, at Thor formår at indgå i en egentlig dialog med det 13. århundrede. Dialogen er på én gang gavnlig og personlig – gavnlig i den forstand, at den ændrer vores opfattelse af Sturla, idet han gøres til en katolsk europæer. Det handler om uoverensstemmelsen mellem vores drøm om os selv og hvem vi egentlig er, og tillige om, hvorledes vores selvopfattelse i et lille samfund er afhængig heraf, samt hvordan vi mister den, når vi rejser ud i den store verden. Denne dialog på tværs af århundreder fortæller os meget om, hvad det vil sige at være islænding, både dengang og i dag.

Nordmanden Thorvald Steen har specialiseret sig i historiske romaner og er blevet berømt og respekteret på dette. I 1999 skrev han en roman om den norske konge Sigurd Jorsalafari, som levede i det 12. århundrede og var korsridder – en roman, der hovedsagelig bygger på Snorri Sturlusons *Heimskringla*. Dette har formodentlig vakt hans interesse for Snorri, for to år senere udkom romanen *Den lille hesten,* hvor Snorri Sturluson er hovedperson. I stil med de to andre romaner, jeg har omtalt, så bruger *Den lille hesten* virkelige begivenheder i Snorri og hans slægts liv som ramme uden om romanens egen fortælling. I denne roman bliver der dog i højere grad digtet med på historien. Fortællingen strækker sig over de sidste fem dage af Snorris liv – indtil Gissur Þorvaldsson og hans mænd bryder ind i hans hjem i Reykholt og slår ham ihjel. I *Sturlungasaga* hører vi ikke andet om disse fem dage, end hvordan de ender. Vi ved, at Snorri igen har tilkæmpet sig herredømmet over sit land, og også at han seneste kone netop er død. Desuden ved vi, at der har været et særdeles anspændt forhold mellem ham og hans sønner. Denne ramme tilfører Steen ny dramatik efter sit eget hoved ved at opdigte en kærlighedshistorie. Den koldblodige høvding, den lærde Snorri, møder i de sidste dage af sit liv den ægte kærlighed – til en gift kone. Margrethe hedder hun.

Jeg kender ikke denne fortælling så godt som de andre, men jeg synes, den er interessant som roman. Den er fuld af stemning, og den person, som skabes under Snorris navn, er bemærkelsesværdig på grund af den følelsesmæssige forvirring, der hersker i hans indre. Iscenesættelsen af drabet på Snorri er utrolig gribende. Jeg må dog indrømme, at jeg har svært ved at genkende den Snorri, som beskrives, måske bortset fra det, jeg kan genkende fra mig selv i ham. Personen er interessant som spejlbillede for os moderne mennesker, vi får meget at vide om kærligheden og døden, men jeg synes ikke, at jeg har fået øget indsigt i den Snorri, som skrev *Eddaen*, *Heimskringla* og *Egils saga*, efter at have læst romanen.

Den sidste roman, jeg har tænkt mig at omtale, er stadig under konstruktion. Den er skrevet af Pétur Gunnarsson, som har været populær, lige siden han slog igennem med sin første roman *Punktur, punktur, komma, strik* (*Punktum, punktum, komma, streg*) i 1976. Med den roman banede han vejen for en ny generation af forfattere, som er nogle år yngre end han selv – eksempelvis Einar Kárason og Einar Már Guðmundsson. Det gjorde han ved at føre efterkrigstidens Reykjavik ind i litteraturen på en ny og positiv måde. Den generation, som var vokset op i denne virkelighed og havde et helt andet forhold til det gamle landbo- og fiskersamfund end generationen før dem, havde pludselig fået en stemme, og denne stemme var kritisk, til tider ironisk, ofte spotsk og altid poetisk.

De seneste år har Pétur Gunnarsson arbejdet på en ny romanrække under den fælles overskrift *Skáldsaga Islands*. De tre første romaner i rækken er udkommet – *Myndir af heiminum, Leiðin til Rómar* og *Vefir tímans* (*Billeder af verden, Vejen til Rom* og *Tidens vævninger*). Den fælles overskrift, *Islands roman*, fortæller os en del om dem. De afviger fra de fleste romaner på den måde, at der ikke er nogen hovedperson, ikke engang flere. Hovedpersonen er ISLAND, landet i sin vælde, men dog hovedsagelig de mennesker, som har boet i landet gennem tiden. Det interessante er, at denne nations historie konstant sættes i en international og kulturhistorisk sammenhæng.

Billedet af Island er et billede af Island i verden, og et billede af islændingene som europæere, aktive deltagere i menneskehedens fremadstræben og ikke gemt væk langt mod nord, på den anden side af Færøerne, oppe i nærheden af Grønland. I de første to bind er samtidsberetninger den væsentligste kilde til små fortællinger, som han føjer til, samtidig med at han sætter dem i sammenhæng med begivenheder i Europas historie. På denne måde skaber han et nyt billede af Islands historie og af de menneskers skæbne, som har boet der gennem århundreder. Et billede, som opløser en stor del af det bedrag, som stadig former vores selvopfattelse og er en arv fra selvstændighedskampen. Fortællingen griber ikke læseren på grund af et spændende plot eller på grund af, at vi lever os ind i hovedpersonen, men fordi stilen er ren, og fordi forfatteren formår at tilføre disse korte beretninger liv. På trods af dette tilføjer han stort set ikke noget, som vi ikke kunne læse os frem til i historiske kilder.

Jeg tror, at netop dette er grunden til, at jeg opfatter *Islands roman* som værende så vellykket. Det billede, som tegnes af fortiden, er det billede, som fortiden efterlod. Pétur Gunnarsson går i dialog med dette billede på to måder. For det første skaber han en sammenhæng, som vi ikke er vant til at se denne fortid i, dvs. den vestlige kulturhistorie, først og fremmest aspekter, som er knyttet til religionen, og hvordan den har formet vores selvopfattelse, vores følelser og seksualitet osv. For det andet indskyder han en person fra vores egen samtid i historien, en person, som han kalder Máni. Máni er typisk for Péturs karakterer: Han er født i Reykjavik umiddelbart efter anden verdenskrig, opvokset i en splittet familie, og rejser til Frankrig for at studere. Han optræder ikke ofte, men den erfaring, han får, er meget dybtgående, er knyttet til forholdet til os selv og til skammen, og er ikke udelukkende personlig, men formet af en historisk udvikling som strækker sine rødder helt tilbage til urkristendommen – mindst. Som jeg sagde, er *Islands roman* stadig under konstruktion. Jeg synes, det virker, som om der kommer flere bind end de tre, der er udkommet på nuværende tidspunkt. Jeg tror, at det vil lykkes for Pétur at skabe en meget interessant og kreativ dialog med fortiden, en dialog med noget, som vi opfatter som fremmed, med Den Anden, dvs. med mennesker fra fortiden, som er anderledes end vi er. Men han skaber også en dialog med os selv, og på den måde er hans fortælling også et spejl, men et spejl, hvori vi ikke blot ser os selv, men også Den Anden ved siden af os, denne Anden, som var der før os, og som stadig bor i os. Vi kan kalde ham Snorri og hans slægt.

Oversat fra islandsk af Susanne Torþe

VÉSTEINN ÓLASON

Vikinger og helte i skyggen af to verdenskrige

Da skandinaviske humanister omkring 1600 opdagede de islandske håndskrifter og de litterære skatte, som lå gemt deri, blev denne litteratur med det samme et middel til at skabe en ærefuld fortid for Norden. Fortællinger om oldtidens konger og helte blev læst ukritisk som bogstavelig sandhed, mens digte og myter blev fortolket som udtryk for primitiv og dyb indsigt i tilværelsens mysterium og brugt som begrundelse for at hævde, at nordisk digtning var europæisk kulturs *fons et origo*, kilde og ophav. Det nordiske alfabet, *runerne*, blev symbolet for denne kulturs mystiske skaberkraft.

Den danske videnskabsmand Ole Worm udgav 1636, i samarbejde med islandske lærde, en bog med en lang titel, oftest forkortet til *Litteratura runica*, som i og uden for Norden gennem lang tid var en af hovedkilderne til viden om den gamle nordiske kultur. Her begyndte den idealisering af nordisk fortid, hvortil der snart blev taget et skridt videre af Thomas Bartholin d.y. Ved hjælp af en islandsk student, Árni Magnússon, senere berømt som håndskriftsamler, udgav Bartholin et utal af eksempler på forfædrenes heltemod og foragt for døden i en bog med titlen *Antiqvitatum danicarum de causis contemptae a danis adhuc gentilibus mortis libri tres*, 1689. Interessen for oldtidens litteratur og islandske håndskrifter blev også styrket af den ufred, som stadig herskede mellem Danmark og Sverige i disse tider. Begge lande, eller snarere begge dynastier, forsøgte at bruge litteraturen til at bevise deres egen fortræffelighed frem for det andets.[1]

I romantikkens tid blev kongernes, aristokratiets og de lærdes interesse for fortidens litteratur spredt til andre samfundslag. Man begyndte at sætte pris på sagahelte fra jævnere kår – islandske bønder som viste heltemod, stolthed og foragt for døden, når æren blev truet – samtidig med at indflydelsesrige digterånder som Grundtvig genfortolkede gamle digte og myter til brug for folket i en åndelig genrejsning. Kendskabet til det islandske sprog var nu blevet større blandt nordiske og andre forskere, der kom nye udgaver og oversættelser af en række sagaer, og man var ikke længere afhængig af humanisternes genfortællinger.

Uden for Norden var kendskabet til den islandske litteratur begrænset. I Tyskland interesserede man sig længe næsten kun for mytologi og eddadigte, som man i begge tilfælde så som eksempler på tysk ånd (Jakob Grimms *Deutsche Mythologie* bygger næsten udelukkende på de to eddaer, og Wilhelm Grimm erklærede, at eddaens heltedigtning var "grundsätzlich Deutsch"). Eddadigte og heltesagn inspirerede Richard Wagner i hans storslåede omfortolkning af nordisk og i mindre grad tysk tradition i *Ring des Nibelungen*.[2]

Det var først op mod århundredeskiftet 1900 og især i tiden fra 1910 til 1930, at man begyndte at oversætte og udgive sagaer i stor stil i Tyskland. En stor flok tyske germanister og andre intellektuelle mente, at man i sagaerne kunne finde billeder af en før-kristen, germansk fortid som så i idealiseret form blev grundlaget for det, som tyske forskere nu omtaler som *Islandmythos*, og som igen er en del af en mere omfattende *Germanenmythos*. I Tyskland blev sagaerne og eddadigtningen fra begyndelsen af det 20. århundrede læst som kilder om en hypotetisk fællesgermansk fortid, og senere på det groveste misfortolket i nazismens tid; sagaheltene skulle blive forbilleder for det tredje riges nye menneske. Denne ideologi blev et redskab i propagandakrigen, og her i Danmark kunne man se udslag af dette i en plakat, som blev brugt i kampagnen for at hverve soldater til den tyske østfront.[3]

For at tjene denne ideologi blev sagaerne tolket i en helt speciel retning. Man så bort fra, at de var skrevet af kristne islændinge, mere end to hundrede år efter at landet blev kristnet, og at den hyppige anvendelse af vold som middel til konfliktløsning, til stadighed modvirkes af fredssøgende kræfter. Uretfærdige bøller, *ójafnaðarmenn*, er skurke i sagaerne, men under krigen trykte skurkenes regime i Tyskland særudgaver af enkelte sagaer for Hitlerjugend og soldater ved fronten!

Selvfølgelig er den gamle islandske litteratur langt fra at være pacifistisk. Skjaldedigtningen lovpriser de mest brutale vikingetogter og overgreb mod uskyldige og forsvarsløse mennesker; i fornaldarsagaer og enkelte eddadigte møder man også en ekstrem helte- og voldsdyrkelse, selv om eddadigtene lægger større vægt på viljestyrke end kampstyrke. Men forenklinger og perspektivforvrængninger falder i øjnene, når man studerer tidligere tiders fortolkninger af denne litteratur. Det er vigtigt at læse den i sammenhæng med den historiske situation, hvori den blev skabt.

Islandske romanforfattere var i første halvdel af det 20. århundrede i den situation, at de uundgåeligt blev målt med sagaernes målestok, ikke mindst hvis deres værker blev oversat til andre nordiske sprog eller tysk, og de var nærmest nødt til at forholde sig til sagaerne, deres stil og deres idéverden. Sagaernes renommé kunne da også hjælpe dem til at få opmærksomhed. Her er det vigtigt at tænke på, at den første

Gunnar Gunnarsson 1936

Halldór Laxness i de år, da han skrev Kæmpeliv i Nord.

verdenskrig forstærkede nationalistiske strømninger i Tyskland, og dermed fulgte, at sagalitteraturens prestige blev forøget. Nazismens totale politiske og ideologiske nederlag i anden verdenskrig medførte derimod, at dyrkelse af den gamle islandske litteratur og af sagaheltene blev suspekt.

Det spørgsmål, jeg kort vil behandle her, er, hvilken indflydelse denne udvikling havde på islandske forfattere i første halvdel af det 20. århundrede. Jeg begrænser mig til to romanforfattere, godt kendt i Danmark i deres tid, nemlig Gunnar Gunnarsson (1889-1975) og Halldór Laxness (1902-1997). Begge to oplevede de to verdenskrige. Gunnar Gunnarsson var allerede en etableret forfatter ved første verdenskrigs slutning, og den satte dybe spor i hans forfatterskab i mellemkrigsårene. Efter begyndelsen af anden verdenskrig var hans skabergerning nærmest tilendebragt. Laxness udgav sin første roman som teenager lige efter første verdenskrig, 20'erne var hans modningsår og 30'erne det første højdepunkt i en lang og meget varieret forfatterkarriere.

Gunnar Gunnarsson flyttede som attenårig til Danmark i 1907. Det første par år opholdt han sig på Askov Folkehøjskole, en højborg for dansk nationalfølelse og interesse for det nordiske. Efter nogle få vanskelige år lykkedes det ham at vinde anerkendelse for romaner skrevet på dansk med emner fra samtidens Island. Senere beskæftigede han sig med Islands fortid i en række historiske romaner. Handlingen i fire af disse, udkommet 1918, 1933, 1934 og 1936, udspiller sig fra den første landnamstid indtil det 12. århundrede; hovedpersonerne er islandske bondehøvdinge, kendte navne fra sagalitteraturen.[4]

Gunnar Gunnarsson er i sine historiske romaner, især de første, stærkt påvirket af det 19. århundredes nordiske nationalromantik. Det kommer til udtryk i idealiserede sagaskikkelser og i modsætningspar som kristendom vs. hedenskab og nord vs. syd. Under sin Askov-tid blev han en overbevist skandinavist, og i 20'erne fremtrådte han som en ivrig talsmand for den idé, at de nordiske stater skulle forenes, bl.a. i bogen *Det nordiske Rige* 1927. Dette budskab var nok temmelig naivt og blev også kritiseret og latterliggjort af nogle af hans samtidige, men det blev fremført med stærk overbevisning. Gunnar Gunnarsson var en idealist. Hans retorik faldt i mangt og meget sammen med den retorik, som nationalistiske kredse i Tyskland benyttede sig af. Hans hovedargument for nordisk forening er altid det samme: Nordens folk er én helhed, én ånd, tungen og blodet er af samme æt. Han siger: "Denne viden i vort Blod har vi altfor længe siddet overhørig" (s. 13), og han beskriver en fredelig nordisk fremtidsvision med krigeriske metaforer:

> ... Vi er af Vikingeæt. Dog paa vore Sværd er Blodet længst størknet, og Jorden har fortæret vore Skjolde og drukket vor Skyld. Men endnu engang skal vi drage i Leding, skal vi oversvømme Landene, skal vi gøre Strandhugst, skal vi føre vor Fane til Sejr. Dog ikke Røverens sorte, men Fredens hvide Fane. Vore Vaaben skal være Idéens Fakkel, hvormed vi stikker Hjerterne i Brand, og Fornuftens Skjold, hvormed vi afbøder Dumhedens og Vantroens Giftpile (s. 66).

Selvom Gunnar Gunnarssons nordiske rige bl.a. var tænkt som et værn mod tænkelige overgreb fra tysk side, var der væsentlig samklang mellem hans nok så tågede idéer om åndelig fornyelse og de tyske nazisters propaganda. Han nød da også en stor og stadig stigende popularitet i Tyskland i 20'erne og 30'erne. I årene 1934 til 1940 var han gentagne gange gæst hos *Die nordische Gesellschaft* i Lübeck, som i disse år i ét og alt gik nazisternes ærinde. Han publicerede både artikler og digte i selskabets tidsskrift *Der Norden* og rejste Tyskland rundt på oplæsnings- og foredragsrejser. I 1935 udgav han en lille bog, *Sagaøen*, om Island og dets historie. Her lovpriser han folket med et ordvalg, som fuldstændig harmonerer med den tyske "Islandmythos", som nazisternes ideologer havde gjort til deres:

> *Island blev fundet i en Tid, da Blomsten af Norges Folk havde Valget imellem en dødbringende Skændsel eller Kamp og Udvandring. En bedre og af Sind og Legeme kraftigere Befolkning, end det fik fra Norge og det sammenbrudte norske Rige paa Irland og Vesterhavsøerne, vil til alle Tider være vanskelig at fremskaffe hvor som helst paa Jordkloden (44).*

Den slags retorik var som honning i nazisternes øren, og de forstod at benytte sig af den og strække den endnu længere i en retning, som passede dem. Det er derfor vigtigt at fremhæve, at Gunnar Gunnarsson i sine bøger, trods deres nationalistiske og sine steder racistisk prægede retorik, er en fredens mand. Han taler for overvindelse af modsætninger, men ikke for undertrykkelse. Til trods for sin tyskvenlighed var han ikke nazist.

Den sidste i rækken af hans historiske romaner, *Graamand* fra 1936, placerer skylden for samfundets problemer hos de mænd, som tilraner sig magten ved svig og vold, og i den syntese, som han i de historiske romaner prøvede at bygge mellem asatro og kristendom, blev de kristne ideer gradvis stærkere og fortidsbilledet mere nuanceret. I alle disse romaner fremhæves bondens dyder som modsætning til vikingens urolige og destruktive natur. Dette er en udvikling, som bliver fuldbyrdet i kortromanen *Advent* fra 1937, hvor de voldelige heltes diametrale modsætning, en selvopofrende fårehyrde, en slags Kristusskikkelse, er hovedpersonen. Ironisk nok blev også denne bog rost af nazisterne, og der blev lavet særtryk til soldater ved fronten: dér gjaldt jo offerviljen.

Gunnar Gunnarsson flyttede hjem til Island i 1939, byggede en slags herregård i sin hjembygd på Østlandet og slap derfor for at gennemleve besættelsestiden i Danmark. Men han foretog sin sidste oplæsningsrejse til Tyskland i 1940, og da fik han den 20. marts audiens hos Hitler. Ifølge Gunnar Gunnarsson selv havde han tænkt sig at tale Finlands sag over for Hitler, men Finland havde kapituleret den 13. marts, og denne fredens apostel måtte finde sig i at sidde og høre på Hitlers monologer. Selv sagde han senere, at han havde udtrykt skepsis over for Tysklands muligheder for at vinde krigen. Min nylig afdøde kollega Sveinn Skorri Höskuldsson, professor ved Háskóli Íslands, forskede grundigt i alle kilder vedrørende Gunnarssons liv og gerning. Han fandt dokumentation for, at det tyske udenrigsministerium efter audiensen, på grund af en vis kritik, som var fremkommet under mødet med Føreren, bad den tyske ambassade i København om at undersøge, om nu denne Gunnarsson var en så stor ven af Tyskland, som man havde troet. Dr. Domes ved ambassaden mente i sin rapport, at Gunnar Gunnarsson var en sand ven, og citerede *Det Nordiske Rige* som bevis. Ambassador Grundherr støttede dette ved at henvise til, at *Kirken paa Bjerget* var i fuld overensstemmelse med de tyske ideer om *Blut und Boden*.[5] De, som har læst dette værk, vil selv kunne bedømme, hvorvidt de er enige, men for de fleste virker dette vel som en lidt absurd fortolkning af dette dybt humane værk, selv om slægtskab med Blut und Boden-ideerne nok kan spores i de historiske romaner og i essayene.

Gunnar Gunnarsson var, trods al den forståelse og anerkendelse, han nød, en udlænding i Danmark. Da hans popularitet begyndte at dale her, samtidig med at den nåede uanede højder i 30'rnes Tyskland, var det vel menneskeligt, at han lod sig rive med af denne hyldest. Ikke mindst fordi der var uklare grænser mellem hans idealistiske menneskesyn, hans nordiske og islandske nationalisme, og den propaganda, som nazisterne brugte for at appellere til det tyske folk og tilsløre deres virkelige hensigter.

Den anden verdenskrig gjorde Gunnar Gunnarsson nærmest stum. Han var kun halvtreds år, da den begyndte, men bortset fra mindre arbejder var hans skabergerning slut efter hjemrejsen, og det er desto mere påfaldende, som han havde opvist en nærmest fænomenal produktivitet i tre årtier fra begyndelsen af karrieren.

Gunnar Gunnarssons virkelige helte var bondehøvdinge, som dyrkede landet og videreførte slægten på fredelig vis, karakteriseret ved indre styrke og harmoni. Vikingens urolige og tit sønderrevne sjæl var modsætningen til dette ideal, men naturligvis var han, som alle islændinge, en patriot, stolt af sine forfædre og sin kultur. Nazismens rigtige væsen gik nok først op for ham i krigens år.

Jeg har fremdraget denne side af Gunnar Gunnarssons historie som eksempel på, hvordan sagalitteraturen og dens modtagelseshistorie uden for Island kunne påvirke en islandsk forfatters skæbne. Den viser, hvordan en kunstner, som vil tjene det gode, kan blive revet med af det ondes malstrøm. Gunnar Gunnarsson blev rigtignok i sidste øjeblik kastet ud af malstrømmen igen, men han lå tilbage dybt såret og stum på den Livets strand, som han havde skrevet om tyve år tidligere, dengang dybt skuffet over menneskets ondhed og dumhed i første verdenskrig, men da forstærket i sin skaberkraft. I mellemkrigsårene var fortidens vikinger dukket op som gengangere. Sagaerne fortæller, at en viking, som går igen, er et farligt væsen.

Gunnar Gunnarsson og Halldór Laxness var venner. Gunnar havde hjulpet sin yngre kollega med at få kontakter og udgivere i Danmark, og tilmed oversat Laxness' roman *Salka Valka* til dansk. Den udkom 1934 som den første af Laxness romaner i oversættelse. Laxness betalte for sig ved en mesterlig oversættelse af vennens store selvbiografiske roman *Kirken paa Bjerget*. Men ideologisk var der stor afstand mellem de to forfattere, og det samme kan man sige om deres forhold til sagalitteraturen.

Halldór Laxness lagde i sine unge år ikke fingrene imellem, når han omtalte den berømmede oldislandske litteratur. I breve fra klostertiden 1923 og en skitse til en roman fra 1924 kan man finde erklæringer som disse: "Jeg for min del har ikke haft en mindre morsom bog mellem hænderne end *Heimskringla* af Snorri Sturluson." Eller: "Maria Grubbe af J.P. Jacobsen er en meget bedre bog end Njals saga; der er indhold og form skabt af en dybere og mere kunstnerisk ånd."[6]

Denne holdning ændrede sig senere, og i en mere moden alder lovpriste Laxness både islændingesagaerne og Snorri Sturluson, mens han harcellerede over psykologiserende romaner. 1945 skrev han et langt essay, "Notater om de islandske sagaer", som det hedder i Erik Sønderholms oversættelse.[7] Det indeholder mange geniale iagttagelser om sagaernes fortællekunst og deres særstilling i middelalderlitteraturen. Interessant er et afsnit fra essayets afslutning, hvor Laxness omtaler sagaernes betydning for det islandske folk. Det viser en national selvhævdelse, som Laxness i denne periode havde til fælles med sin ældre kollega Gunnar Gunnarsson, men hvis man kan få det indtryk af dette afsnit, at Laxness var ukritisk mod sagaerne og deres ideologi, så er det nok en fejlslutning, som vi senere skal få at høre – og retorikken er heller ikke typisk for hele essayet. Men det er klart, at den opløftede stemning er inspireret af oprettelsen af republikken året før og det faktum, at krigen var afsluttet med nazismens nederlag. Men lad nu Laxness selv få ordet:

> *I lange, mørke århundreder var disse fortællinger det eneste, som det folk ejede, der undergangen nær og måske i større isolation og elendighed end noget andet vesteuropæisk folk tålmodigt ventede på befrielsens time.*

> *Sproget, det mest fuldkomne, der har været skrevet i Vesteuropa, et sprog på hvilket der skabtes klassiske kunstværker, før Europa fødtes til sin kultur, det var vor ædelsten. Således blev sagaen det frø, som skulle leve, den stikling i den frostbundne jord, der skulle skyde friske skud i en ny national vår. Det trettende århundredes heltedigtning blev rendegarnet i folkets sjæl. I den tid, da vor fornedrelse var dybest, lærte sagaen os, at vi var helte og højbårne mennesker. Sagaen var vor uindtagelige borg, og det er dens skyld, at vi i dag er et selvstændigt folk (De islandske sagaer og andre essays, 56-57).*

Man vægrer sig næsten ved at citere panegyrik som denne i vor kyniske tidsalder. Citatet viser, at der ikke altid var langt imellem Halldór Laxness og Gunnar Gunnarsson, når det gjaldt forholdet til deres egen kulturarv, skønt Laxness fra begyndelsen af var en ikonoklast og en ivrig anti-fascist. Selv om han i andre sammenhænge udtaler sig mere tvetydigt eller ironisk om sagaerne, er der ingen grund til at tvivle på, at lovordene er alvorlig ment. Det er dog påfaldende, at når rosen bliver specifik, så gælder den først og fremmest sagaernes fortællekunst. Vigtig er også beskrivelsen af sagaernes skæbnetro; den omtales som "en frygtløs pessimisme: fatalistens heltemod beror på, at han kan se de sværeste prøvelser og endog sit livs totale nederlag i øjnene og tage sår og død med sindsligevægt" (28). Det er altså ikke den sejrende kæmpe, som lovprises her, men det heltemod, som kun kan prøves og bevises i nederlaget.[8]

Den anden verdenskrig bragte ikke Halldór Laxness til tavshed. Han var under krigen i færd med at skrive og afslutte et af sine største værker, *Íslandsklukkan* (1943-45, dansk oversættelse ved Jakob Benediktsson 1946: *Islands Klokke*), men andre problemer trængte sig på, og i sit næste store arbejde, *Gerpla* (1952, dansk oversættelse ved Martin Larsen: *Kæmpeliv i Nord, 1955*), tager han den islandske litteraturarv op til kritisk granskning. Det blev et opgør gennemført med en genial stilistisk virtuositet, men ideologisk så radikalt, at mange af digterens venner og beundrere af den ældre generation blev nærmest chokerede. Her fremstilles vikingetidens helte som følelsesløse voldsmænd, vildledte af en ideologi formet af skjaldedigtning og heltesagn, og der gives en foragtende karikatur af selveste den norske helligkonge Olaf Haraldsson. Hovedpersonen, skjalden Þormóður Kolbrúnarskáld, ofrer et liv i fred og kærlighed for en vanvittig søgen efter hævn og mulighed for at lovprise bøllen og slagsbroderen Þorgeir og hans konge, vikingen Olaf Haraldsson. Som materiale for sin parodi bruger Laxness islændingesagaen om fostbrødrene Þorgeir og Þormóður, som netop fortæller om fanatisk heltedyrkelse, men også Snorris saga om Olaf den Hellige, et værk, som han senere karakteriserede som suverræn fortællekunst.

Det beskrives udtrykkeligt i *Gerpla*, hvordan fostbrødrene henter deres ideer om heltemod fra de gamle kvad og Þorgeirs mor, som indprenter ham hævn- og heltemoralen. Denne store roman er en hånlig skildring af de helte og konger, som bliver lovprist i gamle islandske sagaer og digte. Kong Olaf er en røver og en skurk, som tilraner sig magten med vold, svig og list; helten Þorgeir er derimod naiv og konsekvent, men han har tilegnet sig et fuldstændig negativt livsideal, som han efterlever med fanatisme. I samtale med fostbroderen beskriver han helteidealet med disse ord:

> *Ingen er helt hvis han er vel gift og har fagre døtre ... Helt er den, der ikke ræddes mennesker og ikke gud eller kreatur og ikke sortkunst eller troldtøj og ikke sig selv eller sin skæbne og udfordrer alle til holmgang, indtil han bider i græsset for sine fjendes våben, og kun den er skjald, der øger slig mands berømmelse (82).*

I denne roman dekonstruerer Halldór Laxness de myter, som har omgivet sagaer og eddadigte i alle de århundreder, jeg her har omtalt, samtidig med at han med et forbløffende resultat bemægtiger sig sagaernes fortællestil og gør den til redskab for sin dybe ironi. Hans bog er alligevel ikke nogen saga, men en moderne roman, en satirisk, komisk, – og tragisk – fortælling, muligvis Laxness' mest pessimistiske værk. Når læseren er kommet sig oven på det nye billede, som her gives af den gloriøse sagatid, vil han eller hun snart få øjnene op for, at *Gerpla* er en roman om sin samtid, som alle store romaner. Voldens og militarismens mentalitet er fænomener, som var alt for godt kendte i forfatterens samtid, også digtere, som gik tyranners ærinde. Peter Hallberg har peget på, at ord lagt i vikingers mund kan være et ekko af Nazi-lederes udtalelser.[9] Som heltenes modbillede fremstilles en fredelig almue, som efter bedste evne forsøger at bjærge livet og ikke bryder sig om ære eller heltedåd: bl.a. grønlandske inuiter, irske slaver og franske småbønder. Bogens tragiske figur er skjalden Þormóður, som vakler mellem kærlighed til livet og den døds- og voldsdyrkelse, som vennen Þorgeir og Kong Olaf repræsenterer. Þormóður ofrer sin lykke for en blind tro på en falsk ideologi. Sandheden ser han ikke i øjnene førend i livets sidste stund. (I parentes bemærket var Laxness jo selv i mange år forblindet af en politisk ideologi, hvor man forgudede ledere, som var endnu større skurke end en vikingekonge. Det er nok ikke tilfældigt, at hans opgør med den fulgte tæt på *Gerpla*).

Med *Gerpla* eller *Kæmpeliv i Nord* har Halldór Laxness gjort op med den ideologi, som gennem århundreder var bygget op omkring eddadigte og sagaer, og som bl.a. nazisterne havde fornyet og forvredet. Han ryddede op i uklar tænkning hos folk, som ikke magtede at skelne mellem det, som var værdifuldt, og det, som var forkasteligt i denne litteratur. Han var selvfølgelig ikke alene om denne indsigt, selv om han var den forfatter, som bedst magtede at udtrykke den kunstnerisk. Forskere havde i mellemkrigsårene og i fyrrerne præsenteret nuancerede tolkninger af sagaerne, som lå fjernt fra den dyrkelse af det germanske og nordiske, som tidligere var fremherskende; i stedet blev de læst i lyset af det kristne islandske samfund, hvori de var opstået. Den samme kritiske holdning til vikingetiden som hos Laxness finder man hos billedhuggeren Sigurjón Ólafsson (1908-1982), længe virksom i Danmark, men fra 1945 igen bosat på Island. Samme år som *Gerpla* udkom, formede han sin idé om vikingen i sten. Hans viking har monstrøse kendetegn som Þorgeir Hávarsson, og den er en diametral modsætning til det nazistiske idealbillede af den lyshårede, atletiske, ariske kæmpe.

Gerpla var sikkert en befriende bog for islændingene, ikke mindst for islandske forfattere, selv om det for mange tog lang tid at fordøje den. Den gjorde op med sagamyten. Længe efter *Gerpla* var det en undtagelse, hvis islandske forfattere tog emner op fra vor middelalder. Dette har ændret sig meget på det sidste.

Jeg har med denne kortfattede redegørelse ønsket at vise, hvordan to store fortælleres værk og karriere, for ikke at sige skæbne, kan blive radikalt påvirket såvel af deres kulturarv som af den politiske udvikling og de verdenshistoriske begivenheder. Gunnar Gunnarsson blev født 13 år før Halldór Laxness i en afsides liggende region på Island, mens Laxness blev født i og voksede op i nærheden af landets lille, men hurtigt voksende hovedstad.[10] Begge to var meget unge, da de forlod Island for at søge en uformel uddannelse og forberede sig på deres forfattergerning. Uden på nogen som helst måde at ville undervurdere, hvordan et forskelligt temperament har bestemt, hvordan de bearbejdede deres erfaringer, er det vel ikke helt ubegrundet at gå ud fra, at det forskellige udfald har en del at gøre med de stærke oplevelser, Gunnar Gunnarsson havde af den første verdenskrig. Den rystede den idealistiske grundvold, han havde bygget sine livsanskuelser på, uden helt at nedbryde den.[11] Halldór Laxness kom som en umoden yngling ind i efterkrigsårenes europæiske radikalisme, efter krigen og efter bolsjevikkernes revolution. Disse års radikale omvurdering af alle værdier, religiøse, etiske, politiske og kulturelle, formede ham for livet. Begge forfattere foretog et personligt opgør med Islands litterære arv, og de forskellige udfald demonstrerer, at digterne altid er børn af deres tid og deres sted, skønt der i børneflokken altid findes højst forskellige individer.

NOTER

1. Disse forsøg på forherligelse af nordisk fortid var begyndt før, og da på grundlag af Saxo og andre latinske forfattere som Jordanes, men de fik vind i sejlene ved opdagelsen af den islandske litteraturarv. Der er skrevet meget om disse sager, se f.eks. udmærkede redegørelser hos Mats Malm, *Minervas äpple. Om diktsyn, tolkning og bildspråk inom nordisk göticism,* Stockholm 1996, og Jöran Mjöberg, Drömmen om sagatiden I-II, Stockholm 1967-1968.

2. Om brugen af norrøn litteratur i Tyskland i det 19. og 20. årh., se bl.a.: Klaus von See, *Barbar, Germane, Arier. Die Suche nach der Identität der Deutschen,* Heidelberg 1994 [en samling artikler oprindelig trykt i årene 1970-1991]; Gerd Wolfgang Weber, "Nordische Vorzeit als chiliastische Zukunft. "Nordisches Erbe" und zyklisches Geschichtsbild in Skandinavien und Deutschland um 1800 – und später", i: G.W.W, *Mythos und Geschichte. Essays zur Geschichtsmythologie Skandinaviens in Mittelalter und Neuzeit,* Trieste, 2001, 153-189; en dansk version af samme artikel i: Else Roesdahl & Preben Meulengracht Sørensen, red., The Waking of Angantýr. The Scandinavian Past in European Culture. *Acta Jutlandica* LXXI:1, Aarhus 1996, 72-119; Árni Björnsson, *Wagner and the Volsungs. Icelandic Sources of Der Ring des Nibelungen,* London 2004; Julia Zernack, *Geschichten aus Thule. Íslendingasögur in Übersetzungen deutscher Germanisten,* Berlin 1994.

3. Jvf. Michael Müller-Wille, "The political misuse of Scandinavian prehistory in the years 1933-45", i: Roesdahl & Sørensen, red., The Waking of Angantýr, 156-175.

4. Min behandling af Gunnar Gunnarssons historiske romaner og hans holdninger i mellemkrigsårene bygger i høj grad på Halla Kjartansdóttir: *Trú í sögum. Um heiðni og kristni í sögum og samtíma Gunnars Gunnarssonar,* Studia Islandica 56, Reykjavík 1999; se også Sveinn Skorri Höskuldsson, "Draumur í sýn," *Skírnir,* Reykjavík 1974, 114-140. De fire romaner, som der her er tale om, er: *Edbrødre,* København 1918, *Jord,* København 1933, *Hvide-Krist,* København 1934, *Graamand,* København 1936.

5. Sveinn Skorri Höskuldsson, "Gegn straumi aldar," *Tímarit Máls og menningar,* 49. år, 1988, s. 403-423, se s. 419. En mere detaljeret og meget godt dokumenteret beskrivelse af besøget og forelæsningsrejsen 1940 findes hos Þór Whitehead, *Milli vonar og ótta. Ísland í síðari heimsstyrjöld,* Vaka-Helgafell, Reykjavík 1995, s. 97-110. Af hans redegørelse fremgår, at Gunnar Gunnarsson under besøget på en højst kompromitterende måde udtrykte solidaritet med Tyskland.

6. Herom se Peter Hallberg, *Den store vävaren. En studie i Laxness' ungdomsdiktning,* Stockholm 1954, 204.

7. *De islandske sagaer og andre essays,* København 1963.

8. Se Vésteinn Ólason, "Halldór Laxness og íslensk hetjudýrkun." *Halldórsstefna 12.-14. júní 1992,* red. Elín Bára Magnúsdóttir og Úlfar Bragason. Reykjavík, 31-43. En lidt kortere version af samme artikel findes i *Tímarit Máls og menningar* 53:3, 31-41.

9. Peter Hallberg, "Halldór Laxness and the Icelandic Sagas," *Leeds Studies in English.* New Series III, 1982, 15.

10. Halldór Guðmundsson har i sin studie i Laxness' ungdomsarbejder, *"Loksin, loksins." Vefarinn mikli og upphaf íslenskra nútímabókmennta,* Reykjavík 1987, beskrevet det litterære miljø i Reykjavík i begyndelsen af det 20. årh. og tilblivelsen af et litterært marked i Reykjavík efter 1918.

11. Se f.eks. Matthías Viðar Sæmundsson, "Mynd nútímamannsins", *Studia Islandica* 41, Reykjavík 1982.

ERIK SKYUM-NIELSEN

Nye og gamle fortælleformer i moderne vestnordisk prosa i postkolonialt perspektiv

Min hensigt med denne artikel er dobbelt. Dels vil jeg belyse, hvordan nyere islandsk litteratur genbruger den litterære fortid, og pege på et karakteristisk samspil mellem tradition og modernitet. Dels vil jeg inspireret af postkolonial teori forsøgsvis kaste et kritisk blik på den modtagelse, som i det 20. århundrede er blevet islandsk litteratur til del i mit eget land, Danmark.

I

I en novelle fra samlingen *Sjöstafakverið* (1964, da. *Syv tegn*, 1968) omtaler Halldór Laxness en bog, som efter hans beskrivelse at dømme må høre hjemme i hans egen fantasi. Værket rummer nemlig tekster på islandsk, færøsk, "skandinavisk", engelsk, tysk, fransk, latin, italiensk, spansk, finsk, russisk samt kinesisk, hebraisk, maori og hindustani, hvortil kommer digte på Atlantis-sprog!

Bogen eksisterer faktisk og udkom 1962 på forlaget "Universal Edition of St. Kilda". Det drejer sig om digtsamlingen *Corda Atlantica*, skrevet af den islandske forfatter, billedkunstner og komponist Karl Einarsson Dunganon (1897-1972). En smagsprøve på hans digtning kan være digtet "Spøgelses-Gensyn", skrevet på sproget i Atlantis:

> A-MÀHLA MÙHRU
> *Zettna morr ulla-làma*
> *all àhman,*
> *màhlo la-illa*
> *mall-mi all tàman.*

*Kom zeh teh tùhú
di-zàrron,
tùrmina ùrmin i-tàrron.*

*Gann ùwùh kùmbrick
man-tàsso ta-màrra;
mùhr igglon a-mùhlù
tann glàrra.
Tann mòrilla
órrhù an-dàrra,
màtta la-màhlo nas-warra.*

At ligheden med en ældre afart af gælisk næppe er tilfældig, vil fremgå klart af det følgende.

Karl Einarsson blev født 1897 i Seyðisfjörður på Østisland som søn af guldsmed og købmand Magnús Einarsson, men voksede op i Tórshavn, hvor faderen lod en død kat spille violin i butikkens vindue. Det syntes færingerne var morsomt.

Navnet Dunganon opstod her, fordi faderen havde en ko. Mødding hedder på færøsk *dungi*. Faderen ville have, at Karl skulle overtage forretningen og dungi, men da Karl og hans broder hellere ville til Spanien og elske smukke kvinder, svarede han: "non", når faderen sagde dungi. Heraf fødtes navnet Dunganon.

1924 finder vi Dunganon i Bordeaux, hvor han og færingen Sivert Patursson opretter en verdenskasse til støtte for zigeunere og tatere. Formålet var at gøre alle penge værdiløse. Mønten skulle hedde 'globus' og blev aldrig præget. Der var maksimalt ti kroner i kassen, og da Sivert blev syg af vitaminmangel og kun kunne helbredes af olivenolie, var Dunganon (eller Carolus Africanus, som han kaldte sig dengang) nødt til at nedlægge kassen. De Forenede Nationer har senere overtaget ideen, som Den Internationale Valutafond.

I 1930erne var Dunganon i Bruxelles, hvor han under navne som prof. Emarson og prof. Valentinus drev et psyko-astralt bureau for ægteskabsrådgivning og udøvede mirakler pr. post. På denne tid erfarer han, at der i Dorchester i England skal holdes auktion over lordtitler til en gennemsnitspris på 500 pund. Med hver titel følger også en stump jord, et eller andet sted. Men da han samtidig får nys om, at klippeøen St. Kilda 70 sømil nordvest for Skotland er helt forladt af levende væsener bortset fra skarver, mallemukker og suler, får han tilladelse til at kalde sig hertug af St. Kilda. Fra da af rejser han altid med et pas med flg. tekst:

"Our countryman ambassador and Bard, Charles Dunganon duke of St. Kilda, author of the famous Oracles, is voyaging throughout the length and breadth of the world as our special envoyé representing the old Atlantic dynasty Cormorant, doing astro-psychic business everywhere as he goes along. Please render him facilities from port to port. Port Nirvana, St. Kilda, Commonwealth of Atlantis, the 20th century. Valid on all dates. Our hand and seal."

Når grænsepolitiet spurgte, hvad dette her skulle betyde, sagde Dunganon, at det var hans eget pas, udstedt af ham selv til sig selv, hjemmehørende i et rige, som han selv agtede at oprette. Først rystede de på hovedet. Så lod de ham fortsætte. Det var som borger i dette rige, at Dunganon i 1962 lod sin digtsamling trykke.

Jeg har vanskeligt ved at forestille mig bedre eksempler på det æstetiske overskud, der kendetegner islændingene med deres velkendte insisteren på, hvad vi kan kalde den poetiske dimension i tilværelsen. I et land, hvis uæstmilde klima sammen med århundreders armod blokerede for udvikling inden for så spektakulære kunstarter som arkitektur og malerkunst, måtte befolkningen betjene sig af sit sprog, når man ville søge at give eksistensen æstetisk form. Det er i al enkelhed hovedforklaringen på den rigdom, der endnu i dag kendetegner den islandske digtning.

2

Hvad og hvem taler vi om, når vi siger moderne islandsk litteratur? Vi mener Gunnar Gunnarsson og Halldór Laxness, Svava Jakobsdóttir og Jakobína Sigurðardóttir, Thor Vilhjálmsson og Guðbergur Bergsson, Vésteinn Lúðvíksson og Ólafur Haukur Símonarson, Steinunn Sigurðardóttir og Vigdís Grímsdóttir, Gyrðir Elíasson, Sjón og Hallgrímur Helgason. Vi mener naturligvis også Einar Kárason og hans navne Einar Már Guðmundsson.

Særlig i sidstnævntes romaner finder man en fastholdt dialog med Islands litterære fortid, f.eks. i den slægtskrønike i tre bind, der (indtil videre) udgøres af *Fótspor á himnum* (1997, da. *Fodspor på himlen*, 1999), *Draumar á jörðu* (2000, da. *Drømme på jorden*, 2001) og *Nafnlausir vegir* (2002, da. *Navnløse veje*, 2003). Forfatterens projekt er her at bidrage til den nordiske underklasses kulturhistorie ved at skildre ti søskende, der som følge af forældrenes fattigdom og faderens alkoholisme voksede op uden for hjemmet. Men ved siden af denne solidt realistiske dimension indeholder romanerne også en æstetisk bevidsthed om sig selv som fiktion. Ganske vist påstår fortælleren selv, at han ikke er digter, idet han ikke behersker "den kunst at forklæde historier" eller forstår sig på "at sammendynge højttravende spekulationer", nej, han "nedfælder blot disse begivenheder for at give tavsheden mæle og minde om det glemte". Men ikke desto mindre overskrider disse bøger gang på gang en realistisk tilværelses- og litteraturforståelse. Fakta blandes med fantasi, materialitet med magi. Personer kan tage varsler af naturen, og spøgelser spadserer ind og ud af historien, som var de kære familiemedlemmer.

Men ikke nok med det, også sagaernes fortællere mærkes som stemmer nede under fiktion og fakta. Når nye personer skal introduceres, gennemgås ikke sjældent deres slægtstavle i adskillige led, og har folk lokale tilnavne og øgenavne, overtager bogen gladelig disse.

Allertydeligst er dog saga-præget i selve stilen med dens vekslen mellem et episk og et dramatisk register, mellem beskrivelse og knappe replikker, og med den særegne blanding af noget hørt og noget set, skiftene mellem det auditive og det visuelle. Helt genuint saga-agtig er ligeledes denne diskret distancerende, objektivt konstaterende fortællemåde, som jo også Halldór Laxness forstod at efterligne. Hvordan siger man f.eks. "Det var koldt at bo i barak"?

Jo, det hedder, i *Navnløse veje*: "Kærestepar frøs sammen, og smådrenge blæste væk. En dreng, der ville på lokum i en rygende snestorm, fór vild og frøs ihjel."

Andre saga-lån er brugen af historisk præsens, de mange faste indledningsformler, forespejling af kommende begivenheder, ja, anelser og syner, ganske som i f.eks. *Gunnlaugs saga* og *Gisles saga*. Da et af familiens fattige børn, den bomstærke og velvoksne Ragnar, som voksen kommer til at bo i en forladt militærbarak, er dét kun, hvad samme person allerede har set i en drøm.

Man kunne citere mange passager fra disse tre romaner til dokumentation af deres dybe afhængighed af islandsk litterær tradition. Fra *Fodspor på himlen* kan jeg f.eks. aldrig blive træt af det sted, hvor Ragnar forelsker sig i en jævnaldrende pige, hvilket bogens fortæller vælger at skildre på følgende vis: "Ragnar og Anna kom godt ud af det med hinanden, og før de fik set sig om, voksede kærligheden frem imellem dem. De fulgtes ad til dagens arbejde og satte sig ved aftenunderholdningen så tæt ved hinanden, som de kunne." Det er ikke alene dydigt og diskret, det er også et ekko af sagaens og den senere islandske litteraturs diskret indforståede antydningskunst.

Da Ragnar i *Drømme på jorden* på sognets regning bliver anbragt hos en bonde ved navn Geir, der ikke tror på elverfolk og alfer, ikke til at begynde med i hvert fald, får vi en beskrivelse af, hvordan bonden i drømme får besøg af en smuk elverkvinde, som lægger sig hos ham og så mindeligt beder ham om ikke at slå hø på hendes særlige høj. Geir mener ikke, står der, at det kan regnes under kategorien ægteskabsbrud at ligge med en fremmed kvinde i drømme, så han besinder sig, han lader være med at høste hø på højen, ja, bliver faktisk en indædt tilhænger af underjordiske væsener, elverfolks talsmand på møder og konferencer, yder økonomiske bidrag til forskning i elverfolk og giver synske kvinder støtte til efteruddannelse. – Alt sammen fortalt med samme pokerface ...

Fra *Navnløse veje*, den tredje roman i rækken kan man anføre, hvordan Einar Már Guðmundsson til at beskrive Ragnar anvender samme ordvalg som *Sagaen om*

Grettir Ásmundarson eller Grettir den Stærke anvendte om sin enspænderhelt, og det er også i denne bog forfatteren genfortæller et velkendt vandresagn som del af sin slægts historie.

Alt hvad jeg hidtil har nævnt, dokumenterer bog for bog en stærk formmæssig dialog med fortiden og en klar traditionsbevidsthed. Hertil kommer også en indholdsmæssig dimensionsmangfoldighed.

Hvor har vi ellers set det? Først og fremmest jo hos Halldór Laxness, men også hos William Heinesen, hos hvem vi i et essay ("Ekskursion i underverdenen", 1971) læser følgende:

"Ligesom Bretagne, Cornwall, Irland, de skotske øer og Island udgør Færøerne en del af den gamle verdens vestlige yderkant – den lange klippefulde og brændingsbræmmede frontlinje, hvor Europa, denne lille fingrede udløber af det uhyre asiatiske fastland, mødes med det lige så uhyre atlantiske ocean."

Jo, man ser det unægtelig for sig, hvordan den europæiske civilisation på Færøerne og Island ligesom når sin yderste grænse mod naturen og derfra må vende tilbage i et forsøg på at arve sig selv, sådan som det sker, når den nordiske fortælletradition hos forfatterne indgår som rygrad, som arvegods, som erindring. Som en modspiller og medspiller. Som en ind imellem tyngende bagage.

Men så snart dette er sagt, er det også nødvendigt at reflektere over, hvad det er, vi egentlig siger, når vi udnævner f.eks. islandske forfattere til bærere af en eller anden speciel samnordisk oprindelighed.

3

For at få perspektiv på dét vælger jeg Henrik Pontoppidans fortælling "En Vinterrejse" (1920), senest (2003) aktualiseret i den nye 3-bindsudgave af hans *Noveller og Skitser*.

Umiddelbart tager denne tekst sig såre tilforladelig ud, som en noget løs samling af dagbogsblade fra en Norgesrejse, med iagttagelse, stemning, samtidskritik og selvrefleksion. Men novellen har både et kriminalistisk plot og en grum kunstner-kritik.

Inden han rejste hjemmefra, har Pontoppidan lovet et par ulykkelige forældre at forhøre sig "om deres Søn, en ung dansk Student, som Norges Natur har forkoglet" i en sådan grad, at han i nu snart to år har flakket om i fjeldene og kun ladet høre fra sig via et par postkort, altid med samme tre ord: "Har det godt." Aldrig mere end dette. Ingen oplysninger. Ingen adresse.

Som en anden Stanley begiver forfatteren sig til fjelds – og finder faktisk sin Livingstone, en slags moderne skovtrold, der har vendt verden ryggen og som en dødsviet munk "strøet Aske over sit Hoved for at fremskynde den endelige Udfrielse."

Det andet gennemgående forløb i "En Vinterrejse" handler om et gensyn med Bjørnstjerne Bjørnson. Ham har Henrik Pontoppidan for mange år siden hørt tale i København, og indtrykket har holdt sig helt frisk. Især kan han tydeligt huske, hvordan Bjørnson videregav en rejseerindring fra sine unge dage i Rom: en pavelig Messe i Laterankirken på en højhellig Juleaften.

Da novellens jeg nu erfarer, at der ikke så forfærdelig langt borte, i Østre Gausdal, skal holdes et velgørenhedsmøde med Bjørnson som hovedtaler, begiver vor fortæller sig forventningsfuld af sted. Og sandelig, om ikke Bjørnson endnu en gang får forsamlingen i sin magt. Den sidder som rørt af en tryllestav, lutter opspærrede øjne og munde. "Selv led jeg derimod en alvorlig Skuffelse." Thi foredraget var nøjagtig det samme, som han i sin tid havde overværet i København:

"Jeg kendte det igen Træk for Træk. Der var den samme prægtigt tilrettelagte Skildring af det illuminerede Kirkerum; der var Gengivelsen af de pavelige Soldaters Trommehvirvler og alle de andre oratoriske Kunststykker lige til det Fingerknips, hvormed han en Gang efter en lille Pavse ledsagede et særligt malende Udtryk, som om en lykkelig Inspiration fødtes i det samme Nu. Naar jeg lukkede Øjnene, kunde jeg godt indbilde mig, at jeg fik den hele Skildring genfrembragt af en Fonograf. "Pladen" var i de forløbne Aar bleven noget slidt ved Brugen, men der manglede ikke en Stavelse."

Efter foredraget føler fortælleren det, som om han kender grunden til, at Bjørnsons indflydelse på nordisk åndsliv ikke er blevet større og dybere, end tilfældet er. For Bjørnson har først og fremmest blot stillet sig selv i positur. Han har med "sin Stils Forvovenhed" skaffet affektationen og det udvendige skaberi borgerret på parnasset, og han har gennem "sit Væsens gigantiske Fripostighed" dannet skole for et narreføge af ekvilibrister og stærke mænd, "af politiske Gavtyve og Bondefangere, der optraadte i Forklædning som Sandhedsriddere og Forkyndere."

Pontoppidans fortælling lader sig analysere langs flere linjer. Personligt set er den a) et eksempel på ironiens og skepticismens gennemslag hos ham. Stofmæssigt set leverer den b) et skarpt kollegialt portræt. Stilistisk kan vi læse den som c) en forbilledlig retorisk analyse, der demonstrerer, hvordan en form (foredraget) principielt kan anskues adskilt fra indhold og person. Men dertil kommer, at "Et Vintereventyr" også kan betragtes helt overordnet som d) en dekonstruktion af en nordisk og national myte samt mere psykologisk som e) en tilbagetrækning af en projektion. Inden tekstens fortæller forlader Norge og rejser hjem, går hans tanker opad til den unge flygtning i isørkenen: "Nu véd jeg lidt mere om Grunden til, at saa mange af Tidens unge Mænd med sønderrevet Hjerte flygter op paa Ensomhedens og Livsforagtens golde Vidder. Jeg indser ogsaa nu, at det ikke vilde have nyttet noget, om jeg havde faaet ham lokket herned til dette Møde med Bjørnson."

Nej, for dette møde betød for Pontoppidan en afmontering af en ukritisk spejling, hvormed danske forfattere og intellektuelle, dansk åndsliv i det hele taget har tildelt Norge rollen som bærer af en ophøjet oprindelighed.

Mit tankeeksperiment bliver nu at drøfte, om en lignende projektion eller spejling har gjort sig gældende i vort forhold til den islandske litteratur, og at se modtagelsen af denne i et løst skitseret postkolonialt perspektiv.

Hvad jeg godt vil forsøge på, er at belyse opfattelsen af norsk og islandsk litteratur i Danmark og afprøve det synspunkt, at vi i to omgange oplever opbygningen og nedbrydningen af en nordisk og national myte, to gange foretager den samme projektion og to gange har måttet trække den tilbage igen.

Teoretisk vil min indfaldsvinkel logisk nok være postkolonial, uagtet at der i forholdet mellem Danmark og Norge var tale om en konglomeratstat og i forholdet mellem Danmark og Island ikke statsretsligt set var tale om noget koloniforhold.

4

Det er om postkolonialismen blevet sagt, at den i litterær sammenhæng er den første ikke-vestlige teori, der for alvor er slået an i Vesten. Dens vigtigste repræsentanter er for det første forfatteren til værket *Orientalism* (1978), Edward W. Said (1935-2003), af palæstinensisk oprindelse, født i Jerusalem, opvokset i Ægypten og uddannet i USA. For det andet Gayatri Chakravorty Spivak (f. 1942), bengaler, uddannet i USA, og for det tredje Homi K. Bhabha (f. 1949), fra Bombay, uddannet dels i Indien, dels ved universitetet i Oxford. Et stort formidlingsarbejde er endvidere gjort af tre australske professorer i engelsk, Ashcroft, Griffith og Tiffin, til hvis hårdtslående titel *The Empire Writes Back* (1989) jeg om lidt vil vende tilbage.

To træk kendetegner især postkolonialismen som teori. Det ene er dens afvisning af, at der skulle findes noget der kan kaldes for "universelt". Postkolonialismens teoretikere er – lige bortset fra Said – til forskel fra f.eks. T.S. Eliot anti-universalister eller partikularister. Deres begreb om sandhed er lokalt.

Det andet træk, der hænger sammen med det første, er, at postkolonial teori som regel opererer i en prøvende foreløbighed. Teorien fungerer som en her-og-nu-konstruktion og som en flydende hypotese politisk og ideologisk.

Men gennemgående er en interesse for den forestilling om Andethed eller Fremmedhed, som de gamle europæiske kolonimagter lægger ned over de koloniserede, både når de dæmoniserer de sorte, inderne, indianerne m.fl., og når de modsat idealiserer dem og udnævner dem til repræsentanter for en eller anden tabt oprindelighed.

5

Det er om det danske imperium blevet sagt, at det enten var for varmt eller for koldt. Kolonierne var dels Trankebar i Indien, Guldkysten i Afrika og De Dansk Vestindiske Øer, dels Island, og Færøerne og Grønland. Den ene del var meget varm, den anden temmelig kold. Om temperaturen i Norge skal intet her ytres generelt, landet er jo langt.

Hvad nu de litterære relationer angår, er det en kendsgerning, at danske læsere interesserer sig mindre for norsk litteratur, end de norske læsere interesserer sig for det danske. For en nordmand er dansk litteratur slet og ret litteratur. For danskerne har norsk litteratur indtil for få år siden været en reol, hvorfra man tog hvad man havde brug for til at *supplere* hjemlig produktion, f.eks. i form af Herbjørg Wassmos eventyrfeminisme eller en Roy Jacobsens gumpetunge socialrealisme. Før deres tid brugte vi Norge til i første række at levere bondefortællinger og først i anden række disses kritiske dementi.

Hvad angår Island, har danskernes forhold til deres tidligere koloni aldrig i litterær henseende været så varmt, som det kunne blive. I øjeblikket er det så varmt som ingen sinde før. Og det er heldigvis varmt på helt andre præmisser, end da kritikeren Oscar Geismar om Gunnar Gunnarssons roman *Salige er de Enfoldige* fra 1920 kunne skrive:

"Fra først af virkede Gunnar Gunnarsson som de andre unge Islændinge mest ved den Fog af Natur, der stod om ham. Jøklens Storm svalede det kulturtrætte Danmarks Pande. Men de mere skarpsynede opdagede snart, at Naturen ikke alene var om ham, men i ham: i hans Sjæls dybeste Bund blaanede det som en Himmel, skjalv det som et Hav."

Det var dengang en islandsk forfatter som en slags skrivende chimpanse eller oplyst eskimo let kunne stilles op som repræsentant for en uspoleret natur og bruges ideologisk som modsætning til sine danske kaldsfæller, "afmagrede Penneskafter, højlitterære, men fattige paa Menneskelighed og dermed paa Virkelighed", for nu igen at citere Oscar Geismar, som denne bliver citeret af Jón Yngvi Jóhansson i tidsskriftet *Skírnir* 2001.

Sådan kan danskere ikke længere modtage islandsk litteratur. For også danskerne bliver i dag konfronteret med deres koloniale fortid. Imperiet skriver *igen*. Imperiet *skriver* igen. Islændingene skriver, ligesom de altid har gjort. Og den nutidige islandske litteratur udfordrer den danske litterære horisont.

Der sker i forholdet mellem dansk og islandsk litteratur det samme som er hændt i f.eks. den engelske litteratur, at fremkomsten af en ny livskraftig digtning skrevet af folk fra tidligere kolonier pludselig får den hjemlige digtning til at virke provinsiel.

Den litteratur, der med Shakespeare som det vigtigste navn tidligere kunne gøre fordring på universalitet, fremstår nu som bundet til sine specifikke geografiske og kulturelle forudsætninger. Og den litteratur, vi modtager udefra, kan følgelig heller ikke længere tildeles en underordnet status som supplement, sådan som tilfældet var før i tiden både for norsk og islandsk digtning her i landet. Når vi i dag i Danmark læser bøger af Einar Már Guðmundsson, sker der det samme, som når vi læser f.eks. William Heinesen eller Jan Kjærstad, at vi kommer til at føle os frygtelig provinsielle og kulturelt tilbagestående. Metropolen tømmes for sin indbildte fylde. Pludselig er det *os*, der bliver til periferi!

Men det har vi desværre været længe om at finde ud af, selv om Halldór Laxness lige fra begyndelsen af sin karriere som forfatter tilstræbte at hjælpe os. Som jeg ser hans livsværk i dag, fremstår han som en tidlig og dybt original og uhyre fremsynet repræsentant for den postkoloniale digtning og tænkning. Et værk som *Sjálfstætt fólk* må, ikke mindst hvis man ser det i lyset af islandsk selvstændighedskamp, kaldes genialt. Det mimer og parodierer den fribonde-ideologi, romanen vil bryde ned, idet forfatteren lægger sig så tæt op ad den tankegang som han vil *bygge ned*, at hans fremstilling næsten, men også kun næsten, kan tages til indtægt af de ideologiske undertrykkere, hjemlige såvel som udenlandske. Tillad mig i den forbindelse at citere Uffe Ellemann-Jensens noget panegyriske forord til 2002-udgaven af *Frie mænd*:

"Frie Mænd er historien om den kompromisløse frihedssøgende mand, der som en Job er oppe mod kræfter, han ikke kan magte – men som i al elendigheden og alle nederlagene finder frem til de værdier, han ønsker at bygge sit liv på. Og derfor ender den trods elendigheden med det stolte budskab om aldrig at give op. Aldrig lade sig kue. Aldrig opgive drømmen om frihed."

Jeg kaldte lige før Uffemandens forord panegyrisk. Skulle jeg mon have sagt fascistoidt-germanistisk? *Frie mænd* er jo nemlig ikke kun et epos om bonden, romanen er også en kritisk dekomposition af den islandske udgave af patriarkatet og en skarpsindig gennemlysning af den nationale ideologi som selvundertrykkelsesstrategi.

Med dette værk indledte Halldór Laxness et komplekst dialogisk spil, dels med den rige islandske litterære tradition, dels med den samtidige europæiske litteratur. Og dette spil fortsætter han i *Islands Klokke*, i sin sagaroman *Gerpla* eller *Kæmpeliv i Nord* og det grænseoverskridende værk *Kristnihald undir Jökli* (1968), som i henseende til subtil ironi og metalitterær bevidsthed indtager en særstilling i nyere nordisk litteratur.

Laxness har for islandsk litteratur i væsentlige henseender været, hvad Hamsun var for den norske: skepticisten, ironikeren, eksperimentatoren. Og set fra et dansk synspunkt har de begge på godt og ondt, Hamsun jo på ulykkelig vis, medvirket til at blokere for vores ideologiske projektion.

6

Hvorfor var vi i Danmark så længe om at finde ud af hvad der foregik i islandsk litteratur? Jeg tror det skyldes, at vi helt op til midten af det 20. århundrede læste megen litteratur ud fra en national og nordisk ideologisk konstruktion. Hvis vi ved fortolkningsfællesskaber forstår grupper eller institutioner, hvis tilstedeværelse og virke kontrollerer og konstituerer, hvad vi kalder viden, så byggede studiet af og undervisningen i dansk og nordisk litteratur i Danmark indtil midten af det 20. århundrede på et fortolkningsfællesskab, der fastholdt Norden som en enhed og Island såvel som Norge som dele af Danmarks fortid. Litteraturudvalg med titlen dansk litteratur begyndte med *Vølvens Spådom, Den Højes Ord, Gunnlaugs Saga* og udvalgte kapitler af f.eks. *Njáls saga* og *Egils saga*. Dansk litterær tradition blev fremstillet som énsproget og monokulturel. Edda og saga var del af pensum og kanon. Hvor livskraftig traditionen var, kan illustreres ved, at et værk fra 1980 med den bombastiske titel *Dansk Socialistisk Litteratur i 70'erne* afsluttes med en gennemgang af – Dag Solstads forfatterskab! – 164 år efter unionsopløsningen ...

Omkring 1960 burde dansk litteratur for længst have mistet sin uskyld i relation til Norge og Island. Men det gjorde den ikke. Det gjorde den først i løbet af 1980'erne og 1990erne. Her tror jeg i øvrigt vi har en forklaring på et tomrum, der omkring 1960 opstår i den danske reception af islandsk litteratur. 1960erne, det var det årti, hvor vi burde have oversat mange bøger af Steinn Steinarr, Thor Vilhjálmsson, Jakobína Sigurðardóttir. Det var den periode hvor vi burde have fået en dansk version af Guðbergur Bergssons sprudlende nyklassiker *Tómas Jónsson Metsölubók* og Svava Jakobsdóttirs *Leigjandinn*, som begge i æstetisk og ideologisk henseende var vigtige værker. Hvad vi imidlertid fik, var Laxness i nye udgaver, der solgte dårligere og dårligere. Denne uheldige tendens fortsatte op gennem 1970erne hvor udgivelsen af oversat islandsk litteratur i Danmark stort set lå i hænderne på et forlag, der kaldtes "Birgitte Høvrings Biblioteksforlag (Icelandic World Literature)", og som ganske vist udgav *Hreiðrið* og *Bréf Séra Böðvars* (begge af Ólafur Jóhann Sigurðsson), men ellers tog sig af den "Icelandic World Literature", der frembragtes af Birgitte Hövrings mand Þorsteinn Stefánsson.

Når man i de samme år veg uden om den formfornyende islandske poesi og prosa, hænger det for mig at se sammen med, at denne udfordrede det fortolkningsfællesskab, der stadig gik og tænkte nationalt og nordisk. Nordismen, skandinavismen og den danske nationalisme havde gennem halvandet århundrede, nemlig lige fra romantikken, frembragt billedet af en islænding, som de nye islandske forfattere var i fuld gang med aktivt at slå ihjel og triumferende lægge i graven. Nordisk filologis konstruktion af det islandske svarer nemlig til den imperialistiske fantasi om orientaleren.

Det særlige problem ved islandsk litteratur i relation til postkolonial teori er, at islændingene jo netop ikke er historieløse, ja, at rodfæstethed eller i det mindste fodfæste indgår som helt central del af næsten en hvilken som helst bestræbelse på en islandsk kulturel selvforståelse. Endnu mere indviklet bliver problemet af, at man jo under ingen omstændigheder kan bebrejde danskerne, at vi litterært og kulturelt ser ned på islændingene. Nej, det gale er, at vi på samme tid idealiserer og reducerer dem, at vi på én gang mytologiserer dem monstrøst, ind i vor egen forståelseshorisont, *og* fremmedgør dem ved at lade dem repræsentere noget, vi selv har mistet.

Derved gentager vi over for Island den manøvre, som vi foretog over for Norge, inden Hamsun kom til.

Lad mig som en slags dokumentation heraf afslutningsvis citere Georg Brandes' portræt af Bjørnstjerne Bjørnson fra 1882:

"Han er Norges store Sædemand. Landet er et Klippeland, nøgent og uopdyrket. Mangt et Sædekorn falder paa Stengrund og blæses bort af Vinden; men Jorden er modtagelig, hvor der er Jord. Udsæden er rig, og Bjørnson fortsætter sin Virksomhed uden at trættes."

Her antydes det fint, at et og andet blandt frø ikke rigtig har ædt sig fast; hvad der interesserer mig, er imidlertid tankegangen: at manden og hans virke svarer til landet:

"Stærk som det Rovdyr, hvis Navn to Gange forekommer i hans, stiger han op for Erindringen med det mægtige Hoved, den sluttede Mund og det hvasse Blik bag Brillerne."

Forfatteren forvandles her metaforisk til et dyr, på én gang idealiseret og ideologisk anderledes-gjort. Næste side hedder det så om Bjørnson:

"Han er efter sit Væsen halvt Clanhøvding, halvt Digter; han forener i sin Person de to Hovedskikkelser i det gamle Norge, Høvdingen og Skjalden."

Kan det siges klarere, at norsk og islandsk litteratur til at begynde med kunne regne med fribilletter, når det gjaldt adgangen til Danmark? Som Georg Brandes her, i 1882, omtaler Bjørnstjerne Bjørnson, modtog og skamroste han Matthías Jochumsson, Grímur Thomsen og ikke mindst Jóhann Sigurjónsson. Jeg tror, Danmark og Island har meget at takke Halldór Laxness for, og var Hamsuns forræderi ikke godt for Norge, så bidrog det i det mindste til at blokere for en dansk projektion, der i sit væsen var dybt kolonial.

EINAR MÁR GUÐMUNDSSON

Midten befinder sig under dine fodsåler

En regntung eftermiddag,
på et skib fra en vidtberejst drøm,
ankom historiefortælleren Homer til Reykjavik.
Han spadserede op fra kajen
og tog en taxa der kørte ham
ad regngrå gader
hvor triste huse gled forbi.
Da de holdt ved et kryds
lænede historiefortælleren Homer sig
frem mod chaufføren og sagde:
"Hvordan kan man forestille sig
at der her i denne regngrå ensformighed
bor et folk der fortæller historier?"
"Det er netop grunden," svarede chaufføren,
"man længes aldrig så meget
efter at høre en god historie
som når dråberne hamrer mod ruderne."

◆

I *Guds gode gaver* af Halldór Laxness siger bolsjevikken til fortælleren: "Hvilken ynk at tilhøre en lille nation," siger Engels et sted, jeg tror i et brev fra London, "for eksempel traf jeg forleden dag en islænder, og han fortalte mig, at hans dejligste barndomsminder var knyttet til lugten af rådden tran på stranden og mideædte torskehoveder, som lå til tørre oppe på gærdet."

Islændingene kan takke deres held for aldrig at have behøvet at rejse et monument over tyskeren Friedrich Engels mellem mideædte torskehoveder og rådden tran på stranden, og man kunne nævne andre leverancer, både fra tyskerne og andre magtfulde nationer, som det har været gavnligt at være foruden.

På den anden side hersker der ikke tvivl om, at en af rødderne til den islandske selvstændighedskamp skal findes i den tyske romantik. De islandske digtere fra det 19. århundrede, der på mange måder lagde grunden under nationens selvbevidsthed, var under stærk indflydelse fra Heinrich Heine og andre tyske digtere.

Det er ingen skam at være blevet formet af romantiske digtere, der også havde deres andel i at genrejse sproget. De lavede nye ord om himmellegemerne og stjernerne. Deres forening kaldte de Fjölnir, og sådan hedder idrætsforeningen i kvarteret, hvor jeg bor. Det er en ung forening, for kvarteret er nemlig ikke særlig gammelt.

◆

"Jeg nedstammer fra robuste, blåøjede vikinger. Jeg kan føre min slægt tilbage til hofpoeter og sejrrige konger. Jeg er islænding. Mit navn er Tómas Jónsson. Jeg er ældgammel. nej nej"

Sådan begynder romanen *Tómas Jónsson Bestseller* af Guðbergur Bergsson, som regnes for et skelsættende værk i moderne islandsk litteratur.

Tómas Jónsson er en senil kontormand, der genkalder sig sit liv. På et tidspunkt udarbejder han et pas inde i sit hoved og skriver under rubrikken "profession": playboy. Tómas antager skikkelse af alle mulige dyr, som regel dog kun inde i sit hoved.

Nu er det jo sådan, at alle nationer spekulerer over, hvem de er, og betragter verden ud fra den tue, de selv befinder sig på. Jeg læste engang op af mine værker i England, nærmere bestemt på en litteraturfestival i byen Cheltenham.

Da oplæsningen sluttede og diskussionen begyndte, var der en kvinde i salen, der sagde: "You seem to have a very English sense of humor."

Kvinden mente det som en ros, men hendes replik er også et eksempel på, hvordan hovmodet undertiden er vokset sammen med sproget, når de tidligere stormagter tror, at endogså humoren er deres private ejendom.

Sådan har historien fæstnet sig i deres sind, skønt folk sandsynligvis ler i alle verdens lande og tit ad de samme ting.

En lille dreng så et flag på halv stang. Han spurgte sin far, hvorfor flaget hang sådan. Hans far svarede, at det var fordi der var en der var død.

"Nå, så har han ikke nået at hive det hele vejen op," sagde drengen.

♦

        Jeg: Ole har du lagt mærke til hvor små hoveder duerne har. Tror du ikke de har nogen hjerne?
        Ole: Nej de har vinger. Hvorfor skulle de have en hjerne?
        Jeg: Mener du at det er bedre at have vinger end hjerne?
        Ole: Jeg tror det bedste må være at have vinger på hjernen.

Dette er en samtale mellem to drenge fra min roman *Vingeslag i tagrenden*. Til at begynde med opfattede jeg det som en ganske almindelig samtale, men den er med tiden blevet mit budskab.

Hvad jeg siger, er med andre ord, at vi har brug for digtekunsten i vores liv. Vi har brug for ånd. Vi har brug for tankernes flugt. Vinger på hjernen.

Nutiden har mangfoldige flugtveje at byde på, og derfor er det vigtigt at finde netop den ånd, den flugt, de vinger.

Eller måske ikke finde, men snarere søge, til stadighed søge ... At søge efter en mening med livet er selve livets mening.

♦

"Jeg nedstammer fra robuste, blåøjede vikinger."
Ja, måske bor der også en lille Tómas Jónsson i os alle, eller i det mindste i mig, for en anden gang befandt jeg mig i London og medbragte bl.a. manuskriptet til en engelsk oversættelse af min første roman *Ridderne af den runde trappe*.

Jeg ringede til en forlægger fra en telefonboks ved Leicester Square og spurgte, om jeg måtte snakke med ham om mine bøger. Forlæggeren spurgte mig, hvad jeg stod for. Jeg sagde, at der var tale om en ny type af realisme, såkaldt isbjørnerealisme. Han bad mig komme kort før lukketid.

Jeg gav mig god tid til at finde hans residens, gik så hen på det nærmeste værtshus og fik mig en forfriskning sammen med de lokale, men mødte op på det aftalte tidspunkt.

Da jeg hilser på forlæggeren og præsenterer mig, siger han: "Må jeg spørge, hvorfor kommer De hele den lange vej med Deres manuskript, hvorfor benytter De Dem ikke af postvæsenet?"

Jeg blev så forbavset over mandens spørgsmål, at jeg, inden jeg fik tænkt mig om, svarede følgende: "Mine forfædre, vikingerne, sejlede i dagevis over havet, bare for at få lov at læse et enkelt digt for kongen."

♦
Tal ikke om
store nationer og små nationer
udkanter, verdenshjørner og rande.
Det her er en kugle; midten
befinder sig under dine fodsåler
og bevæger sig og følger med
dig, uanset hvorhen du går.

Men islændingene, hvem er vi? Konger, der ikke ville adlyde nogen konge? Det vil vi gerne selv tro. En spøgefugl fortalte mig, at da den første skattelov blev kundgjort i Norge, flygtede alle de, der kunne læse, til Island.

Almindeligvis går man dog ud fra, at islændinge er nordmænd, der er blevet blandet med irere. Det nordiske og det keltiske flyder sammen i Islands klassiske litteratur. Sommeren 2003 blev der på Akranes holdt en konkurrence om, hvem der var den mest rødhårede på Island, og vinderen fik en flybillet til Irland.

280.000 mennesker på en ø ude i havet må være særlinge, og der findes da også teorier gående ud på, at de landnamsmænd, der som de første kom til Island, egentlig var på vej til et helt andet sted.

De lagde så vel sagtens deres skibe ved stranden og gik i land, og skibene var så væk, da de kom tilbage. Dengang var der ingen flyvepladser, ingen Saga Class i tilværelsen. Business-sektionen hos Icelandair er som bekendt opkaldt efter sagaerne. Islands landnam tog tres år, men folk havde nok været hurtigere til det, hvis flyvemaskinen havde været opfundet.

Men fordi vi er øboer, er vi til stadighed på farten. Øboen ser ud på havet og spekulerer over eventyrene på den anden side. Men når han så er kommet langt væk, opdager han, at eventyrene hele tiden fandtes omkring ham. Så vender han om, men tager påvirkningerne udefra med sig. På den måde er vi islændinge altid i dialog med verden. Vi er os selv, men lærer af andre.

Og måske er verden ikke meget større end os. Jeg mener, det er tænkeligt, at der bare findes 280.000 mennesker i verden, og at de andre bare er fotokopier af os, mens der herude på klippeøen findes et eksemplar af hver.

Med andre ord: Når nationer er små, har hvert individ en stor betydning.

♦

Oscar Wilde sagde engang, at de nordiske vikinger, der fandt Amerika længe før Columbus, havde været så heldige at tabe det igen.

Det er i grunden ligemeget, hvilken islænding vi vælger som eksempel. Han ender altid på en eller anden måde i fortiden: ved siden af blåøjede vikinger, hofpoeter og konger, ligesom gamle Tómas Jónsson.

Det gør os indimellem en smule arrogante, men befrier os også for diverse afarter af mindreværdsfølelse. Vi er en lille nation, men ser på os selv som en stormagt. Det er blevet sagt, at andre nationer kan være taknemmelige over, at der er så få af os. I de seneste årtier har vi ført to krige om fiskebankerne med englænderne og vundet dem begge.

Forfatteren Thor Vilhjálmsson blev engang på et nordisk forfattermøde i temmelig nedladende tone spurgt, hvor mange der boede i Reykjavik. Under overfladen på spørgsmålet lå den insinuation, at der næppe kunne komme noget af betydning fra en så fåtallig befolkning. Thor Vilhjálmsson svarede, at i Reykjavik boede der omtrent lige så mange som i Firenze på Dantes tid.

♦

Jeg har hørt omtalt, at sangerinden Björk blev spurgt, på en pressekonference i England eller USA, hvem der var de største personligheder i Nordens kulturliv. Hun skal have svaret, at det var Karius og Baktus.

Ligeledes overværede jeg engang, at en anden islandsk sanger og digter, Megas, sad og snakkede med en færøsk kollega. Færingen siger til Megas, at det er den almindelige mening i Tórshavn, at han er Færøernes Megas.

Så siger Megas: "Ja, jeg har også hørt, at der er en i USA."

♦

Nej, jeg er såmænd ikke ekspert i, hvordan nationer bærer sig ad med at overleve, men det gør de sandsynligvis uafhængigt af alle forklaringer på, hvordan de gør. Det er nemt nok at regne hele nationer væk fra landkortet og forklare dem bort.

Nationer bliver nogle gange stillet op i rangorden som melodier på en hitliste, og såkaldt store nationer gør krav på lande og på naturressourcer.

Mange begavede mænd vil sikkert konkludere som så, at fåtallige nationer som islændingene, med spredt bebyggelse, kun har liden eksistensberettigelse, undtagen som fangststationer og som mål for excentriske turister.

Men sådan forholder det sig ikke: Internationaliseringen giver nationer som vores øgede muligheder. Verdens centre bevæger sig, genialitet kan komme alle mulige steder fra. Indbringende samarbejdsprojekter nationerne imellem vokser til stadighed i antal.

Genialiteten er nutidens stærkeste ressource og har i denne egenskab udvisket landegrænser af mange slags, gjort dem totalt overflødige. Internationaliseringen har endvidere affødt en bevidsthed om det lokales særstilling. Det er netop i en sådan spænding, at stor litteratur er blevet til. At deltage i internationaliseringen uden bevidsthed om det lokale er som at bo på månen.

Unge mennesker af i dag stiller store krav. Hvis stedet ikke opfylder deres ønsker, rejser de simpelt hen. Det betyder mindre og mindre, hvor man befinder sig. Det afspejles i, at mennesker flytter ind til områder med tæt bebyggelse, men også i, at de flytter fra det ene land til det andet. Den unge generation i dag er en generation af kosmopolitter.

Denne situation stiller store krav til os. Vi er nødt til at holde fast ved de kvaliteter ved det moderne liv, der giver de unge mulighed for at tage del i fremskridtet, men vi må samtidig styrke det lokale immunforsvar på en sådan måde, at de samme unge mennesker fornemmer deres forbundethed med miljøet, ja, når det kommer til stykket, helst vil bo, hvor de kommer fra.

Derfor er den kulturelle frugtbarhed så vigtig – for at den skabende kraft kan blive nyttiggjort. Vi er nødt til at være realistiske og udrette det umulige. Eller med andre ord: alt må være under stadig revision, intet bør tages for givet.

Når vi læser de gamle romantiske digtere, ved vi, at de ikke har gået rundt i samme verden som vi, de har ikke lyttet til rockmusik, de har ikke været på Nettet. Men sådan må tiderne have ordet på skift og føre en dialog med hinanden.

◆

I hedensk tid boede guderne i Asgård, Asgård befandt sig midt inde i Midgård, hvor menneskene havde deres hjem. Hvor Midgård hørte op, begyndte Udgård, den vilde natur, ødemark og klipper, og den nåede helt ud til havet. Der boede jætterne, gudernes fjender. Jætterne hævdede, at de var ældre end guderne, og at verden egentlig tilhørte dem.

Jeg skal ikke her vove mig ud på mytologiens glatis, men henvise til de teorier, forskere har fremsat, at dette verdensbillede fra den hedenske tid svarer til den islandske bondegård, der ligger alene ude iblandt de åbne vidder, i stadig kamp med det ublide klima.

Gennem århundreder var Island et landbosamfund og bønderne den eneste rodfæstede samfundsgruppe, selv om de i de senere år konstant har været truet af udryddelse.

Midgård, Udgård, de beboede og de ubeboede områder.

I begyndelsen af det 20. århundrede repræsenterede fiskerbyerne den ondartede jætteverden, som gjorde indhug i landområderne og medvirkede til deres opløsning. Fiskeriet trak unge mænd fra Midgård til Udgård, hvor det moralske fordærv florerede i modsætning til det sunde og civiliserede liv på landet.

Efter Anden verdenskrig ændrede dette mønster sig, således at byen, hovedstaden, på den ene side og landet på den anden blev repræsentanter for de to modsatte verdener, om end på anderledes måde end før.

Vores tætte forbindelse til fortiden skyldes ikke kun, at vi er så unge som selvstændig nation, men også at nutiden er så ny for os.

På Island er der ingen industrialiseringshistorie hen over tre århundreder, ingen strålende overklasse, som i århundreder har levet med rigdom og sjælelige forviklinger. Sygdomme, som i andre lande har gjort indhug i en isoleret overklasse, har på Island mest slået sig ned i afsides fjorde.

Vores historie minder om den tredje verdens historie derved, at så stor en del af den er historien om en koloni, og desuden ved at nutiden kommer væltende så pludseligt ind over os og havner i voldsom konflikt med fortiden, men samtidig glider sammen med den.

To tidsaldre, to verdener. Vi har levet i to tidsaldre og bor i to verdener. Hvis det lykkes os at udnytte dem, hvile i fortidens skød og samtidig tage samtiden i favn, kan man sige, at "alt er parat til en vældig sang", som det hedder i *Den store væver fra Kashmir*, Halldór Laxness' banebrydende værk, som han skrev, da han var lidt over tyve, i byen Taormina på Sicilien.

Oversat fra islandsk af Erik Skyum-Nielsen

JÓGVAN ISAKSEN

Færøsk litteratur set med postkoloniale briller

Er William Heinesen en færøsk eller en dansk digter?

I de omkring 600 år Færøerne og Danmark har hængt sammen, har dele af dansk litteratur haft umådelig betydning på de nordatlantiske øer. Først er det bøger med folkeviseopskrifter som Anders Sørensen Vedels *Hundredevisebogen* fra 1591 og endnu mere Peder Syvs såkaldte *Tohundredevisebog* fra 1695. Store dele af de folkeviser, der blev indsamlet på Færøerne i 1800-tallet, kan føres tilbage til denne sidste bog.

Men én dansk forfatter har påvirket færinger mere end nogen anden, og det er Thomas Kingo. Kingos samling salmer *Aandelige Siunge-Koor* fra 1674 og 1681 fik en betydning, der næsten ikke kan overvurderes. Og mens Kingo i Danmark blev afløst af både Brorson og senere Ingemann og Grundtvig, så fortsatte færinger fortrøstningsfuldt med at synge Kingo et stykke ind i det 20. århundrede. Enhver dækkende færøsk litteraturhistorie – og en sådan findes ikke endnu – må have et kapitel om Kingo.

Men hvordan kan det være, at en dansk salmedigter får så stor betydning på Færøerne? (Her tænker jeg på en anden forklaring end den, der lægger vægt på, at indholdet i Kingos salmer, hvor man priser det himmelske, men samtidig er forelsket i det jordiske, stemmer fint overens med færøsk gemyt). På Island har man eksempelvis Kingos samtidige Hallgrímur Pétursson, hvis indvirkning her kan sammenlignes med Kingos på Færøerne. Men Kingo digter på dansk, Hallgrímur på islandsk. Hvor befinder de færøske salmedigtere sig?

Den simple forklaring er, at der ikke fandtes nogen skreven færøsk litteratur. Færøerne havde en rig mundtlig overlevering, men i flere hundrede år intet skriftsprog.

Der er ansatser til et færøsk skriftsprog i de sparsomme kilder, vi har fra 1300- og 1400-tallet, men reformationen i midten af 1500-tallet, der fik udskiftet latin med tysk i de tyske kirker, dansk i de danske, og islandsk i de islandske kirker, medførte ikke, at der blev talt færøsk i de færøske kirker, men dansk.

Administrationssproget blev ligeledes dansk, og færøsk ophører hermed at eksistere som skriftsprog. Dansk bibel og salmebog indføres, præsterne er overvejende danske, og retsvæsenet bliver dansk, hvorved retsprotokoller og andre officielle dokumenter udfærdiges på dansk. Altså en massiv danificeringsproces.

I slutningen af 1700-tallet regnede mange med, at færøsk efterhånden ville forsvinde, fordi der ikke fandtes noget skriftsprog. Men her forregnede man sig. Romantikken nærmer sig, og med den vågner interessen for oldtiden og dermed også folkesprogene. Der kommer gang i indsamlingen af folkeviser og sagn, men da de forskellige optegnere fulgte hver deres retskrivning, alt efter hvilken dialekt de talte, opstod der hurtigt et behov for en fast skriftform, der kunne rumme samtlige dialekter.

Problemet blev løst af teologen V.U. Hammershaimb (1819-1909). I 1846 udformede han en grammatik, der med nogle få justeringer skulle danne basis for det moderne færøske skriftsprog.

Med det nye skriftsprog som grundlag og hånd i hånd med den nationale vækkelse i slutningen af 1800-tallet vokser en moderne færøsk litteratur frem. Der blev gjort anstrengelser for at få færøsk ind i skole, kirke og administration. Problemerne og stridighederne var dog store, og først i 1938 fik færøsk officiel anerkendelse som undervisningssprog på Færøerne. Med hjemmestyreloven af 1948 blev det lovfæstet som hovedsprog, men i offentlige anliggender er dansk ligestillet med færøsk, og i skolerne skal dansk læres grundigt.

FÆRØERNE I POSTKOLONIAL OPTIK

Det jeg hidtil har sagt kunne måske få nogen til at tro, at postkolonial litteraturteori passer som hånd i handske til den moderne færøske litteratur. Men så enkelt forholder det sig ikke rigtig.

Det første problem er selve grundlaget for den postkoloniale teori, som langthen baserer sig på palæstinenseren Edward Saids bog *Orientalism* (1978), hvor han fremstiller europæiske forskere og politikere som arrogante imperialister, der karikerede og foragtede islam. Basis for den postkoloniale litteratur er, at kolonimagten har set ned på både befolkning og kultur i de lande, som de beherskede. Allerede her begynder teorien at halte i både en færøsk og en islandsk sammenhæng. At kolonimagten skulle sætte sin egen litteratur højere end de undergivne landes, gælder kun delvis for Færøernes vedkommende og slet ikke for Islands. (Disse lande var for øvrigt aldrig kolonier, men lad det nu ligge).

Færøsk litteratur har af gode grunde kun spillet en meget lille rolle i dansk bevidsthed – den var jo også mundtlig – mens islandsk litteratur, og her først og fremmest sagaerne, har været forbilleder, man har set op til. Så modsat den postkoloniale inddeling i "dem" og "os", hvor "vores" litteratur er "deres" langt overlegen, så har islandsk litteratur netop været opfattet som kilden til dansk litteratur. Forholdet er her altså det stik modsatte af den normale postkoloniale inddeling.

Det er også blevet fremhævet, at standarden var eurocentrisk, og at man eksempelvis i England forsøger at inkorporere forfatterne fra de tidligere kolonier i engelsk litteratur. I en dansk sammenhæng har man hævdet, at der er blevet gjort noget lignende ved Jørgen-Frantz Jacobsens roman *Barbara*, der skal være blevet absorberet af dansk litteratur som institution. Men romanen *Barbara* er skrevet på dansk primært med henblik på et dansk publikum. Jørgen-Frantz Jacobsen så det som en af sine hovedopgaver at oplyse danskere om færøske forhold, som de så at sige intet vidste om, og delvis som et led heri blev romanen skrevet.

Forfatteren, der familiemæssigt var både færøsk og dansk, karakteriserede sig selv som en national hermafrodit, og i denne karakteristik indbefattede han uden tvivl sin nære ven og slægtning William Heinesen, der havde nogenlunde den samme baggrund. Der er altså tale om to nationale grænsegængere, der vokser op i ét land, men overvejende skriver på et andet lands sprog.

WILLIAM HEINESEN

De færøske omgivelsers forhold til William Heinesen, og til det at han skrev på dansk, er en ikke altid lige opløftende historie. Indtil kort før forfatterens død i 1991 brød man sig ikke stort om ham i det færøske samfund, og læse ham gjorde man slet ikke. Grundene var flere: Han var venstreorienteret i et generelt konservativt samfund, han gjorde grin med sekterne, og man mente at kunne genkende forbillederne til hans personer. Men hovedhindringen for hans anerkendelse i en færøsk sammenhæng var, at han skrev på dansk. Hele det 20. århundrede har man på Færøerne kæmpet en sej kamp for at skaffe det færøske sprog indpas på alle områder, og så skriver den mest berømte forfatter på dansk! Af mange blev det opfattet som en slags forræderi.

Men William Heinesen vokser op i et rent dansksproget miljø, og han kom derfor naturligt til at skrive på dansk. Til gengæld ville han ikke have været William Heinesen, hvis han havde skrevet på færøsk. En stor del af sprogets spænding stammer netop fra, at han er en færing, der skriver om Færøerne på dansk. Af denne konflikt udspringer et helt særegent sprog, som forfatteren opøvede siden den tidligste ungdom.

I brevvekslingen med Jørgen-Frantz Jacobsen diskuteres hyppigt det forhold, at de begge to er danskskrivende færinger, og William Heinesen beretter, at han i barndommen oplevede sig som sprogligt handicappet. Selv om faren var færing, så var hjemmet rent dansksproget, men når drengen William legede med sine kammerater ved stranden eller i fjeldene, så havde de færøske navne for genstande og foreteelser, mens William ikke kendte de tilsvarende danske udtryk. Det fik ham til at danne sig sine egne navne, og selv mener han, at oplevelsen af sproglig underlegenhed har udviklet hans forestillingsevner.

I et brev til en af sine venner skrev William Heinesen: "Mit forhold til det danske sprog er fatalt bestemt, min stilling som danskskrivende færing er skæbnebestemt. Mit modersmål er i bogstaveligste forstand dansk". Og et andet sted: "når jeg skriver på færøsk, føler jeg det, som om jeg forsøger at skære med en uskarp kniv: det bliver aldrig til andet end et fattigt avissprog uden digterisk liv og flugt". Men Heinesen tilføjer, at færøsk sprog og kultur har haft umådelig betydning for ham, og at han føler sig som færing.

Til trods for det, var man ikke på Færøerne fornøjet med, at han flere gange blev nævnt i Nobelpris-sammenhæng. Og da han af Svenska Dagbladet i 1977 blev nævnt som en af fire favoritter til prisen, skrev Heinesen til Arthur Lundkvist, som var medlem af Det svenske Akademi, at han ville slettes af listen, fordi han skrev på dansk og ikke på færøsk.

Både henvendelsen og begrundelsen kan forekomme noget ejendommelige, men det viser, hvor presset William Heinesen undertiden kunne føle sig. I dette tilfælde er det uden tvivl afledt af, at lokale kulturpersoner over for forfatteren gjorde gældende, at det under ingen omstændigheder måtte forekomme, at en færing, der skrev på dansk, fik Nobelprisen. I midten af 1980'erne skrev han endnu engang til Det svenske Akademi, nu for at trække tilbagetrækningen tilbage, og han fik i så i stedet Det svenske Akademis nordiske Pris. Om denne pris hedder det, at får man den, så får man ikke Nobelprisen.

William Heinesen blev i det hele taget begavet med mange priser, og i 1965 fik han Nordisk Råds Litteraturpris. Men denne gang – og det var den eneste gang – var den delt i to. Den anden halvdel fik svenskeren Olof Lagercrantz for sit værk om Dantes *Guddommelige Komedie*. William Heinesen var ikke specielt glad for denne tilsyneladende salomoniske løsning, der formodentlig var tegn på, at bedømmelsesudvalget ikke kunne blive enigt. Den danske forfatter og radiojournalist Karl Bjarnhof havde forinden antydet, at han skulle nok sørge for, at William Heinesen fik Nordisk Råds pris. Det er indlysende, at det kan ingen love, men efter afgørelsen sendte William Heinesen ham følgende ironiske telegram: "Jeg takker dig af mit halve hjerte!"

For resten udviklede tildelingen af Nordisk Råds pris i Reykjavík sig til noget af en skandale. William Heinesen rejste ikke op til uddelingen, og først begrundede han sin udebliven med, at han arbejdede på en roman, og at det var en lang tur, fordi den skulle gå over København. Men kort før uddelingen udtalte han til en islandsk avis, at han ikke syntes, at Færøerne blev ordentlig repræsenteret ved nordiske sammenkomster, hvor der ikke måtte flages med det færøske flag, eftersom Færøerne på denne tid ikke var repræsenteret i Nordisk Råd. William Heinesen var således indstillet som dansk kandidat til litteraturprisen, da Færøerne først fik ret til at komme med egne kandidater fra 1985.

Jeg anførte før en række grunde til, at William Heinesen ikke blev læst på Færøerne, heller ikke i den færøske skole, i 1950'erne og 1960'erne. Hertil kommer, at der i 1970'erne og de følgende år foregik den samme uddannelsesmæssige ekspansion på Færøerne som i Danmark. Da man imidlertid ikke havde lærerkræfterne til at imødekomme udvidelsen, blev der ansat et stort antal danske gymnasielærere, og naturligt nok i faget dansk, som havde næsten samme timetal som færøsk. Men de danske lærere ville kun nødigt undervise i en færøsk forfatter i dansktimerne, da de ikke skulle have noget af at blande sig i færøske forhold, mens færøsklærerne ikke kunne drømme om at undervise i en danskskrivende forfatter i færøsktimerne. Så efter at forfatteren blandt mange var blevet stueren, faldt han imellem de sproglige stole.

De senere år er man så småt begyndt at læse William Heinesen i den færøske skole, men langt overvejende i oversættelse, hvor romanernes og novellernes karakteristiske sprogbrug helt forsvinder. Man kunne også stille spørgsmålet: Hvorfor vil man læse William Heinesen i denne eller hin oversætters sprog, når de fleste færinger læser dansk lige så godt – og i mange tilfælde bedre – end færøsk? Hertil er svaret, at en oversættelse af Heinesens forfatterskab og anvendelsen af det i skolen ikke er et æstetisk, men et ideologisk valg.

MELLEM MIDDELALDER OG MODERNITET

William Heinesen pointerede ofte, at han voksede op i Færøernes overgang fra middelalder til modernitet, og at han selv stod med et ben i hver tidsalder. Jeg citerer: "... modsætningerne kan virke stærkere på Færøerne, fordi dette ørige er gået fra middelalderen direkte over i den moderne tid uden nogen overgang. Middelalderen på Færøerne sluttede i 1856, da monopolhandelen ophævedes. Det gav skarpere kontraster i åndelig henseende, også religiøse. Det barbariske element var fremtrædende, og det betyder, at folk heroppe vakler mellem konservatisme og radikalisme uden mellemtoner. Det er typisk for Færøerne idag." (Jyllands-Posten 1966).

Denne enten-eller holdning præger endnu i dag det færøske folk og er muligvis medvirkende til en pågående diskussion, om William Heinesen overhovedet kan betragtes som en færøsk forfatter. En færøsk lyriker og kulturskribent har kategorisk afvist, at William Heinesen skulle have en plads i færøsk litteratur. Han mener, at han i stedet må henregnes til dansk litteratur, da den overvejende påvirkning stammer herfra. Andre litterater har fremført, at William Heinesen til trods for sin sprogdragt er lige så færøsk som sine færøskskrivende samtidige.

Otto Gelsted, Heinesens store inspirator, "mit universitet", som han kaldte ham, sagde til ham, at han måtte prøve på at blive andet end en provinsforfatter, men i et interview fra 1980 siger Heinesen: "Det er jeg nu aldrig blevet. Jeg er aldrig kommet længere end til Torshavn og Færøerne. Men jeg synes også, at alt hvad der er værd at tale om, foregår her. Jeg har ganske vist rejst en hel del. Både østen for og vesten for og syd for jerntæppet, men det er ligesom det hele samler sig på en mere konkret måde på Færøerne." (Information 7. januar 1980).

De fleste færinger vil nu nok efterhånden medgive, at William Heinesen er en færøsk forfatter, og at han af historiske grunde var danskskrivende. Drengen Williams opvækst udspandt sig i det færøske samfunds nok mest voldsomme brydningstid, hvor det middelalderlige bondesamfund på kort tid blev afløst af en dynamisk fiskerination. Oven i dette spændingsfelt kom så færøsk kontra dansk personificeret i William Heinesens eget hjem. Moren og hendes søskende var alle dansktalende og veluddannede på det musikalske område, mens den færøske far, der også talte dansk i hjemmet, var den fødte forretningsmand, men så at sige uden sans for de kunstneriske aspekter af tilværelsen. Heinesen har fortalt, hvordan han som dreng kunne sidde og lege i hjemmet, og til den ene side spillede og sang moren og hendes søstre Schuberts Lieder, mens den kraftfulde far til den anden side ikke huggede, men trampede brænde og fremførte et færøsk kæmpekvad til. Midt i denne kakafoni sad så drengen William og skulle forene disse ulige størrelser.

For afslutningsvis at vende tilbage til den postkoloniale vinkel kunne man se på William Heinesens forfatterskab i den sammenhæng. Men efter min mening er der ikke meget at komme efter. De undertrykkere og skurke, der optræder i forfatterskabet, er af alle nationaliteter, og den danske stat ses ikke specielt i nogen kolonialistisk rolle. Den historiske roman *Det gode Håb*, der foregår i det hårdhændede 1600-tal, sætter ikke dansk og færøsk op imod hinanden – modsat Halldór Laxness' *Islands klokke*, som udspiller sig i samme tid, og som har islandsk kontra dansk som en ledetråd. Hos Heinesen går modsætningen imellem undertrykkere og undertrykte, af hvilken nationalitet de end er.

Der kan altså konkluderes, at mens der er masser af dansk-færøsk modsætning mellem Heinesens forfatterskab og dele af den færøske befolkning, så er der så at sige intet at hente af denne modsætning i forfatterskabet. Og de postkoloniale briller må enten udvide begrebet gevaldigt, eller lade sig nøje med de krummer, som lader sig indpasse i teorien, når det drejer sig om færøsk litteratur.

ODDVØR JOHANSEN

I morgen er der atter en dag

Et stykke oppe i den lille by, lige ved den nye skole, ligger der et uskønt hus med høj tagryg. Det er Sprøjtehuset. Det er her, byen opbevarer sine brandslanger og vandpumper og ellers bare noget tilfældigt brandslukningsudstyr, som man har arvet fra Danmark.

Huset har ingen vinduer, kun en rusten ventil, og som regel går folk forbi det uden at tænke på, at der ligger noget hus der.

Men denne dag sent i august står der en ligkiste herinde. En ensom, umalet trækiste på to kasser, og i den ligger der en toogtredveårig mørkhåret mand fra Tórshavn, død fra kone og fem børn.

Han er lille af vækst med en velproportioneret krop og fine hænder, og han ser ud, som om han bare sover. De sorte øjenvipper er tætte og blanke, brynene næsten sammenvoksede, og det blege ansigt har høje kindben og sanselige læber. Druknet, siger de, der går forbi og skæver nysgerrigt op på den knudrede stenvæg ved skorstenen.

Hvorfor står han i Sprøjtehuset?

Ingen ved noget med sikkerhed. Og når ingen ved noget, er det den letteste sag af verden at gætte eller finde på. Intet er så befordrende for fantasien som løse rygter. Løse rygter bringer for alvor selv træge tanker på fugleflugt. De løfter sig let fra jorden, parrer sig med hinanden og bliver flere og flere og flyver til sidst i ring som store stæreflokke om efteråret.

Der er noget forløsende ved sladder. Den får ord til at spire og skyde i vejret og blomstre alt for tidligt – af lutter velvilje. Tunger, som i årevis har været hæmmede, kommer pludselig på gled, de fåmælte får med ét overnaturlige talegaver – og undertrykt galde eller indeklemt misundelse forsvinder som dug for solen, og ordene strømmer brusende af sted som vandfaldene i byen.

Det klukker lystigt fra mundlæderet, det hvisker og pludrer ...

Daniel i Køk har ...

Det går som en løbeild, helt ud til Sandegerdi, hvor den nye præst Thomas Pedersen sidder roligt i sit studerekammer og blader i den nye prædikensamling, som han har indforskrevet fra Gads Forlag i København – "En Aargang Prædikener over Evangelierne i den nye Tekstrække".

De gamle prædikener hos Mynster og Martensen trænger til afløsere. Gode afløsere, og "Naadens Aar" fra i fjor kan være en begyndelse. Dr. Theol. Skat Rørdam, biskop over Sjælland, skulle nok vide, hvordan en prædiken skal være.

Pastor Thomas tager fyldepennen og skriver med sin smukke håndskrift: Tórshavns Kirke 1901.

Og nedenunder: Thomas Pedersen, sognepræst.

Han har den uvane at sidde og hive i det tjavsede fipskæg, når han studerer – konen siger, at han også somme tider gør det på prædikestolen. Disse nye prædikener skal være hans bidrag til en fornyelse af kirkens lekture.

Det banker på.

Det er hans kone Tove, og da hun har bragt ham de sørgelige nyheder om Daniel i Køk, bøjer han sig med en grimasse ned over bordpladen og beder hende om at lade ham være alene en stund.

Og mens han uden at vide af det begynder at rykke og trække i hageskægget, så at enkelte røde hår går løs og bliver fejet til side af de nervøse fingre, giver han sig selv en påmindelse: han er først og fremmest hyrde for fåreflokken på dette fjerne og prosaiske sted, og en hyrde er en vogter. Der må vogtes om, at sømmeligheden bliver bevaret, og at de hellige skrifter og kongens love ikke bliver ringeagtet.

Og han må medgive, at med sømmeligheden er det så som så her til lands. Og der er mere end én, der har båret sig uhøfligt ad over for ham personligt i løbet af den korte periode, han har været her, eksempelvis en, som de kalder for Blålangen. Han går tit rundt i vildelse og synger forskellige usømmelige viser lige op i præstens åbne ansigt, og da han så – i al spagfærdighed – irettesatte manden, svarede Blålangen igen ved at messe: Drik ikke længere blot vand, men nyd en smule vin for din mave og dine dårligdomme, som er så hyppige. Det står i selveste Bibelen.

Han har også bragt det rygte i omløb, at præsten spiser kridt hver søndag morgen for at messe bedre.

Og nu er så Daniels afsjælede legeme blevet fundet i Havnarvåg, fordi han efter alt at dømme er sprunget i havet for at gøre en ende på sig selv. Sørgeligt!

Han rejser sig brat og går over til bogskabet, hvor han tager "Danske Lov fra 1683" ud.

Det giver sådan et hyggeligt lille klik i låsen, da han drejer den lille nøgle rundt, en tør bogskabslyd, der altid minder ham om skabet hjemme hos overlærer Schaumburg i Haslev. Han bliver opmærksom på den fjerne susen indvendig. Pulsen slår tungt, så han kan mærke det helt op i ørerne og hovedet. Sådan er det, hver gang en afgørelse skal træffes. Han sætter sig med foldede hænder på den håndbroderede skammel et øjeblik, og den slemme tilbagevendende hovedpine begynder helt oppe under issen. Han ved, at om et øjeblik er hele hovedet ved at sprænges af smerter, så han må lægge sig.

Og da pigen en halv time senere kalder ham og Tove til mellemmad inde i kabinettet, har han gjort op med sig selv. Liget af Daniel skal ikke ind i kirken.

DAGBOG. KØK, 31. AUGUST 1901.

I nat døde far. Det er ham, der har givet mig dagbogen. Jeg hedder Sigurd, og jeg er 10 år gammel og den ældste af os.

Far druknede i Vågen i nat, og det er så sørgeligt; aldrig har jeg oplevet noget så slemt før. Nu må jeg prøve at hjælpe Mor med alting.

Min mor er 32 år gammel, den yngste af os er kun halvanden måned gammel. Vi bor i Køk i det gamle hus og kan se ud på vågen; det passer os godt. Mor ved ikke, hvornår Far bliver begravet. Nu får vi se. Gudfar Enok og faster Lisa er kommet hjem, også Trina på Lava, og de taler med Mor om det hele nede i køkkenet. Nu går jeg mig en tur.

Hvad er det, der får folk til at skrive? Hvad er det, som får en lille spinkel dreng til at begynde på en dagbog, samme dag som hans far drukner i Havnarvåg? Hvad kan det mon være, der driver pennen af sted?

Er det de stærke følelser, der på denne måde forløses, så presset i sindet lettes? Er det den usynlige sorg? Chokket og pinen, der gør det nødvendigt at skrive? Jeg ved det ikke, og jeg får det aldrig at vide. Min broder Sigurd, der skrev denne lille dagbog, lever ikke mere; han kan ikke fortælle mig mere.

Men det var denne gamle dagbog med omslag af samme farve som komøg, der fik mig til at give mig i lag med denne fortælling. Den begynder i 1901, da Sigurd akkurat var ti år gammel.

Den enkle historie, som de blyantskrevne sider afslører, alle menneskene og hele situationen – det hele blev levende for mig: Mor og alle brødrene, vores gudfar Enok og faster Lisa, Henriette, der havnede i Amerika, Augusta med de røde krøller, Sorte Emil og alle de andre i Åhuset.

Eftersom dagbogen begynder netop på denne ulykkens dag, hvor vores far druknede, vil jeg lade fortællingen begynde her. Måske bliver det kun en kort fortælling, for jeg har aldrig skrevet noget før og er uvant med det.

Måske ville det være ønskeligt – inden vi fortsætter – at se lidt på den lille by, hvor alt dette gik for sig?

Lad os sige, at vi står oppe på et sted, der kaldes Oppe på Varden, og kigger ud over stedet.

Ved siden af os har vi den gamle varde, som har givet stedet navn. Den står oppe på en lille grøn pyramide, hvor der omme bagved er en behagelig lavning, og det er en gammel sandhed, at det er et godt sted at holde til for kærestepar.

Det er vindstille, og en lille røgstribe ligger hen over byen: en let, blålig røg – tørverøg.

Vestervåg syner så bred og lavvandet, mens Østervåg næsten ikke ses for husene ude på Reyn og Tinganes.

Byen viser altid en vis ynde, når man skuer ned over den på en dag med godt vejr. Landskabet er blidt, og Nolsø skaber den lunhed, som ellers ikke ville have været der, hvis der havde været åbent ud til havet. Tórshavn uden Nolsø er utænkelig, ligesom Klaksvig uden Kunoy, eller en stue med tre vægge.

Dernede bor der 1652 mennesker. De fleste bor i lave sorttjærede huse lige ved vandet; nogle få andre bor oppe i bakkerne, hvor der er plads og godt udsyn.

Det, der kendetegner landskabet rundt om denne lille by, er sten. Små sten og store sten. Et af fjeldene er mest som en forvokset dynge af klippe og splintrede sten, som engang i millionvis blev slynget i alle retninger som glødende sandskorn og landede i lavninger og kløfter, hvor de stadig ligger i dag.

Til fortræd, mener nogle, til besvær for mennesket, der altid vil rydde og råde. Men også for mennesket til at kigge på og undre sig over. Til mennesket at digte om.

I solen kan disse sten skinne kobberrødt og i tøsne sølvgråt. Og så efterhånden får mennesket en slags respekt for dette trodsige og tunge. Mennesket udfordrer stenene, men kampen skal være retfærdig, så begge parter har en chance.

Det er et slid, et umenneskeligt slæb at gøre jorden anvendelig, men det skal kunne lade sig gøre.

Alt dette tilhører nogen. For hundrede år siden var der en, der sagde: Dette tilhører mig.

Nu kan alle se forandringen. Noget er ved at ske. Bygdefolk, der kommer gående ad fjeldstien nordfra over øen, kan se det. Når de kommer til Varden og udsynet er frit i en stor runding, ses det samme billede til alle sider. Der bliver grønnere og grønnere.

Små brune jordpletter i lyngbevoksningen vokser og vokser til store grønne striber, hele jordlodder, og på hvert stykke arbejder en ensom mand i strikket trøje på en lod, som han har fået lov til at leje af dem, der ejer jord.

For nogle går det hurtigt fra hånden. Nogle kommer uden træthed og med fuld mave ud på jordstykket, og arbejdet falder nemt fra hånden. Andre har bakset den hele dag – de venter på at få deres aftensmad, for aftensmaden gør dem døsige på køkkenbænken.

Et har de imidlertid til fælles. Drømmen om at eje en ko, der giver mælk. Det er det, der driver dem fremad og får dem til at anspænde sig til det yderste. Synet af grøn græsmark og kartoffelmarker er det soria-moria-slot, der giver musklerne skjulte kræfter og ryggen udholdenhed.

Aldrig har så mange børn fået så lidt mælk til deling som her. Og det vil mændene lave om på. Langt om længe har de lært, at vil du have forandring, kan kun du selv få den i stand. Du selv. Du selv.

Alle disse stenmasser kan jo også bruges til andet end tørvehuse, fundamenter og hegn. Stenene er en gave fra himlen. Og hvis du lærer dig at omgås dem med tålmod og atter tålmod, så er lykken dig vis.

Det ser den finske herre, Oestrøm, med det samme, idet han sætter foden på land. Og da han beslutter at bygge en fabrik ude ved elven, som skal fremstille albumin, lim, levertran og guano, skal den selvfølgelig være af sten.

Dér står den nu – både med dampmaskine og det hele.

Vores mor var med til indvielsesfesten, som Oestrøm holdt, da fabrikken var færdig. To hundrede mennesker blev indbudt.

Den store hal var smykket med guirlander i alle regnbuens farver, og under loftet hang der kinesiske lamper og lyste. Midt i hallen havde Oestrøm ladet konstruere et smukt springvand med lys i, og her på gulvet gik folk rundt i karnevalskostumer og dansede og morede sig.

Mor serverede for dem. Hun glemte det aldrig.

Alt var så storslået – folk fra de fjerne lande – New Zealand og Brasilien, mørke mennesker og lyse mennesker, gule og sorte. Nogle spillede op til dans på lut og mandolin. En mand med træben lagde sin hue på gulvet foran sig og begyndte at spille på en forgyldt harpe med hundreder af strenge på.

Og de mange sprog vævedes sammen til en babylonisk forvirring, så at hele dette tabernakel for den sags skyld lige så godt kunne have været holdt et eller andet sted ude i verden og ikke her en fredelig St. Hans aften nede ved den gamle elvmunding i Tórshavn.

I fjorten år varede hele denne herlighed – i fjorten uforglemmelige år – med tøndeslagning og hestevæddeløb, gilder og karnevaller – så var det forbi!

Men det ved de fleste. Hvad vi ikke ved, er, at i nat er en af mændene i byen druknet i vågen, og det er her, historien om Sigurd og alle de andre begynder.

Der er så mange af dem, og de er lige så forskellige som stenene i fjeldet. En er fuld af glitrende striber, en anden er hård og skarp, en tredje blød og god at røre ved. Og på nogle af dem vokser der de dejligste planter, der lyser op og glæder mit hjerte.

Inde på den hyggelige "Café Dannebrog" sælger de kaffe i aften. Men der er ingen, der køber de fine skillingskager under glasklokken; de får lov at blive stående til i morgen, hvor pigen håber at få dem med hjem til sin mor.

Røgskyerne bølger op under det lave loft, og som tiden går, vil de mørkerøde gardiner få farve af nikotin.

De vil have øl og brændevin i aften. Og i morgen aften. Det er så godt for ryggen og lænderne. Det er også godt for blodet, renser det så grundigt. Og ikke at forglemme, er det så godt for humøret.

Og i skæret fra de brændende stearinlys på de rødternede duge runger de nyeste sange til de nyeste melodier.

Daniel i Køk kommer gående hjemad. Han vil hjem, har lige været ude hos navigationslæreren og vist ham den nye strømtabel, han har lavet. Meget enklere, sagde læreren. Og han var også interesseret i at se formlerne og hans nye regnemetoder.

Der er sådan en uro i ham over alt det, han pusler med. Hjertet giver sig til at flagre af spænding efter, at nogen skal få det at se. Ligesom de digte, han har liggende. Og krydsogtværserne.

Han trænger af en eller anden grund til udfordringer. Det er i orden at være hjemme, ja, det er en himmelsk lettelse at slippe for at gå rundt om bord og længes så skrækkeligt, at de andre driller ham med det; men hvis han skal være ærlig, så er arbejdet på Skansen ikke det samme som søen. Han savner søen og er lykkelig, når det er vejr til at fiske i, eller når han bliver bedt om at være lods.

Men det er nu en gang sådan, at ingen kan brødføde kone og børn med nye regnemetoder og krydsogtværser – der skal mere til.

Det sagde hans farfar også – Glas-Ivar. Han kunne heller ikke brødføde sig og sine med sine hundekunster, såsom at svejse glas, så man næsten ikke kunne se sammenføjningen, eller med de helbredende urteopskrifter, han havde med fra Hestur, og som nu ligger i skrinet på Køk.

Da Daniel hører sangen inde på Dannebrog, standser han op og lytter. Han ved, at hun hader Dannebrog; men herregud – lidt fornøjelse må han da tillade sig. Sangen slår ud imod ham:

Eg elski tíni eygu, tey droymandi bláu,
eg elski tínar varrar, teirra fríska reyða lit,
teir gøvu mær so mangan ta fagrasta gávu,
id styrkir og vekur bæði vónir og vit.

Det er så frækt at digte sådan, så stærkt. Hvordan får nogen mod til at sætte så hede følelser ned på papir, så alle kan læse det?

"Eg elski tínar føtur, so álvalætt teir dansa..."

Han beder om et krus øl, og snart forglemmer han sig i sangen. De små runde borde bliver som gamle venner, der stimler sammen om ham og kigger venligt på ham, Angelikas Daniel. For resten, hvorfor Angelikas? Hvorfor har han fået sin kones navn hæftet på sit? Er Daniel i Køk måske ikke godt nok?

Han bryder ud i sang med den dirrende smukke stemme, som han selv kan høre lyder godt. De fine hænder er solbrændte med sorte hår oven på fingrene, og de vinker følsomt ud i luften, som var han dirigent for et lydløst orkester.

"Mest elski eg tó dreymin tín, hín ásteyma sterka, eg elski hansar leiðir, hansar sveimandi ferð..."

De grønne øjne er varme og blanke af ordene; han bliver rørt over dem og må dreje sig væk, for gråden kæmper inde i ham og får stemmen bragt ud af lave.

Se Blålangen dérovre i krogen. Så ligbleg. Blålangen er ikke andet end en forsumpet stakkel ... de siger, at han har drukket koen ud af huset. De siger også, at handelsmanden ikke kan få sig selv til at tage koen fra konen og børnene, men har sagt, at de kan passe den for ham.

Siger de! Hvornår er du begyndt at lytte til, hvad kællingerne i Tórshavn sladrer om? Skide være med Blålangen; han ligger, som han har redt, og har altid været et kvajhoved!

Daniel har fået en lille fjer på. Ingenting skal der til.

Pludselig bliver han så mærkelig nedtrykt. Et dybt mørke. Livet. Er dette livet?

Hvorfor kan han ikke bare slå sig til tåls? Hvorfor kan han ikke gøre, som flertallet i verden gør: give sig ind under sin skæbne og rette sig efter den, vokse på en eller anden måde og takke Gud? Hvorfor skal han altid ønske sig noget andet?

Daniel! Du véd, at Skansen brødføder dig og dine; hvem har brug for nye regnemetoder og formler? Svar! Svar, siger jeg.

Jamen, vi almindelige mennesker har også lov til at stille spørgsmål. Spørge om livet og eksistensen. Det er slet ikke upassende. For hvem skulle det måske være upassende? De store? Det kan ikke passe. At vi bare skal leve som arbejdshesten, æde og elske og siden hen gå i graven med vores nye regnemetoder og digte.

Han tømmer kruset. Sorgløsheden får atter overtaget hos ham, og pludselig er det alt sammen meget enklere og lysere. Han får en stærk fornemmelse af, at han er i stand til at virkeliggøre sine drømme. I virkeligheden er livet enkelt; det er bare ham, der er for sart.

Han går.

Udenfor er to i gang med at lægge en tredje, der er besvimet, på en stige for at bære ham hjem.

Daniel går ned mod havnen.

Nu går han hjem. Hjem i sin ryddelige stue og sætter sig i ro og fred for at skrive det hele rent med skønskrift på nydeligt papir, og så skal værket frem i lyset. I Tingakrossur, koste hvad det vil. Hans hjerte giver et hop af glæde bare ved tanken.

Det er mennesketomt på Jomfrukajen; alle er gået hjem. På Vågen ligger der to skibe fra Shetlandsøerne for anker, og inde ved land høres kun den stilfærdige slurken mod strandstenene; indtil havet trækker sig tilbage igen, og der bliver helt tyst for ørerne i det korte ophold mellem åndedragene.

I det samme hører Daniel det fjerne råb. Det er et halvkvalt råb. Et nødråb.

Han lytter spændt og er sikker i sin sag. Springer så som en hjort ned mod bunden af Vågen og løber udad i den retning, hvorfra råbet kom. Helt ud på kajen. Noget plasker i søen tæt ved en jolle. Da det kommer op igen, råber det gruopvækkende på engelsk.

Daniel tøver ikke. Han sparker træskoene langt væk og krænger trøjen op over hovedet. Så springer han ned i den sorte sø og svømmer nedad.

Det sorte våde slår iskoldt omkring ham; men han skyder sig nedefter; han må nedad for at finde den anden mand.

Det er bælgravende mørkt – det er nymåne – og man kan ikke se en hånd for sig.

Han glider langs sandbunden og føler og leder, kommer så ind i tangskoven og må op for at ånde.

Idet hovedet kommer op af vandet, råber han, skingert og så højt som han orker: Hjælp, hjælp!

Råbet giver genlyd i handelshusene; men ingen er på bådehusbænkene så sent, og inde på caféen høres intet for sang. De vugger i takt, og henne i hjørnet sidder Blålangen og plager sidemanden med sit fuldemandstungsind.

Daniel dykker igen. Hvor i himlens navn er den shetlænder blevet af? Så tager han sig sammen endnu en gang og svømmer langsomt og omhyggeligt langs bunden, men orker ikke at være under så længe. Må op.

Hjertet hamrer i brystet. Han stønner voldsomt og spytter. Hviler sig et øjeblik. Hvorfor flakser denne lille mærkelige fugl lige foran brystet af ham og får ham til at snappe sådan efter vejret?

Han vil råbe igen, men det er, som om stemmen er forsvundet – han må skynde sig. Manden kommer ikke op igen, ser det ud til. Hurtigt! Det haster.

Han fylder lungerne med luft og dykker igen, støder knæet mod et skær, men finder ingen mand. Han må op. Op. Nu!

Det svimler for ham og suser for ørerne.

Men da Daniel denne gang kommer op til vandoverfladen, har han mistet bevidstheden. Noget forfærdeligt er sket.

Den smidige tætte krop vugger hjælpeløs ud i havet og flyder for en stund i det våde mørke. Bliver så tungere og tungere, indtil den til sidst flyder som en synkefærdig båd i vandskorpen.

Sådan finder de ham, da det er begyndt at lysne.

Fra romanen Í morgin er aftur ein dagur, *Mentunargrunnur Studentafelagsins, 1998*
Oversat fra færøsk af Erik Skyum-Nielsen

KIRSTEN THISTED

Grønlandsk litteratur i dag

At indfange den nyeste grønlandske litteratur under ét i en kort artikel er ikke så enkelt. Ganske vist er der tale om et meget lille sprogområde, og der udgives ikke de store mængder af skønlitteratur – alligevel er billedet lige så mangetydigt som alle mulige andre steder. Her er krimi- og gyserlitteratur, hverdagsfortællinger, religiøst inspireret litteratur, rejseskildringer, erindringer, biografier, romaner, noveller, digte etc. etc. I det følgende skal gives en introduktion til tre af de seneste værker og forfattere, som den grønlandske forfatterforening har indstillet til Nordisk Råds Litteraturpris.

AT VÆLTE SIT STAMTRÆ

I en skandinavisk sammenhæng har man bestemte forestillinger om det grønlandske som noget nær det mest "oprindelige" – ordet grønlænder vækker tilsvarende romantiske forestillinger som fx ordet "indianer". Selv om man godt er klar over, at Grønland i dag er et moderne samfund, hvor traditionelle kulturformer blandes med den nyeste teknologi og moderne livsformer, er der en tendens til, at man stadig fokuserer på det forgangne Grønland, isbjørnejægernes og åndemanernes land, som vi kender det fra den store danske polarforsker Knud Rasmussen (1879-1933), der frem for nogen anden er kommet til at præge billedet af det traditionelle Grønland. Det har derfor en vis chok-effekt, når den grønlandske forfatter Ole Korneliussen skriver disse ord:

> "Har mennesket kun en identitet, hvis det blander forfædre og efterkommere ind i billedet? Har et menneske uden fortid og fremtid ingen identitet? Har et menneske, der har forladt sine forfædre, ingen identitet? Jo og atter jo, det er først nu, den personlige identitet virkelig dukker frem, nu er han sig selv, klamrer sig ikke længere til sine forfædre. For lang tid siden væltede jeg mit stamtræ med en motorsav og sprængte dets rødder med dynamit."

Citatet er fra Ole Korneliussens roman *Tarrarsuummi tarraq*, 1999, på dansk udgivet under titlen *Saltstøtten* i forfatterens egen oversættelse i 2000, for hvilken han indstilledes til Nordisk Råds Litteraturpris 2002.

Med de provokerende ord skriver Korneliussen sig direkte ind i en strømning, som frem for alt er udgået fra de såkaldt postkoloniale forfattere som fx Salman Rushdie, forfattere, der på samme vis har forsøgt at sprænge sig ud af den form for national omklamring, de føler begrænser det moderne menneske.

DEN NATIONALE FORTÆLLING

Ole Korneliussen er født i Sydgrønland i 1947, men har boet i Danmark siden 1967, og med den dobbelte sprog- og kulturbaggrund betragter han *begge* samfund, både det danske og det grønlandske, gennem den på en gang hjemmehørende og udefrakommendes perspektiv. Det kommer der nogle helt nye modstillinger ud af. Først og fremmest dekonstrueres hos Korneliussen de faste modsætningspar, som normalt præger fremstillingen af grønlænderne og danskere: grønlændere er sådan og sådan, danskere er sådan og sådan, dét er grønlandsk, og dét er dansk – danskerne er effektive, følelseskolde og fornuftstyrede, grønlænderne er intuitive, følelsesfulde og impulsive osv. Sådanne etniske kategoriseringer opløses, især i Korneliussens senere forfatterskab.

Korneliussen har tit fortalt en bestemt historie om sit eget liv – som samtidig er en ironisk gengivelse af en af grundfortællingerne i den grønlandske nationale myte. Som bekendt er de grønlandske eskimoer indvandret fra Canada og Alaska – med den såkaldte *Femte Thuleekspedition* 1921-1924 gjorde Knud Rasmussen rejsen den modsatte vej, fra Thule tværs over arktisk Canada og Alaska tilbage til Beringstrædet, og både i Danmark og Grønland har denne rejse fået en nærmest mytisk karakter. I Grønland bl.a. fordi rejsen genskabte kontakten til "stammefrænderne" i myternes *Akilineq*, "Landet på den anden side". I Grønland er det naturligvis ikke gået upåagtet hen, at det altså netop var *grønlændernes* forfædre, der holdt længst ud og nåede fjernest bort. Som belønning blev det forjættede land, Grønland, deres for evig tid. Denne moderne, nationale myte er fortalt igen og igen, bl.a. af den store grønlandske forfatter Frederik Nielsen (1905-1991) i romanen *Ilissi tassa nunassarsi* (Dette land skal være jeres), 1970.

Korneliussen tager ironisk denne fortælling på ordet – og tænker tanken til ende på en måde som *sprænger* den nationale myte. Javist, vores forfædre rejste, siger Korneliussen – det var "hængerøvene og hjemmefødingene", der blev tilbage. Men ved det store hav ved landets ende måtte selv de stærkeste gøre stop. *Nunap isua*, "Landets ende", hedder Kap Farvel på grønlandsk, tæt ved Nanortalik, hvor Korneliussen selv er født. Netop hans forfædre var altså de allermest udholdende og energiske, der ikke lod sig stoppe, før den absolutte grænse var nået. Men nu om dage, fortsætter Korneliussen, er barrieren brudt, og det er *igen* kun hængerøvene og hjemmefødingene, der bliver hængende. De andre ser at komme videre – ligesom Korneliussen selv, der som sagt siden 1967 har boet i Danmark. Den historie har Korneliussen ofte fortalt om sig selv ved oplæsninger o.lign., og i *Saltstøtten* lægger han den i munden på bogens fortællerjeg.

I stedet for endnu engang at bevise grønlændernes tætte og umistelige sammenhæng med den grønlandske natur, lukker Korneliussen luften ud af hele den form for mytologi. Samtidig erklærer han med historien åbent fjendskab mod enhver form for nationalisme. Ikke blot vil han ikke tvinges til at vælge mellem de to lande, som qua kolonialismen er blevet part af hinandens historie – han dekonstruerer også selve den idé, hvorpå forestillingen om nationalstaten hviler. Intet folk er prædestineret af deres såkaldte "kultur", ingen mennesker er "bestemt" til at leve på det sted, hvor de er født, og fortælleren i Korneliussens roman håber for sine egne efterkommere, at de aldrig vil føle sig bundet til ét bestemt land, men at de vil være i stand til at betragte hele jordkloden som deres. Også i en intern grønlandsk sammenhæng, hvor Grønland som selvstændig nation fortsat er under opbygning, er et sådant udsagn udfordrende.

VANDRENDE I TO DIMENSIONER

I starten af romanen *Saltstøtten* møder vi en person, der er i gang med at tage afsked med sin lejlighed og hele sit tidligere liv. Straks han vågner om morgenen, ved han, at i dag er en ganske særlig dag:

"Dagen i dag er dagen. Dagen, min dag, ikke en officiel højtidsdag, kun min dag. Allerede i morges, mens dagen var ny, vidste jeg, at dagen i dag ville blive dagen. Jeg ved ikke, om jeg skal frygte den, for jeg har længe vidst, at den dag skulle komme, men der var ikke sat kryds på kalenderen. Krydset har hængt længe på en snor ved siden af kalenderen, klar til at blive brugt …"

Alle broer er kappet, de sidste regninger skubbes ind under dørmåtten, og så går han af sted. Han bevæger sig nu igennem et bylandskab, som vi nok tror er København, selv om det aldrig bliver sagt direkte, og som en form for palimpsest vandrer han samtidig i et fjeldlandskab, der godt kunne være Grønland, selv om det heller ikke siges direkte. Handlingen udgøres af hans møder med alle mulige tilfældige mennesker, som dukker op og forsvinder ud af handlingen igen. Efterhånden antager beskrivelsen mere og mere surrealistisk karakter, og det er måske nok her, man kan føle sig en lille smule hægtet af, hvis man slet intet kender til den grønlandske forestillingsverden.

Selv om Korneliussen er træt af bestandig at blive hængt op på den grønlandske tradition og de så højt besungne forfædre, betyder det nemlig ikke, at hans skrift så lukker sig af for den grønlandske symbolverden. Den grønlandske tradition klinger med i Korneliussens tekst – ligesom kristendommen og den europæiske forestillingsverden gør det – teksten er fx tydeligt inspireret af fransk eksistentialisme.

Man kan sagtens læse *Saltstøtten* uden nogen af den slags forudsætninger – men læser man den med den grønlandske litteratur og fortælletradition i baghovedet, kommer uvægerligt en skikkelse som *qivittoq*'en, fjeldgængeren, i ens tanker

En *qivittoq* er i traditionen et menneske, der forlader samfundet i sorg eller skam eller vrede – fordi disse følelser har vokset sig så store inde i ham, at han slet ikke kan komme overens med sine medmennesker mere. Han vandrer altså ud i ødemarken, og folketroen er, at han efterhånden vil blive forsynet med fjeldets vældige kræfter. Faktisk er det sådan, at Ole Korneliussen havde skrevet en version af den historie, der senere blev til *Saltstøtten*, allerede i midten af 1980'erne, hvor det politiske klima var et andet. Vreden over alt det, der var gået galt i samfundet, var stadig rettet mod danskerne, og det var i de år, hvor der generelt i hele verden var en stærk kritik af den vestlige civilisation. Selvmordsraten i Grønland var skyhøj, især blandt unge mænd, og fjeldgængeren blev ofte anvendt som symbol på, at noget var galt. Man så selvmorderen som en slags moderne fjeldgænger og mente, at det var et koldt og menneskefjendsk samfund, der fordrev sine unge.

Ole Korneliussens oprindelige romanversion, som aldrig blev trykt, ender med døden. Det har han arbejdet sig igennem og ud af i den roman, som nu er blevet trykt. Den ender et helt andet sted, med meget mere håb. Samtidig kan romanens forløb dog siges til en vis grad at modsige fortællerens indledende undsigelser af alle rødder og ophav. Fortælleren vender ganske vist ikke hjem, men ender dog alligevel sin vandring i en cirkelbevægelse, hvor han ikke længere udelukkende fokuserer på faren ved at se sig tilbage, men måske samtidig umuligheden af *ikke* at gøre det. Fortiden og erindringen er del af den bagage, vi må forlige os med.

HJEM OG "UHJEMLIGHED"

En forfatter som altid skriver på grønlandsk, er Hans Anthon Lynge, født 1945 i Nordgrønland. Bortset fra uddannelsesophold i Danmark har Lynge altid boet i Grønland, de sidste mange år i Nuuk. Selv om Lynge ikke ønsker at oversætte sine egne tekster til dansk, oversætter han gerne den modsatte vej, og han er en af Grønlands bedste litterære oversættere.

Hans Anthon Lynges første roman, *Seqajuk*, kom i 1976, dansk oversættelse med samme titel 1979. Romanen har selvmord som sit centrale tema – Hans Anthon Lynge var en af de første grønlandske forfattere, der tog dette emne op. "Hvorfor vil de unge grønlændere ikke længere leve i deres land?" spørger romanens jeg-fortæller. Emnemæssigt repræsenterede romanen et eklatant brud med tidligere grønlandsk litteratur. Hvor grønlandske romanforfattere før havde skrevet om de stolte helte fra fortiden, skriver Hans Anthon Lynge om den slatne mand, den moderne grønlænder, som ikke længere har nogen rettesnor for sit liv. "Seqajuk" er Thule-folkets ord for den sølle fanger, der ikke kan klare sig selv og forsørge sin familie.

Siden er Hans Anthon Lynge især kendt for sin stille hverdagsrealisme, hvor dramaet dog gerne lurer under overfladen i lillesamfundet. Som i romanen *Umiarsuup tikinngilaattaani*, 1979, dansk oversættelse: *Lige før der kommer skib*, 1997, hvor en ganske almindelig formiddag i en lille nordgrønlandsk by ender i en tragedie. I 1990 indstilledes Hans Anthon Lynge som den første grønlandske forfatter til Nordisk Råds Litteraturpris, for digtcyklussen *Nunanni Avani*, 1990, dansk oversættelse *I nord hvor jeg bor*, 1990, om en lille piges opvækst i Qullissat og forholdet til den syge, sengeliggende storesøster. Kendt i Danmark blev Hans Anthon Lynges navn imidlertid først i forbindelse med samarbejdet med den danske filminstruktør Jacob Grønlykke omkring spillefilmen *Lysets hjerte*, der fik stor opmærksomhed ved sin fremkomst i 1998. Filmen blev samtidig kritiseret for at undsige den moderne udvikling og romantisere den eskimoiske fortid. Hans Anthon Lynge indstilledes til Nordisk Råds Litteraturpris 2001 for romanen *Allaqqitat*, 1997, dansk oversættelse: *Bekendelser*, 1998.

Når man sammenligner Korneliussens *Saltstøtten* og Lynges *Bekendelser*, er det umiddelbart *forskellene*, der falder i øjnene. For Hans Anthon Lynge er det en helt naturlig ting at arbejde med begreber som "vi grønlændere" – præcis det kollektiv, Korneliussen afskriver sig. For Lynge giver det stadig mening at tale om sådan noget som "den grønlandske sjæl" og om "sand grønlandskhed", ligesom "den grønlandske identitet" i Lynges kontekst er noget, man har eller ikke har, og som man kan miste. Det grønlandske kan gradbøjes, således at noget kan være mindre grønlandsk end andet, noget kan være totalt "ugrønlandsk" – der tales fx om "ugrønlandsk optræden". Grundlæggende er Hans Anthon Lynge tilsyneladende solidarisk med den nationale konstruktion. At være grønlænder er således forbundet med stor stolthed, og bogen munder ud i en opremsning af "de dejlige sider af det at være grønlænder".

Arbejder man sig dybere ind i bøgerne, får man imidlertid samtidig blik for lighederne imellem dem. I den lejlighed, som Ole Korneliussens hovedperson forlader, er der en mystisk skygge på væggen, som en dør ind til en fremmed lejlighed. Hos hovedpersonen i Hans Anthon Lynges roman dukker der en dag pludselig en gammel ven op med en stak papirer, som det lykkes ham at overtale hovedpersonen til at læse. Papirerne bringer kaos ind i hovedpersonens ellers så velordnede tilværelse. Det ender med, at han går omkring og er helt ved siden af sig selv i sine stuer og slet ikke ved, om han hører til i sit gamle liv længere. I begge romaner fremmanes således en påtrængende følelse af *unhomeliness*, "uhjemlighed", hvor selv den mest nationale forfatter bliver nødt til at stille sig spørgsmål som: hvad er egentlig grønlandsk identitet? Hvor meget af det gamle skal vi forsøge at bevare i mødet med alt det nye? *Kan* vi overhovedet bevare det gamle – eller er det snarere bare en hæmsko? Osv. Osv. Selv om der hos Hans Anthon Lynge opereres med begreber som "den grønlandske kultur" i bestemt form ental, åbnes begreberne således op, i den forstand at den konkrete indholdsudfyldning står til forhandling.

Vennens besøg finder sted i begyndelsen af 1976, og den sidste af hovedpersonens refleksioner over vennens papirer er skrevet "på den sidste dag i april 1979". Det er ikke nogen tilfældig dag – dagen efter trådte hjemmestyret i kraft.

Romanen insisterer på den slags dialog, som hovedpersonen afskyr. Efter hans eget udsagn, lider han af en "typisk grønlandsk sygdom": ikke at ville involvere sig, ikke at ville engagere sig, men bare passe sig selv og lade andre om at løse problemerne. For det første er vennen, som har skrevet alle papirerne, i konstant dialog med sig selv – og ved at pådutte den anden papirerne, tvinger han ham til at tage part i denne dialog. For det andet har romanen tydeligvis til hensigt at gøre det samme ved sin læser, som vennen gør ved hovedpersonen: tvinge os i dialog. Hvor vennen jo nemlig læser fra et punkt ved hjemmestyrets begyndelse, læser vi andre 20 år senere og kan ikke lade være med at medreflektere de mellemliggende år. Romanen opretter altså en slags kinesisk æskesystem, hvor vennen begynder sine optegnelser tilbage i 1950'erne og 60'erne: den periode, hvor den moderne udvikling af Grønland satte ind. Det reflekterer vennen over ved indledningen til hjemmestyret – og vi, læserne af Hans Anthon Lynges roman, reflekterer over hovedpersonens refleksioner på et tidspunkt, hvor talen mere og mere er om *selvstyre* i Grønland.

Pointen med alle refleksionerne er, at de ikke giver nogen løsning. Vennen stiller spørgsmål, som hos hovedpersonen rejser nye spørgsmål, som har til hensigt at åbne spørgsmålene for læserens refleksion. Og spørgsmålene er som sagt langt hen ad vejen de samme, som Ole Korneliussen behandler, blot set fra et helt andet perspektiv.

Man skal altså endelig ikke forestille sig, at dén grønlandske litteratur, som *ikke* er skrevet nede fra den globaliserede metropol, men "hjemme i Grønland", så er spærret inde i sit eget lille kulturelle rum – selv i de mest lokalt forankrede forfatterskaber breder der sig en følelse af denne "unhomeliness" – noget fremmed, der sniger sig ind og udfordrer vante identiteter. Også i det mest lokale nedbrydes i disse år grænsen mellem "verden" og "hjem".

DEN UNGE LITTERATUR

Af en eller anden grund synes det at have været vanskeligt for de yngre forfattere at slå igennem i den grønlandske litterære offentlighed, men nu ser det ud til at være lykkedes for Kelly Berthelsen, født i Sydgrønland i 1967. Berthelsen har tidligere udgivet tre digtsamlinger, som ikke indbragte ham den store opmærksomhed. Det gjorde derimod novelle/essaysamlingen *Tarningup ilua*, 2001, dansk oversættelse *En sjæls inderste kammer*, 2002.

Kelly Berthelsen er langtfra den første forfatter, der tager Grønlands sociale problemer op – man kender temaerne meget vel igen fra 1970'ernes og 80'ernes stærkt politisk ladede litteratur og tilsvarende ideologisk oprustede tekster til periodens meget succesrige rockmusik. Man genkender også en vis nostalgisk længsel mod den traditionelle tilværelse i den eskimoiske fortid og det mere traditionelle liv i de små bygder, holdt op mod den overfladiske storbyhverdag, som skribenten imidlertid selv er en del af, uden planer om for sit eget vedkommende at vende tilbage til det mere idylliske udgangspunkt. Den socialt engagerede litteratur nyder imidlertid fortsat en udbredt læserinteresse i Grønland – der er desværre heller ikke tale om, at problemerne er blevet løst under hjemmestyret, snarere tværtimod. Dagens forfattere går også tættere på tabuer, som ingen i Grønland har talt åbent om på denne måde før – fx seksuelt misbrug og vanrøgt af børn. Kelly Berthelsen åbner således sin bog med en tekst om den misbrugtes hævnlyst, ligesom misbrugsproblemer og følgerne for familien er temaet i en række af de øvrige tekster. Som helhed er bogens tone dog mindre fordømmende, end man forventer det omkring disse temaer. I flere tekster kommer man bogstavelig talt helt ind i sjælen på misbrugeren og følger den kamp og lidelse, der går for sig derinde. Berthelsen kan også i denne forstand siges at komme "tættere på".

Set i forhold til litteraturen i 1970'erne og 80'erne mærker man sig, at den bitre anklage mod danskerne som ondets rod tilsyneladende er forsvundet, eller i hvert fald stærkt nedtonet. Mens man dengang fokuserede på danskernes fortsatte magtposition efter den egentlige kolonialismes afvikling i 1953, hvor Grønland indlemmedes i Danmark som en "ligeberettiget del af det danske rige", interesserer Kelly Berthelsen sig primært for grønlændernes egen adfærd og de barrierer, grønlændere selv er med til at sætte for deres egne landsmænds muligheder for at tage samfundsansvaret på sig.

Det forhold, som måske mest afgørende kendetegner Kelly Berthelsens generation, såvel som i endnu højere grad generationerne efter, er en langsom, men sikker afvikling af den gamle fast bundne polaritet mellem Grønland og Danmark. Hvor vejen ud i verden tidligere med nødvendighed gik via Danmark, har det for Kelly Berthelsens generation været muligt at tage direkte til Canada eller USA, således at det nu er muligt at have engelsk som første fremmedsprog, ikke dansk. Netop sådan vil Kelly Berthelsen betegne sin egen situation: ganske vist havde han ligesom alle andre dansk i skolen, men han kom ikke til at tale det flydende, inden han som ung rejste til USA på et udvekslingsprogram. I 1990 vendte han tilbage til USA og studerede tre år på universitetet, hvorefter han fik ansættelse i Nuuk som tolk for hjemmestyret. Kelly Berthelsen har siden udgivet endnu en bog, bygget på de oplevelser, han har haft på sine rejser rundt i verden i forbindelse med dette arbejde. For nuværende er Kelly Berthelsen bosat i Danmark, hvor han studerer engelsk og kommunikation. Målet er at vende hjem til Grønland og medvirke til at forbedre den eksisterende tolkeuddannelse, med henblik på den kommende intensiverede forbindelse med den engelsksprogede verden.

EN TRAPPE TIL FREMTIDEN

Kelly Berthelsen melder sig blandt den gruppe af yngre grønlændere, som er trætte af at lytte til de såkaldt "erfarne" politikere og køre videre ad de vante spor – udstukket på baggrund af den gamle kolonirelation mellem Danmark og Grønland, som end ikke kan siges at være afviklet efter 1979, under hjemmestyret. Som Hans Anthon Lynge beklager Kelly Berthelsen samfundsborgernes manglende engagement, og som Ole Korneliussen hudfletter han de oppustede hjemmestyrepolitikere for deres mangel på virkeligt engagement og handlekraft.

I hjemmestyreallegorien "Trapperne" fra *En sjæls inderste kammer* pukler en stor gruppe mennesker med at bygge en trappe op ad et fjeld. Arbejdet står på i årevis, de gamle og de svage efterlades for foden af fjeldet, mens lederne bliver ved med at tale om, hvor vigtigt det er, at trappen bygges bred og solid. Desværre bruges der så mange kræfter på selve trappen, at man kun meget langsomt når videre opad. Pludselig en dag er der nogle, der foreslår en anden taktik. Lederne er oprørte og udsteder ordrer om, at ingen anden vej end den autoriserede trappe må forsøges. Men nogle forsøger sig alligevel. Den fjeldvæg, de klatrer på, er ganske vist stejl og farefuld, men den er farbar, og inden længe når de op. Selv ikke nu giver lederne op: de tilbageblevne får forbud mod at gribe rebet, som rækkes dem deroppefra, for lederne mener, at det helt sikkert vil briste – det sikreste er at blive ved med at bygge. Til sidst bliver de deroppe trætte af at vente og søger andre steder hen, mens flere og flere af dem, der bygger, bliver svimle og slutter sig til de gamle og syge ved fjeldets fod, hvor man næsten har opgivet håbet.

Teksten tryktes samtidig med, at det kom til heftig debat om den såkaldte selvstyrekommission, nedsat januar 2000. Mange i Grønland var utilfredse med, at kommissoriet ikke gik videre end til at genforhandle hjemmestyreloven inden for rammerne af rigsfællesskabet. Stærke stemmer taler i dag for decideret selvstændighed, i betydningen løsrivelse fra Danmark. Uanset hvordan det går med denne sag, er det klart, at en ny relation, bygget på en mere ligelig magtfordeling i et egentligt *partnerskab* mellem Danmark og Grønland, er i vente – ikke mindst fordi Danmarks monopol på kontakten udadtil er brudt. Også for Grønlands vedkommende er det kendte landkort med en tidligere tids fast etablerede magtstrukturer de enkelte områder imellem således under forvandling. Hvad den omsiggribende globalisering konkret vil medføre, er imidlertid for Grønlands vedkommende et lige så omdiskuteret spørgsmål, som det er det i det øvrige Norden.

NOTE

En mere udførlig analyse af Ole Korneliussens og Hans Anthon Lynges bøger er trykt i det nordiske litteraturtidsskrift *Edda* 04, 2001 s. 419-436. Heri også en introduktion til den grønlandske litteraturhistorie, samt litteraturliste og referencer.

Endvidere henvises til Karen Langgårds artikel om nyere grønlandsk litteratur i *Nordica* bind 20, 2003 s. 263-300, samt Birgitte Jacobsen, Birgit Kleist Pedersen, Karen Langgård og Jette Rygaard: *Grønlænder og global – grønlandsk sprog, litteratur og medier i 25-året for Hjemmestyrets indførelse*, Ilisimatusarfik 2004.

KELLY BERTHELSEN

Fem digte

CRY IN THE WIND
Hear me hear me my fellow young people
Let us hear the prayer in the air
The cry of a sufferer on the earth

Sometimes I am very tired
And sometimes I suffer a lot
Alas, that how the life is
I was raised to endure any pain

I do not have any muscles to fight back
Nothing else to do but just remain silent
Maybe he will stop when strength starts to leave me
Maybe he will stop when I have bled too much

It is impossible to leave him
Fierce, Powerful and Loud he is
Has the house, job and identity
And he wants to be in control

And tomorrow would he once again say "I am sorry"
Maybe he will try say he is to sorry to my dead body
Maybe I will follow many other like before me
Why is it that we always are treated like this

Now my suffering soul is only what remains
Ripped of its body
My pain and vain did not go with my body to the grave

In whose name are you keep doing this
Are you trying silence me because you are afraid
Are you going after me because you are afraid of your fellow fellas
Are you going after me to see that you can
Or do you want to own me just for yourself
O, I do not understand you at all
You maybe were not sane at all when started beating me up

That is the cry heard last night
The gently wind reminds reminds me things like that happen
Suffering woman does not want to be forgotten
Listen sometime
We have a lot to learn from the gentle breeze

DEN DUMME
Du er så dum
Du er så dum
at du ikke kan drikke før middag
Dum
Du er så dum
at du ikke kan holde øl i dine hænder
før klokken 12

Dum
Du er så dum at ikke kan klare at drikke dig fuld

Dum
Du er så dum
at du ikke kan spare op
Dum
Du er så dum
at du ikke kan spare op til en bolig

Dum
Du er så dum
at ikke ved
at du er dum

DON'T BE AFRAID
I will be with you
whom you are afraid
Then come to me
you who is afraid

Reveal your pains
Listen to their roots
Enter their deeper roots

Then you will see the nature of your sufferings
Then you will see how watery they are
Turns out you made them bigger than they are
Because you are afraid

It turns out that they really are nothing
Not knowing what really are sufferings like
It turns out pain is somewhere else

If your days are like that
Then come to me
You who is in pain and vain

Search deep inside your soul
Feel what it really contains

Do not be afraid
Your inner most you know what is inside
what you are afraid of

Then turn your head to me
To me who is merciful

I am the merciful
The merciful belonging to the whole world
Everybody´s merciful

*I am everywhere
Search and you will find me
I am the merciful*

*You who is in pain
never forget me
I am everywhere
I am beside you if you suffer*

DEMOKRATIETS DØD
*Tilgiv mig, min Gud
For nu vil jeg spotte dig
i navnet af demokratiet*

*Nu vil jeg spotte dig
for jeg er virkelig forvirret
i navnet af demokratiet*

*Du sagde til Moses
"Du må ikke have andre guder"*

*Tilgiv mig, min Gud
For nu vil jeg spørge dig
i navnet af demokratiet*

*Har I, himlens og jordens
konger, præsidenter og landsstyreformænd
demokrati i jeres hjerter og hjerner*

*Har I samme politiske og demokratiske kvaler
som os jordiske væsner
Jeg spørger dig i navnet af demokratiet*

*At herske enerådigt
ligesom du sagde Moses
Er det den guddommelige vej?*

*At være enehersker
i himlen og på jorden
Er det deres måde*

*Tilgiv mig, min Gud
For nu vil jeg spørge dig
i navnet af kærligheden*

*Jesus, din søn
sagde
Du skal elske din næste*

*Nu spørger jeg alverdens konger
Præsidenter og landsstyreformænd
i navnet af kærlighed*

*Har demokratiet plads til kærlighed
som Jesus vil have det*

*Man må godt hade og bekrige
i navnet af demokratiet*

*Jeg spørger dig min gud
Hvorfor er det så svært for os
jordiske væsner
at virkelig forstå demokratiet
Et demokrati med kærlighed*

*Min Gud
Nu har jeg spottet dig
i forvirringens navn*

CANNOT FORGET YOU
Then I write

Though I miss you a lot
Though I want you to be alive so much
I understand your decision

You fought all your life
to stand on your own
You worked relentlessly
though you got so old

You go and see a lot of people
Children and adult alike
Not to stop and die

Alas, the world let you stop
An accident stops you
You broke your leg

Then you stop eating
To die
Not to be tied to your bed alive

Then you died of starvation
At your own choosing

I miss you very much

HENRIK GALBERG JACOBSEN

Dansk mellem nordboer

Om dansk som kommunikationssprog i Norden

Emnet for denne artikel er det danske sprogs anvendelighed i det sprog- eller kommunikationsfællesskab som i forskellig grad findes mellem de nordisktalende borgere i de nordiske lande. Og det er fuldt bevidst at jeg har valgt den dobbelttydige overskrift "Dansk *mellem* nordboer", der dels kan forstås ganske uskyldigt som 'dansk brugt som middel eller medium i den internordiske kommunikation', dels også kan – og skal – forstås i den mindre uskyldige betydning 'dansk som forhindring eller barriere i den internordiske kommunikation'. Dansk er nemlig som det vil fremgå, på én gang et sprog der fungerer som et nyttigt hjælpemiddel i den internordiske kommunikation, og et sprog der lægger sig imellem de kommunikerende nordboer og står i vejen for en optimal udnyttelse af det sprogfællesskab som vi har fået forærende i kraft af de nordiske sprogs historiske slægtskab.

Jeg vil i det følgende se nærmere på hvordan det danske sprog fungerer som redskab for den internordiske kommunikation, og diskutere hensigtsmæssigheden i at fastholde dansk på den centrale position som det har i kommunikationen i Norden. Og jeg vil – ikke overraskende – konkludere at dansk ikke er specielt velegnet til andet end kommunikation mellem danskere, men at der næppe er meget at gøre ved det.

DANSK I CENTRALNORDEN OG I ATLANTNORDEN

Uanset de allerede antydede vanskeligheder, så er det et faktum at dansk i større eller mindre grad kan bruges som kommunikationssprog i det meste af Norden. Det gælder ikke blot det danske skriftsprog, der på grund af den konservative danske retskrivning ved første øjekast kunne se ud som (endnu) en variant af norsk. Men det gælder også – om end i noget mindre grad – det danske talesprog, som straks skiller sig mere markant ud fra de øvrige nordiske sprog, og som dermed er den manifestation af dansk der i særlig grad giver problemer i den internordiske kommunikation. I det følgende vil jeg både beskæftige mig med det danske talesprog og det danske skriftsprog – og indimellem blot uspecificeret med det danske sprog som sådan.

Spørgsmålet om dansks brugbarhed i nordisk sammenhæng angår i første række danskeres kommunikation med nordmænd og svenskere, hvor danskeren taler eller skriver dansk, og hvor nordmanden eller svenskeren tilsvarende benytter sig eget sprog i kommunikationen. Der er her tale om et praktisk nordisk kommunikationsfællesskab som udspringer af det nære slægtskab mellem sprogene, dvs. af det forhold at de tre centralnordiske sprog, dansk, norsk og svensk, simpelthen ligner hinanden så meget grammatisk og leksikalsk at de umiddelbart eller efter en vis, kort tilvænning kan bruges i den indbyrdes kommunikation.

Helt så let går det ikke i det øvrige Norden. Ganske vist kan en dansker også bruge sit modersmål i Reykjavík og Tórshavn (og i Nuuk, men jeg ser i denne forbindelse bort fra dansk i Grønland). Men det skyldes ikke det *sprog*historiske forhold at på den ene side dansk og på den anden side islandsk og færøsk på grund af deres slægtskab har bevaret en lighed der gør disse sprog indbyrdes forståelige. Forklaringen skal derimod findes i det *real*historiske forhold at dansk sprog indtager en fremtrædende plads i fremmedsprogsundervisningen i den islandske og den færøske skole.

Indtil for ret få år siden var dansk således det første fremmedsprog i Island, som alle islandske skoleelever blev undervist i fra 6. klasse. For nylig blev det skubbet væk fra pladsen som første fremmedsprog af engelsk. Men dansk er stadig til stede på de islandske skoleskemaer med 3-4 timer om ugen i grundskolens sidste fire år. Og på Færøerne er dansk obligatorisk andetsprog i skolen fra 2. klasse og har desuden status som officielt sprog ved siden af hovedsproget færøsk.

Dansk fungerer på den måde som islændinges og færingers adgangs- eller indgangssprog til det nordiske sprogfællesskab som i forvejen eksisterer mellem de centralnordiske sprog, dansk, norsk og svensk. Det betyder dog ikke at der ikke kan sættes spørgsmålstegn ved om dansk nu også er det rigtige skandinaviske sprog at lære de nordatlantiske nordboer der vil i sproglig kontakt med hele det skandinaviske Norden. Det kan der nemlig sagtens, og der er da også meget der tyder på at såvel norsk som svensk af forskellige grunde ville være bedre egnede til dette formål end dansk.

NORSK SOM INDGANGSSPROG?

Det umiddelbart mest nærliggende indgangssprog fra den islandsk-færøske del af Nordatlanten til det centralnordiske sprogfællesskab er nok norsk – vel at mærke norsk bokmål, altså den variant der skrives af de allerfleste nordmænd, og som er den der ligger tættest på dansk. Norsk har netop i flere henseender placeret sig sikkert som "sproget i midten". I undersøgelser af den sproglige forståelse mellem skandinaver placerer nordmændene sig klart som nordiske mestre i internordisk kommunikation: Nordmændene forstår svensk bedre end danskerne gør det, og de forstår dansk bedre end svenskerne gør det. Nordmændene er også dem der forstås bedst i Norden: Svenskerne er bedre til at forstå norsk end de er til at forstå dansk, og danskerne er tilsvarende bedre til at forstå norsk end de er til at forstå svensk.

At det forholder sig sådan, er dokumenteret ved flere undersøgelser siden o. 1950, bl.a. af norskamerikaneren Einar Haugen i 1953 og af nordmanden Øivind Maurud i 1976. Resultaterne fra Mauruds undersøgelse er i 1987 blevet sammenfattet af svenskeren Ulf Teleman i tre trekanter der viser den relative indbyrdes høreforståelse i Norden (*Språk i Norden 1987*, s. 71). Telemans trekanter er gengivet nedenfor. De skal forstås sådan at afstanden mellem trekanternes hjørner betegner fuld forståelse (som når man hører sit eget modersmål); den tykke streg viser hvor stor en del en lytter med et bestemt modersmål forstår af de talesprog som er anført i trekantens to andre hjørner.

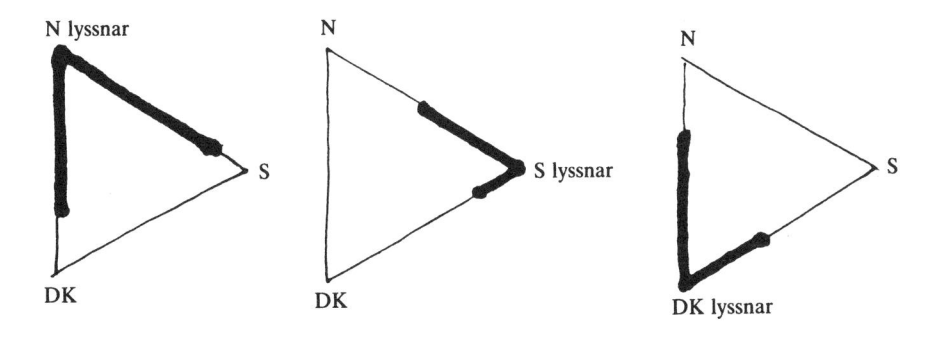

Det norske sprogs suveræne placering i det centralnordiske sprogfællesskab bekræftes også af de nyeste undersøgelser af den nordiske sprogforståelse, nemlig Ulla Börestam Uhlmanns bog *Skandinaver samtalar* (Uppsala universitet, 1994) og det store, netop afsluttede projekt *Internordisk språkförståelse i en tid med ökad internationalisering* (INS; 2002-2004, under ledelse af Lars-Olof Delsing og Katarina Lundin-Åkesson, Lunds universitet).

I den første undersøgelse har forfatteren analyseret videooptagelser med samtaler mellem unge danskere, svenskere og nordmænd. Hun har bl.a. optalt misforståelser i samtalerne og er nået frem til det resultat at nordmænd næsten overhovedet ikke misforstår deres skandinaviske samtalepartnere – de misforstår faktisk oftere hinanden end de misforstår deres nordiske naboer. Danskerne misforstår nogle gange de andre, mens svenskerne har de fleste misforståelser. Det gælder specielt at svenskerne oftere misforstår danskerne end danskerne misforstår svenskerne. Også af Ulla Börestam Uhlmanns undersøgelse fremgår det altså at det er forbindelsen mellem dansk og svensk der er det svage led i den internordiske kommunikation, specielt sådan at svenskerne har svært ved at forstå dansk, mens danskere øjensynlig bedre kan klare at forstå svensk.

Næsten samme billede tegner sig i den allernyeste undersøgelse fra Lunds universitet. Den har fokuseret på nabosprogsforståelsen hos unge nordboer, specielt danskere, nordmænd og svenskere, og placerer ligesom tidligere undersøgelser klart nordmændene som de skandinaver der er bedst til at forstå deres naboer. Det er stadig forståelsen mellem dansk og svensk der halter mest, men de to sprog har her efter årtusindskiftet byttet plads således at danskerne nu er lidt dårligere til at forstå svensk end svenskerne er til at forstå dansk. – Undersøgelsens absolutte topscorere skal i øvrigt findes uden for Skandinavien, nemlig på Færøerne: De unge færinger forstår, ikke uventet, dansk meget bedre end svenskerne og nordmændene gør; de forstår svensk næsten lige så godt som nordmændene gør (og meget bedre end danskerne gør); og de forstår norsk betydelig bedre end danskerne og svenskerne gør.

HVORFOR ER NORDMÆNDENE BEDST?

At nordmændene er så gode til at forstå deres skandinaviske naboer, kan i nogen grad hænge sammen med at nordmænd på grund af den store dialektale variation der er i både talt og skrevet norsk, er vant til at andre taler anderledes end de selv gør. Nordmænd er groft sagt programmeret til at opleve dansk og svensk som en form for dialektale varianter svarende til de norske dialektale varianter som de i øvrigt træffer på. Det højere variationsberedskab hos nordmændene er en rimelig forklaring på at nordmændene er særlig gode til at forstå dansk og svensk, men det forklarer ikke hvorfor nordmændene også er dem der forstås bedst af deres naboer.

Her må forklaringen nok søges i sproget selv, nemlig i det forhold at norsk faktisk rent sprogligt indtager en mellemstilling mellem dansk og svensk. Ordforrådet er – stadig primært i bokmål eller i det endnu mere dansknære riksmål – på grund af den lange og tætte forbindelse med dansk – 400-års-natten 1380-1814 – på mange punkter sammenfaldende med dansk. Og udtalemæssigt ligger norsk relativt tæt på svensk, hvad der bl.a. bekræftes af den folkelingvistiske kendsgerning at mange danskere simpelthen har svært ved at høre forskel på norsk og svensk.

Det norske sprogs placering som sproget i midten, fremgår også af at det fællesnordiske skriftsprog som den danske journalist og leksikonmand Knud Jarmsted søgte at lancere i 1950'erne og 60'erne under navnet *nordisk bokmål* – og som han faktisk fik SAS til at bruge i enkelte tryksager – stort set var norsk bokmål med enkelte tillempninger til svensk.

Og da Dansk Sprognævns daværende formand Allan Karker i 1976 offentliggjorde et detaljeret og gennemarbejdet forslag til en fællesnordisk retskrivningsreform (*Sprog i Norden 1976*, s. 39-84), var det også påfaldende at norsk var det sprog der i forvejen stort set levede op til de ideelle nordiske fordringer. Derimod skulle både dansk og svensk ændre deres skrivemåder på adskillige punkter for at opfylde de opstillede fællesnordiske retskrivningsprincipper. Det var i Karkers reformeksperiment et grundlæggende princip at mindretalssproget i de tilfælde hvor den stod 2 – 1, dvs. hvor to af sprogene var fælles om en retskrivning, og hvor det tredje sprog stavede på en anden måde, skulle ændre sin retskrivning så den kom til at stemme overens med de to flertalssprog. Karker regnede ved den lejlighed ud at svensk skulle ændre retskrivningen i ca. 19 % af de løbende ord, dansk kunne nøjes med ca. 13 %, og norsk bokmål skulle kun justere stavemåderne i 2 % af de løbende ord for at bringe sig i overensstemmelse med den centralnordiske retskrivningsfællesnævner der var opstillet.

Der er altså alt i alt en del der tyder på at norsk bokmål ville være et ganske udmærket sprog at lære som indgangssprog til de skandinaviske sprog som helhed. Heller ikke svensk ser dog ud til at være helt ved siden af.

SVENSK SOM INDGANGSSPROG?

Til umiddelbar fordel for svensk som det primære kommunikationssprog eller indgangssprog i Norden taler bl.a. den klare tillægsgevinst det ville give i forhold til de mange finsk-finner, altså finner med finsk som modersmål. Mange af dem kan så meget svensk at de kan kommunikere med rigssvenskere og finlandssvenskere på svensk, men har betydelige problemer i forhold til norsk og dansk, specielt talt dansk, som generelt er næsten fuldstændig uforståeligt selv for finner der er relativt gode til svensk.

Hertil kommer også at svensk set fra Nordatlanten – specielt fra Island (måske i mindre grad fra Færøerne) – øjensynlig er eller opleves som et let sprog, i hvert fald som et sprog der er betydelig lettere end dansk. Det fremgik bl.a. af et indlæg, "Isländsk svenska och svensk isländska", som den islandske forfatter Þórarinn Eldjárn holdt på de nordiske sprognævns årsmøde i Stockholm i 1994 (*Sprog i Norden 1995*, s. 59-62). Han fastslog dér på grundlag af sine egne personlige erfaringer som studerende i Sverige at "[f]ör en isländning är svenska utan tvekan det lättaste främmande språk som finns" (s. 59). Han mente i hvert fald at kunne konstatere at han – ligesom andre islændinge i Sverige – allerede efter nogle uger "kunde prata rätt hyfsad svenska".

Man kan tænke sig flere grunde til at Þórarinn Eldjárn og hans islandske studiekammerater oplevede svensk som et let sprog. Han peger selv på rent sproglige forhold som præsensformer og pluralisformer med endelsen *-ar* ligesom på islandsk og i modsætning til de svækkede danske former på *-er*. Og han videregiver og bekræfter også Halldór Laxness' iagttagelse af at svensk med en del faste udtryk og talemåder – det er sådan nogle som *så småningom, åtminstone, av ondo* – så at sige går bag om dansk og direkte til islandsk. Laxness havde brugt den slags overensstemmelser mellem svensk og islandsk til at argumentere for at det ikke bare er fordi islændingene har lært en masse dansk i skolen, at de oplever svensk som et let sprog. Det kan han nok have ret i. Men i øvrigt kan man naturligvis ikke se bort fra at de islændinge der oplever svensk som let, normalt vil have en ganske tung ballast af danskkundskaber fra mindst 5-6 år af deres skolegang i Island. Þórarinn Eldjárn er da også opmærksom på dette forhold, som han sammenfatter på denne måde:

> *Danska med isländskt uttal är ju svenska ungefär, eller norska, eller skandinaviska, eller så ...*

FRA *VIKA* TIL U:U

Med det sidstanførte citat bekræfter vores islandske hjemmelsmand også den gammelkendte sandhed at dansk i den nordatlantiske variant – specielt sådan som den tales af islændinge og færinger – er lettere at forstå for nordmænd og først og fremmest svenskere end den variant der tales hjemme i det skandinaviske Danmark. Det er den erkendelse der ligger bag følgende sprogråd til henholdsvis islændinge og færinger i pjecen *Att förstå varandra i Norden* (1995):

> Danska (norska, sænska) töluð með íslenskum framburði þykir yfirleitt auðskilin og skýr. (s. 19)
> Tosið endiliga danskt (norskt, svenskt) við føroyskum tóna. Hetta "skandinaviska" er skilligt og væl nýtiligt (s. 20).

Det kan i øvrigt heller ikke udelukkes at en sådan mere bogstavnær udtale af dansk også er lettere at forstå for indfødte danskere: Jeg har i hvert fald gjort den iagttagelse at udlændinge – mit sparsomme materiale består først og fremmest af japanere – der er blevet rigtig skrappe til dansk, og som har erkendt hvor svage eller reducerede og assimilerede de tryksvage stavelser er i dansk – kan have en tendens til at gå over stregen og reducere en tand mere end vi indfødte selv gør, i deres bestræbelse for at tale naturligt indfødt dansk.

Problemet med dansk er altså at det i modsætning til islandsk har fjernet sig for meget fra det fælles udgangspunkt. Og det gode ved svensk – stadig set fra Nordatlanten – er at det har holdt sig relativt tæt ved udgangspunktet. Det – og norsks mellemstilling mellem svensk og dansk – kan illustreres med et par eksempler fra de fem moderne nordiske sprog:

islandsk	færøsk	svensk	norsk	dansk
gata	gøta (gata)	gata	gate	gade
garðar	garðar	gårdar	gårder/garder/gardar	gårde
vika	vika	vecka	veke/uke	uge

Allerede når man ser på de skrevne former som de står her, er udvandingen mod højre tydelig. Og hvor langt dansk har bevæget sig væk, bliver særlig tydeligt hvis vi flytter opmærksomheden fra de skrevne former til de udtalte (her gengivet i grov lydskrift), der i disse tilfælde kan synes tæt på at forsvinde i det rene ingenting:

dansk
gade [ga:að]
gårde [gå:å]
uge [u:u]

Når man betragter den slags eksempler, er det indlysende at bogstavrette eller skriftnære udtaler er dem der er lettest at afkode med norske og svenske (og islandske, færøske og finske) ører – og at jo mindre "naturlig" udtalen af dansk bliver (set fra det indfødte danske synspunkt), jo bedre bliver den set fra et internordisk kommunikativt synspunkt.

Hvis man er opmærksom på det, er selv ikke dansk helt ueffent som kommunikationsmiddel i Norden. Man skal bare lade være med at udtale det på dansk!

VALGET ER TRUFFET

Det er af det foregående fremgået ret klart at dansk ikke er det sprog man umiddelbart ville vælge hvis man kunne starte forfra og skulle vælge et af de centralnordiske sprog – dansk, norsk eller svensk – til det kommunikationssprog som skulle bruges af ikke-skandinaver når de skulle kommunikere med det skandinaviske Norden. Men nu er der i virkeligheden heller ikke ret mange muligheder for at vælge – historien har så at sige valgt for os: Dansk *er* indgangssproget for færingerne både juridisk og praktisk (og det samme gælder for grønlænderne, hvis kommunikationsproblemer med det øvrige Norden jeg som tidligere nævnt ikke kommer nærmere ind på her). Og når det drejer sig om islændingene, så har de ganske vist en mulighed for at vælge norsk eller svensk i skolen i stedet for dansk som det nordiske indgangssprog – men udbuddet af norsk og svensk er stærkt begrænset, så også for de allerfleste islændinge er det i praksis dansk der er nøglen til kommunikationsfællesskabet med det øvrige Norden på et nordisk sprog. De kan så eventuelt trøste sig med at der er den specielle fordel ved dansk at det netop på grund af sin fjernhed fra de andre nordiske sprog er så krævende at lære – og specielt at lære at forstå auditivt – at det, når man først har fået lært sig det, er det rene barnemad at lære at forstå de andre centralnordiske sprog.

Kaffeerstatningsfirmaerne Rich's og Danmark førte omkring midten af 1900-tallet en veritabel slogankrig om forbrugernes gunst. Den startede med Rich's-sloganet *Det er Rich's der drik's*, fortsatte med konkurrentens *Det er Danmarks der duer* og *Det er Rich's der drik's, men det er Danmarks der duer* – og sluttede med vindersloganet *Det er Danmarks der duer, men det er Rich's man bru'r* (jf. Peder Skyum-Nielsen: *Fyndord*, 1992, bd. 1, s. 172).

Overført til spørgsmålet om de forskellige centralnordiske sprogs egnethed som "erstatningssprog" i islændinges og færingers kommunikation med deres skandinaviske mednordboer kan man udtrykke det sådan her:

> *Det er norsk og svensk der du'r,*
> *men det er dansk man bru'r.*

NOTE

Artiklen er i den foreliggende form en bearbejdet version af første del af artiklen "Dansk – et nordisk sprog", trykt i *IDUN 15. Dedicated to Professor Kunishiro Sugawara on the Occasion of His Sixtieth Birthday*. Osaka Gaikokugo Daigaku (= Osaka Universitet for Internationale Studier), The Department of Danish and Swedish. Osaka. 2002. [2003]. S. 93-110.

KATARINA LUNDIN-ÅKESSON

Grannspråksförståelsen i Norden idag

INLEDNING

För cirka trettio år sedan genomförde Øivind Maurud en undersökning om grannspråksförståelsen i Skandinavien. Då visade sig norrmännen vara betydligt bättre än danskar och svenskar på hörförståelse såväl som läsförståelse, och danskarnas förståelse av grannspråken var i sin tur bättre än svenskarnas. Som en uppföljning till Mauruds arbete inleddes år 2002 projektet *Internordisk språkförståelse i en tid med ökad internationalisering*, INS, för att undersöka vad som hänt med den internordiska språkförståelsen under de senaste 25-30 åren. Projektet initierades i slutet av 2001 av Nordiska kulturfonden, som gav i uppdrag åt Nordiska språkrådet att utreda språkförståelsen i Norden idag. Projektledningen påbörjade arbetet i december 2002. I följande artikel, baserad på det föredrag Lars-Olof Delsing höll i samband med den nordiska språkdagen på Nordatlantens Brygge den 29/11 2003, presenterar jag projektet INS och de resultat som hittills kommit fram av vår undersökning.

BAKGRUND

Projektet *Internordisk språkförståelse i en tid med ökad internationalisering* har flera syften. Vi vill mäta den faktiska språkförståelsen bland människor i Skandinavien och i Norden, i Skandinavien både bland dem som har något av de tre stora skandinaviska språken som förstaspråk och bland dem som har något av dem som andraspråk. Vidare vill vi undersöka om det skett någon förändring i språkförståelsen, med avseende på individuell utveckling såväl som synkrona generationsskillnader. Ett ytterligare syfte, som ett resultat av den senaste tidens internationalisering, är att mäta förståelsen av engelska i de nordiska länderna. Bakgrunden till projektet och projektets syften mynnar ut i sju frågeställningar; den sjunde är av ett lite annat slag och kommer inte att direkt beröras i artikeln.

1. Hur duktiga är skandinaver på att förstå varandras språk?
2. Hur duktiga är invandrare i Skandinavien på att förstå de andra skandinaviska språken?
3. Hur duktiga är nordbor utanför Skandinavien på att förstå de skandinaviska språken?
4. Blir skandinaver bättre på grannspråksförståelse med stigande ålder?
5. Är ungdomar idag bättre på grannspråksförståelse än vad ungdomar var för ett kvartssekel sedan?
6. Hur duktiga är nordbor på att förstå engelska?
7. Hur viktig är kontakten med grannländerna för språkförståelsen?

För att besvara de tre första frågorna genomfördes Huvudundersökning A och B, undersökning av gymnasisters grannspråksförståelse. Huvudundersökning A fokuserade på förståelsen av danska, norska och svenska hos dem som bor i Skandinavien samt i det vi här kallar Svenskfinland. Här testades alltså varje informant på de två skandinaviska grannspråk som han/hon inte talar själv. Valet föll på informanter från de skandinaviska huvudstäderna Köpenhamn, Oslo och Stockholm, men eftersom de dessa förmodas skilja sig mycket åt med avseende på kontakt med grannländerna – invånarna i Köpenhamn har till exempel betydligt mer kontakt med Sverige än de i Stockholm har med Danmark – valdes ytterligare en stad ut i varje land, nämligen Århus, Bergen och Malmö. I Svenskfinland valdes Mariehamn på Åland ut i tillägg till Helsingfors och Vasa.

Huvudundersökning B testar språkförståelsen av alla de tre skandinaviska språken hos nordbor utanför Skandinavien, således på Island, Färöarna och Grönland samt i Finland och syftar till att besvara den tredje frågan. På Island testades informanter i huvudstaden Rejkjavik och i Akureyri. I Finland, där ju språksituationen är annorlunda än i de övriga nordiska länderna, valdes Jyväskylä ut i Huvudundersökning B i tillägg till Helsingfors och Vasa (inga informanter från det svenskspråkiga Åland deltog); dessa städerna valdes ut för att de dels har olika stor del svensk befolkning, dels olika mycket kontakt med Sverige. Informanterna fördelar sig enligt Tabell 1; i uppställningen är de finskspråkiga och svenskspråkiga informanterna i Finland sammanslagna till en kategori.

Tabell 1. Informanterna i Huvudundersökning A och B

stad	antal informanter	stad	antal informanter
Köpenhamn	150	Helsingfors	82
Oslo	199	Vasa	43
Stockholm	146	Jyväskylä	63
Århus	117	Reykjavik	96
Bergen	104	Akureyri	48
Malmö	110	Torshavn	47
Mariehamn	47	Nuuk	31

Den undersökning som testade informanternas kunskaper i engelska var mindre och omfattade ungefär en tredjedel av de informanter som deltagit i huvudundersökningarna. Informanterna i engelskundersökningen fördelar sig enligt Tabell 2 och är alltså i möjligaste utsträckning desamma som deltog i huvudundersökningarna (även om engelskundersökningen skedde vid ett senare tillfälle); informanter från Nuuk saknas i engelskundersökningen.

Tabell 2. Informanterna i engelskundersökningen

Stad	Antal informanter	Stad	Antal informanter
Köpenhamn	74	Reykjavik	49
Århus	39	Akureyri	31
Oslo	37	Torshamn	16
Bergen	41	Nuuk	-
Stockholm	47	Mariehamn	20
Malmö	31	Helsingfors	50
		Vasa	56
		Jyväskylä	51

För att undersöka om skandinaver blir bättre på grannspråksförståelse med stigande ålder valde vi att undersöka föräldrarna till en femtedel av de informanter som deltog i Huvudundersökningen.

Efter en kort genomgång av material, metod och informanter presenterar jag resultaten från projektet *Internordisk språkförståelse i en tid med ökad internationalisering*. Av utrymmesskäl blir presentationen summarisk men ger förhoppningsvis en bild av språkförståelsen i Norden idag

TESTMATERIAL
Inledande kommentar

Testmaterialet omfattar hörförståelsesekvenser i två varianter samt läsförståelse, dvs. tre direkt kunskapsrelaterade delar. Utöver detta innehåller testmaterialet en inledande del med personuppgifter och olika typer av attitydfrågor som ska hjälpa oss att fånga informanternas inställning till grannspråken, grannländerna och grannspråkstalarna.

Personuppgifter och attitydfrågor

Personuppgifterna fokuserar på bland annat hemort, utbildningsprogram-/linje, ålder och språk som talas i hemmet. Här tillkommer också frågor om eventuell undervisning om/på grannspråken. Dessutom får informanterna uppge eventuell vana vid grannspråk genom exempelvis litteratur, TV eller umgänge, där de får välja mellan alternativ som omfattar allt från daglig till icke förekommande kontakt. I attitydundersökningen fick informanterna både kryssa i femgradiga skalor av motsatta adjektivpar av typen *fint – fult* och besvara öppna frågor.

Videosekvens

Den första delen av testet som mäter språkförståelsen består av hörförståelse. Informanterna fick se en videosekvens hämtad från TV-programmet *Vem vill bli miljonär?*, ett program som är identiskt uppbyggt i de tre skandinaviska länderna (och i Storbritannien). Programmet tillhör underhållningsgenren, och därför behandlas vanligen relativt enkla ämnen som inte kräver några speciella förkunskaper av tittarna. I flera sekvenser i programmet förekommer dialoger, och talet i dessa är vardagligt och inte tillrättalagt. Härigenom vill vi mäta informanternas förståelse av den variant av grannspråket som man skulle möta i en dialogisk kommunikationssituation. Svårigheten med denna typ av talspråk är att tempot ofta är mycket högt. Efter att ha sett videosekvensen fick informanterna besvara fem öppna frågor om innehållet i det de hade hört, dvs. de måste själva skriva ner det de tror är svaret på frågan. Beroende på graden av korrekthet kan de få 0, 1 eller 2 poäng per fråga.

Nyhetsuppläsning

Efter videosekvensen fick informanterna höra en monologisk nyhetsuppläsning i radio. Skillnaden gentemot den tidigare hörförståelsesekvensen var således att det nu rörde sig om en uppläst text från en skriftlig förlaga och att språket därmed blev mer formellt. Genren radionyheter är i likhet med *Vem vill bli miljonär?* anpassad till den breda allmänheten och torde inte vålla informanterna några problem innehållsmässigt. Liksom i videosekvensen är frågorna öppna och ger 0, 1 eller 2 poäng, men en viktig skillnad inslagen emellan är att i nyhetsuppläsningen är innehållet och de tillhörande frågorna identiska i alla testen, för alla språk. Ämnena som behandlas är varken land- eller kulturbundna.

Rubrikerna till de två nyhetsuppläsningarna är *Skuttande rymling gripen i Köpenhamn* respektive *Hur många grodor finns det?* och sammanfattar innehållet i inslagen. Texterna har något olika svårighetsgrad: den senare har ett betydligt mer abstrakt innehåll och behandlar en företeelse som förmodligen är okänd för merparten av informanterna medan den förra behandlar en mer konkret händelse. Att de skiljer sig åt rent innehållsmässigt får vissa effekter även på ordvalet då grodtexten innehåller fler abstrakta substantiv som *bestånd, ändamål* och *syfte*, medan kängurutexten uppvisar fler konkreta ord som *känguru* och *polis*. I kängurutexten bidrar också ett stort antal tids- och platsangivelser till konkretionen.

Tidningsartikel

Testets tredje del utgörs av ett läsförståelsetest där informanterna får läsa en nyhetsartikel. Även här finns det två olika texter: *Populärt ingrepp mot laglig narkotika* och *Miljonersättning för tinnitusskada*. Texterna är direktöversatta till respektive testspråk, men när det förekommer personnamn och namn på olika typer av institutioner har dessa bytts ut så att de motsvarar uttryckssättet i landet i fråga.

Nyhetsartiklar är en informativ text som förmedlar nyheter till en bred målgrupp utan några speciella förkunskaper i ämnet. Vi utgår från att även denna genre är bekant för informanterna; i en genre som nyhetsartikeln förväntar man sig ett relativt genomskinligt och icke iögonenfallande skriftspråk. Texten om tinnitus är den svårare av dem, men svårighetsgraden är betydligt jämnare här än vid radionyhetssekvenserna.

De testdelar som testar hörförståelse och den som testar läsförståelse skiljer sig åt på två punkter: dels innehåller läsförståelsedelen frågor som mäter ordförståelse, dels får informanterna fyra alternativa svar att välja emellan, valda så att de är sannolika i sammanhanget. För dessa frågor får man 1 poäng för korrekt svar och 0 poäng för felaktigt svar eller inget svar alls.

Komposition

Alla informanter som skulle testas på ett språk, säg svenska, fick se samma videosekvens. Vi har alltså endast en videosekvens på respektive språk. Vad gäller övrig hörförståelse samt läsförståelse finns det som nämnt två olika texter av varje: nyhetsuppläsningen *A Känguru* och nyhetsuppläsning *B Grodor* samt läsförståelsetext *A Tinnitus* och läsförståelsetext *B Droger*. Dessa fyra texter samspelar så att den som lyssnat på nyhetsuppläsningen A om den förrymda kängurun får läsförståelsetexten A om tinnitus och den som lyssnat på nyhetsuppläsningen B om grodräkning tilldelas läsförståelsetexten B om droger. Ett test för en norrman har kan alltså ha följande uppläggning; alla informanter har alltså vid ett och samma testtillfälle alltid testats på två språk:

Person-uppgifter	Dansk video	Danska nyheter	Dansk läsförståelse	Svensk video	Svenska nyheter	Svensk läsförståelse
		A Känguru	A Tinnitus		B Grodor	B Droger

Materialets jämförbarhet

Det finns några olika faktorer som man måste ta hänsyn till när man drar slutsatser utifrån testresultatet. Det första gäller att innehållet i videosekvenserna inte likadant och skiljer sig åt med avseende på abstraktionsgrad – den danska texten handlar också om kända ting, nämligen reklambranschen, medan den svenska handlar om en pilgrimsfärd med vars hjälp man kan halvera sin tid i helvetet – vilket naturligtvis påverkar informanternas resultat. För nyhetsuppläsningen gäller att de visserligen är lika för varje språk men att de två olika texterna har olika svårighetsgrad.

Vid diskussionen av resultaten av läsförståelsedelen finns det två faktorer man måste ta i beaktande: valet av frågeord och valet av svarsalternativ. Det optimala hade givetvis varit att efterfråga samma ord i de olika läsförståelsetexterna, men detta är inte görligt; valet av ord är alltså lite olika för de olika informantgrupperna. En av anledningarna till detta är att de danska texterna i så fall hade blivit för enkla för de norska informanterna och vice versa eftersom så stora delar av ordförrådet är gemensamt. För svarsalternativens del gäller att också de felaktiga svaren är olika och att svårighetsgraden därmed kan variera. Resultaten påverkas härigenom på landsnivå men inte på individnivå.

RESULTAT
Inledning

I följande avsnitt presenteras huvudresultaten av de olika delundersökningarna *Internordisk språkförståelse i en tid med ökad internationalisering*. Av utrymmesskäl blir genomgången översiktlig med fokus på frågeställningarna i inledningen till artikeln. Först presenteras resultatet av grannspråksundersökningen (Huvudundersökning A och B), varefter resultaten hos de infödda informanterna särskiljs från invandrarnas resultat. Efter detta presenteras resultaten för respektive testort innan jag går över till engelskundersökningen (Specialundersökning 1). Avslutningsvis presenterar jag resultatet av föräldraundersökningen (Specialundersökning 2).

Resultatet av grannspråksundersökningen

I Tabell 3 nedan presenteras resultatet av Huvudundersökning A och B. Informanterna i Skandinavien och Svenskfinland har svenska, norska eller danska som modersmål och/eller nationalspråk och har följaktligen testats på de två övriga skandinaviska språken. Övriga informanter har dessa testats på alla de tre skandinaviska språken (det tredje språket testades de på tillsammans med engelskan).

Tabell 3. Resultatet av grannspråksundersökningen totalt

Land	Testspråk danska	Testspråk norska	Testspråk svenska	Grannspråken totalt
Danmark	-	4,15	3,59	3,87
Sverige	3,80	4,97	-	4,38
Norge	6,07	-	6,21	6,14
Svenskfinland	3,64	4,76	-	4,20
Finland	1,54	1,63	3,24	2,14
Färöarna	8,28	7,00	5,75	7,00
Island	5,36	3,40	3,34	4,03
Grönland	6,61	3,73	2,23	4,19

Siffrorna i Tabell 3 visar det genomsnittliga resultatet på vardera grannspråket. De utgör i sin tur genomsnittet av de tre olika testen (videosekvens, radiouppläsning, tidningsartikel), och maximal poäng är tio.

Norrmännen är betydligt duktigare än svenskar och danskar på att förstå grannspråk, och svenskarna, även de i Svenskfinland, är i sin tur duktigare än danskarna. Norrmännen presterade klart bäst även i Mauruds undersökning från 1976; även om resultaten inte är direkt jämförbara – Maurud hade andra informanter och testen skilde sig i uppläggningen på vissa punkter – verkar det således som om resultaten fortfarande står sig i detta avseende. Å andra sidan har svenskarna och danskarna bytt plats om man jämför Mauruds resultat med våra; danskarna förstod enligt Mauruds undersökning grannspråken bättre än svenskarna, men nu är det alltså tvärtom. Detta beror delvis på att vi undersöker även Malmö.

Vidare är det förutom i Norge relativt stora skillnader när det gäller skandinavernas förståelse av de enskilda grannspråken; såväl danskar som svenskar förstår norska betydligt bättre än sitt andra grannspråk, medan norrmännen klarar danska och svenska ungefär lika bra.

Färingarna uppvisar det klart bästa resultatet och är alltså duktigare än skandinaverna när det gäller grannspråksförståelse; de är dock markant bättre på danska och norska än på svenska. Även islänningarna är betydligt duktigare på danska än på de båda andra skandinaviska språken. Det sämsta totalresultatet uppnår finnarna, och det sämsta delresultatet är deras snitt på det danska testet.

Resultatet för infödda respektive invandrare

Vi har i enkäterna efterfrågat informanternas hemspråk för att i undersökningen kunna studera eventuella skillnader i grannspråksförståelse mellan infödda och invandrare. Som 'invandrare' kategoriseras här alla informanter som har ett annat språk än nationalspråket som språk i hemmet. Övriga kallas 'infödda'. Alla som har något av de två andra skandinaviska språken som hemspråk har räknats bort i materialet. I Tabell 4 presenteras endast resultatet för de tre skandinaviska länderna då andelen invandrare i övriga länder i undersökningen är för låg för att några slutsatser ska kunna dras.

Tabell 4. Resultatet för infödda och invandrare

Land och infödda/invandrare	Testspråk danska	Testspråk norska	Testspråk svenska	Grannspråken totalt
Danmark: INF	-	4,35	3,67	4,01
Danmark: INV	-	3,63	3,04	3,34
Norge: INF	6,55	-	6,75	6,65
Norge: INV	4,61	-	4,57	4,59
Sverige: INF	4,26	5,24	-	4,75
Sverige: INV	2,87	4,39	-	3,63

De infödda informanterna uppvisar bättre resultat än de invandrade i alla tre länderna (och på alla sex orterna), vilket visar att hemspråk är en mycket viktig faktor vid grannspråksförståelse. Skillnaden är störst i Norge, men fortfarande är de norska invandrarna betydligt duktigare än invandrarna i Sverige och Danmark och även duktigare än de infödda danskarna och nästan i paritet med de infödda svenskarna. När det gäller danska är de norska invandrarna duktigare än även de infödda svenskarna, och att de infödda svenska informanterna hamnar över de invandrade norrmännens totalsnitt beror således på deras förståelse av norska.

Invandrarna i Norge och Danmark har ungefär lika svårt för båda grannspråken medan invandrarna i Sverige klarar danskan markant sämre än norskan; skillnaden är betydligt större här än för de infödda, som ju även de klarar norskan bättre.

Resultatet på de olika undersökningsorterna
I presentationen av resultatet på de olika undersökningsorterna har invandrarna räknats bort eftersom hemspråk har visat sig vara en utslagsgivande faktor som vi ville ha eliminerad på denna nivå. I Tabell 5 står Helsingfors och Vasa med på två ställen eftersom vi här har såväl finskspråkiga som svenskspråkiga klasser.

I städer som är stjärnmärkta har någon siffra i resultatberäkningen konstruerats på grund av litet material. Resultatet i dessa städer bygger således på uppskattningar.

Tabell 5. Resultatet på de olika undersökningsorterna

Stad	Snitt	Stad	Snitt
Århus	4,19	Helsingfors(fi)	2,21
Köpenhamn	3,85	Vasa(fi)	1,85
Malmö	5,02	Jyväskylä*	2,07
Stockholm	4,50	Reykjavik	4,10
Bergen	6,32	Akureyri	4,61
Oslo	6,84	Torshamn	7,00
Helsingfors(sv)	3,56	Nuuk	4,19
Vasa(sv)*	5,10		
Mariehamn	4,58		

Enligt Tabell 5 är informanterna i de skandinaviska huvudstäderna med undantag av informanterna i Olso sämre än i motsvarande andra stad; i Danmark är skillnaden mellan Köpenhamn och Århus markant, medan den är mycket mindre – och i det närmaste lika stor – i Stockholm jämfört med Malmö. Att informanterna i Malmö har ett bättre resultat än informanterna i Stockholm beror på att de förstår danska betydligt bättre, något som understryker betydelsen av kontakt för grannspråksförståelsen. Förhållandet mellan huvudstad och andrastad gäller finlandssvenskarna i Helsingfors i förhållande till Vasa, men det omvända bland de finskspråkiga informanterna i samma städer; informanterna i Helsingfors klarar sig bättre än de i Vasa. Över lag är det – som väntat – också stora skillnader mellan de svenskspråkiga och de finskspråkiga informanternas grannspråksförståelse i Finland.

Resultatet av engelskundersökningen
I Tabell 6 presenteras motsvarande resultat för engelskundersökningen. Vi har inget material från engelskundersökningen på Grönland, och detta fält är därför tomt. Man ska ta i beaktande att det bara deltar få informanter i de icke-skandina-

viska städerna, varför resultatet i stor utsträckning blir beroende av vilket test informanter gjort.

Tabell 6. Resultatet av engelskundersökningen

Land	Snitt	Land	Snitt
Danmark	5,70	Finland	6,02
Sverige	7,08	Färöarna	7,60
Norge	7,09	Island	7,17
Svenskfinland	7,66	Grönland	-

Enligt Tabell 6 har alla informanter bättre resultat på engelskundersökning än på grannspråksundersökningen; norrmännen är dock bättre på svenska än engelska, något som framkom i Tabell 3. Danskarna är sämst på engelska, något bättre än finnarna, medan övriga uppnår ett betydligt bättre resultat och också är ungefär lika duktiga.

Resultatet av föräldraundersökningen

Föräldraundersökningen är fortfarande inte fullständig, och därför presenteras här endast resultatet av föräldraundersökningen i Köpenhamn, Malmö, Stockholm, Bergen och Oslo. Resultaten är dock ganska entydiga och ger en tydlig indikation om hur föräldrarna klarar sig gentemot ungdomarna. I jämförelsen i Tabell 7 nedan är bara de gymnasister medräknade vars föräldrar deltagit i undersökningen. Notera att är föräldradeltagandet i Stockholm är jämförelsevis litet och resultatet därför osäkrare.

Tabell 7. Resultatet av föräldraundersökningen

Stad	Antal föräldrar	Snitt	Ungdomarnas snitt	Differens
Köpenhamn	46	6,48	3,79	-2,69
Malmö	35	6,95	5,26	-1,69
Stockholm	12	7,28	5,42	-1,86
Bergen	25	7,53	6,38	-1,15
Oslo	34	8,28	7,05	-1,23

Av Tabell 7 att döma är föräldrarna genomgående duktigare än sina barn på att förstå grannspråken; i Köpenhamn är skillnaden hela 25%. Ett större ordförråd hos föräldrarna kan förklara vissa delar av skillnaderna men inte att skillnaderna är så pass stora eller att föräldrarna är bättre på båda grannspråken och på alla testmoment.

AVSLUTANDE KOMMENTAR

Avslutningsvis försöker jag utifrån de presenterade resultaten besvara de frågor som projektet *Internordisk språkförståelse i en tid med ökad internationalisering* inledningsvis ställde. Skandinaver är inte är särskilt duktiga på att förstå varandras språk, även om norrmännen är betydligt duktigare än både svenskar och danskar. Svenskarna är å andra sidan duktigare än danskarna, vilket inte var fallet i Mauruds undersökning. Invandrarna i Skandinavien presterar klart sämre än infödda, men invandrarna i Norge är å andra sidan lika duktiga, om inte duktigare, på grannspråksförståelse än infödda danskar och svenskar. Utanför Norden är situationen den att färingarna är bäst, till och med bättre än skandinaverna, och finnarna är sämst.

Med utgångspunkt i resultaten av föräldraundersökningen verkar det dels som om stigande ålder hjälper till när det gäller att förstå sina grannspråk, dels som om ungdomar idag är klart sämre på grannspråksförståelse än de varit tidigare. Kontakt med grannspråken verkar också spela roll för grannspråksförståelsen, men denna faktor är inte lika avgörande som hemspråksfaktorn.

Gymnasisterna i Norden idag är dock duktiga på att förstå engelska, och så gott som alla informanter uppnår ett högre resultat på engelsktestet än på grannspråken.

NILS ØIVIND HELANDER

De samiske språkene

I denne artikkelen om de samiske språkene begynner jeg med å beskrive utbredelsesområdet for språkene. Samer har i tillegg til samisk tilhørighet også nasjonalstatstilhørighet. Jeg gir noen eksempler på hvordan samisk tilhørighet gjenspeiles i språket før jeg presenterer det språklige mangfoldet og drøfter en del problemstillinger knyttet til benevnelsene dialekt og språk. Deretter skriver jeg litt om samisk som et finsk-ugrisk språk og om bruken av samisk som skriftspråk. Avslutningsvis tar jeg opp de samiskspråkliges muligheter til å bruke sitt språk og arbeidet med både vitalisering og revitalisering av de samiske språkene.

De samiske språkene har sitt hovedområde innenfor et langstrakt landområde som strekker seg fra Hedemark sør i Norge nordover på begge sider av kjølen både på norsk og svensk side nordøstover til ytterst på Kolahalvøya i Russland. På finsk side snakkes samisk i dag i de nordlige områdene av Lapplands län. *Sápmi* kaller samene hele dette sitt tradisjonelle bosetningsområde. Det brukes også som benevnelse på språket parallelt med benevnelsen *sámegiella* (giella = språk). I våre dager kan man høre samisk språk også utenfor dette området, som for eksempel i de nordiske hovedstedene Helsingfors, Stockholm og Oslo der det bor et forholdsvis stort antall samer.

BÅDE SAMISK OG NORSK

Som norske statsborgere oppfostres vi med en norsk nasjonal tilhørighet. Denne går ofte på tvers av den samiske tilhørigheten i den forstand at tilhørighet i det samiske fellesskapet går på tvers av riksgrensene. Mens riksgrensene i hovedsak følger landeryggen, har de naturlige ferdselsårene både for mennesker og dyr fulgt elveleier og dalsøkk fra innland ut mot kysten. Disse naturgitte ferdselsårene gjenspeiles også som områder med felles dialekter, joikemåter, klesdrakt og håndverkstradisjoner. Den samiske tilhørigheten på tvers av landegrensene er ofte svært konkret og nær også som følge av slektskapsforhold og giftermål.

Svært meget er likt i dagens nordiske og samiske verden. Ulikhetene har blitt mindre som følge av nær kontakt og ikke minst under påvirkning av riksinstitusjonene som skole, kirke, rettsvesen og forsvar. I vår moderne tid skjer kulturpåvirkninger ikke minst gjennom ulike massemedier. Men like fullt er det fremdeles helt vesentlige forskjeller mellom den norske og den samiske kulturen. Den mest åpenbare forskjellen er nettopp språkforskjellen. Andre tydelige forskjeller finner man i nærings- og klestradisjoner. Disse tre elementene er også grunnleggende faktorer i det nettverket som danner grunnlaget for det som omtales som samisk etnisitet. Andre viktige, men for en forbifarende vanskelig observerbare etnisitetselementer er sosiale bånd som slekts- og områdetilhørighet, kulturelle og religiøse verdier og alt det andre immaterielle som til sammen utgjør de indre kjennetegn.

Jeg vil med eksempler fra samisk språk belyse hvordan noen av disse mindre observerbare etnisitetskjennetegnene manifesterer seg. Språket gjenspeiler på sin måte hva som er så sentralt eller viktig i en kultur at det har fått en "betydningsmerkelapp" representert ved leksemer eller ord.

Slektskapsrelasjoner dyrkes aktivt i det samiske samfunnet. Ordforrådet i samisk viser at man skjelner mellom tanter og onkler på mors og fars side, slik som også de mer arkaiske norske benevnelsene moster, faster, morbror og farbror gjør. I tillegg gjør samisk forskjell på mostre om de er eldre (*goaski*) eller yngre (*muottá*) enn mor og farbrødre om de er yngre (*čeahci*) eller eldre (*eahki*) enn far. Også rituelt slektskap som dåpsslektskap har en sentral betydning i det tradisjonelle samiske samfunnet. Derfor kom det reaksjoner da det ble foreslått å begrense antall faddere til maksimalt seks personer. Det ville bety en redusert mulighet å knytte alle de dåpsslektskapsbånd man ønsket. I det samiske språket gjenspeiles dette sosiale nettverket ved at man har egne benevnelser ikke bare for fadderne, men også for deres barn. Det betyr at man i samisk også har benevnelser for "gudbror" (*risviellja*) og "gudsøster" (*ristoabbá*) som er resiproke benevnelser for faddernes barn og dåpsbarnet.

I samisk navnetradisjon spiller oppkalling en sentral rolle. For en utenforstående kan det synes rart at man ved søk i <telefonkatalogen. no> for for eksempel Kautokeino finner tilsammen omkring 20 personer med navnet *Johan Hætta*, flere til og med med samme tilleggsnavn som for eksempel *Mikkel*. Likeledes finnes også i underkant av 20 personer med navnet *Inga Eira*, noen med samme, andre med ulike mellomnavn. Forklaringen finner man i oppkallingstradisjonen som ytterligere forsterker slektskapsbåndene. For eksempel vil den av besteforeldrene som barnet er oppkalt etter benevnes som navnebestemor (*gáibmeáhkku*) eller navnebestefar (*gáibmeáddjá*). Eksemplene ovenfor er gjort med søk på etternavn og gjelder således bare som eksempel på et begrenset antall personer som har blitt oppkalt. Barnet kan også bli oppkalt etter en annen som man har en nær tilknytning til.

De offisielle norske navneformene slik de bl.a. forekommer i telefonkatalogen, gjenspeiler ikke den reelle navnebruken på samisk. Likelydende Johan Hætta-navn er på samisk ikke likelydende, da man benevner disse med samiske slektsbenevnelser eller en av foreldrenes eller også besteforeldrenes navn som bestemmende førsteledd. Som nærmere bestemmelser kan også brukes stedsnavn, adjektiv og yrkesbetegnelse. (Mer om samisk navnetradisjon, se Helander 2000.)

Oppkallingstradisjonens sentrale rolle i det samiske sosiale nettverket gjenspeiles i måten disse forhold blir omtalt på. Også på norsk brukes for eksempel navnebror og navnesøster som omtaleord. På samisk brukes de i tillegg også som tiltaleord og signaliserer således en spesiell nærhet i en samhandlingssituasjon. Denne forskjellen kan sammenlignes med bruk av 2. og 3. persons pronomener for den man snakker med og den man snakker om. På samme måte brukes også benevnelsene i fadderskapsordningen. Som eksempel på tilsvarende bruk på norsk ville man for eksempel kunne si: "god dag gudsøster" eller "ha det bra navnebror". Med denne 2. persons bruken omgås man med en spesiell nærhet og tilknytning. Også det finske språket har en lignende bruk av tilsvarende ord som kan belyses med den folkelige uttrykksmåten for disse relasjonene: "Mors fars gudfars navnebror".

SAMISKE DIALEKTER ELLER SPRÅK?

Det gis ikke noe entydig svar på forskjellen mellom språk og dialekt. Dette forholdet kan vurderes ut fra ulike perspektiv. Historisk er det på det rene at de samiske språkene kan tilbakeføres til et felles opphav som senere har utviklet seg til forskjellige dialekter. Ut fra et slikt synspunkt kan man således oppfatte de samiske hoveddialektene som nettopp dialekter av samme språk. Også ut fra det forhold at geografisk nærliggende varianter av samisk ikke er mer forskjellige enn at nabodialekter er innbyrdes forståelige, er det i slike tilfeller naturlig å oppfatte forskjellene som dialektforskjeller. Men når forskjellene blir så store at man ikke forstår hverandre, er det ikke lenger vanlig å omtale dette som dialektforskjeller, men som språkforskjeller. Selv om man i det samiske språkområdet opplever at nabodialekttalende forstår hverandre, er forskjellene så store mellom fjerntliggende språkgrupper at kommunikasjon ikke er mulig. Ut fra dette er det da naturlig å betegne språkgruppene som forskjellige språk på samme måte som for eksempel norsk og islandsk er forskjellige språk, selv om de har et felles opphav. Man forklarer også store språkforskjeller mellom nærliggende grupper ved at mellomliggende dialektgrupper har forsvunnet i tidens løp.

Som en følge av slike språkforskjeller har det også blitt utviklet egne skriftspråk for til sammen seks av de ti samiske språkene. På norsk og svensk side gjelder dette sørsamisk, lulesamisk og nordsamisk. Også de nordsamisktalende på finsk side har den samme ortografi som på norsk og svensk side. På finsk side har dessuten enaresamisk og østsamisk hvert sitt rettskrivningssystem. Blant de samiske språkene på russisk side har kildinsamisk sitt eget rettskrivingssystem som bruker det kyrilliske alfabetet. De forskjellige måtene å skrive ordet "innsjø" på viser ortografiske forskjeller som også gjenspeiler lydlige forskjeller mellom de ulike språkene for et felles ord med samme betydning:

jaevrie (sørsamisk)
jávrre (lulesamisk)
jávri (nordsamisk)
jävri (enaresamisk)
jäu´rr (skoltesamisk)
я ε ε ь р (kildinsamisk)

Forskjellene mellom de ulike språkene beror også til dels på ulikheter i ordforråd, nedenfor eksemplifisert med verbet "å forstå":

guarkedh (sørsamisk)
dádjadit; buojkkat (lulesamisk)
áddet, ipmirdit (nordsamisk)
addid; iberdid (enaresamisk)
fi´ttjed (østsamisk)

Det er også forskjeller i ordbøyning. For eksempel ender akkusativ entall i sørsamisk på *m*, i lulesamisk på *v* og i nordsamisk på vokal, her eksemplifisert med ordet for *hånd*:

gietem (sørsamisk)
giedav (lulesamisk)
gieđa (nordsamisk)

Til dels er det og grunnlegende forskjeller i setningsbygning, her eksemplifisert med eierkonstruksjon (Lars har hund eller en hund) i sørsamisk, lulesamisk og nordsamisk:

Laaran (lea) bienje. (sørsamisk)
Lássi adná beadnagav. (lulesamisk)
Lásses lea beana. (nordsamisk)

I tillegg til de samiske språkene som har egne rettskrivningssystemer, har man umesamisk og pitesamisk mellom den sørsamiske og lulesamiske språkgruppen. På Kolahalvøya finner man i tillegg til kildinsamisk også tersamisk og akkalasamisk.

1. Sørsamisk 2. Umesamisk 3. Pitesamisk 4. Lulesamisk 5. Nordsamisk
6. Enaresamisk 7. Skoltesamisk 8. Akkalasamisk 9. Kildinsamisk 10. Tersamisk
   (Kartet er utarbeidet av John Markus Kuhmunen, Sametinget, på grunnlag
   av ClipArt og Davvi Girji.)

SAMISK – ET FINSK-UGRISK SPRÅK

Forestillingen om språklig slektskap bygger på ideen om et opprinnelig felles språk som med tiden har blitt splittet opp i varianter som etter hvert har blitt så forskjellige at de er å oppfatte som forskjellige språk. Benevnelsen finsk-ugrisk forteller at samisk er i slekt med finske og ugriske språk. Blant de finske språkene regnes i tillegg til finsk også de andre såkalte østersjøfinske språkene karelsk, vepsisk, votisk, estisk og livisk. Disse er de nærmeste slektingene til de samiske språkene. Fjernere slektsspråk er de såkalte volga-finske språkene tjeremissisk eller mari og mordvinsk som omfatter erza og moksja. Enda fjernere slektninger er de permiske språkene komi (syrjensk) og udmurt (votjakisk). Til den ugriske gren av språkfamilien hører ungarsk og de obugriske språkene mansi (vogulsk) og hanti (ostjakisk). I videre sammenheng utgjør de finsk-ugriske språkene en gren av den uralske språkfamilien med etterkommere av den ursamojediske språkgruppen som den andre grenen.

Likheten mellom de samiske språkene og finsk som det nærmeste slektsspråket finner man både som strukturelle likheter og likheter i ordforråd. Fra fellesordforrådet helt tilbake fra den finsk-ugriske epoken kan nevnes *eahki* 'farbror, eldre enn far'; *čáhci* 'vann'; *čeahppi* 'flink'. Følgende samiske og finske ordpar viser likheten mellom disse to språkene i vår tid: sa. *liepma* ~ fi. *liemi* 'buljong'; sa. *dálvi* ~ fi. *talvi* 'vinter'; sa. *njeallje* ~ fi. *neljä* 'fire'.

Fra det aller eldste felles ordforrådet som går helt tilbake til det uralske urspråket har man i samisk og finsk for eksempel ord som sa. *njuolla* ~ fi. *nuoli* 'pil'; *namma* ~ *nimi* 'navn' og *mannji* ~ *miniä* 'svigerdatter'. En god del av det felles ordforrådet har utviklet seg forskjellig i samisk og finsk slik at de ikke er så lett igjenkjennbare for en ikke-språkhistoriker. Særutviklingen kan gjelde både lydforhold og betydning. For eksempel heter ordet for øye *čalbmi* på *samisk* og *silmä* på finsk. Som eksempel på særutvikling som også gjelder betydning kan nevnes det samiske ordet for veg, *geaidnu*, som svarer til det finske ordet *keino*, som betyr middel eller utvei. (Korhonen 1981: 79, 84.)

Sammenlignet med de skandinaviske språkene kjennetegnes de samiske språkene ved en omfattende ordbøyning der de skandinaviske språkene bruker flere ord for å uttrykke samme forhold. Dette kan eksemplifiseres med noen eksempler fra samisk substantivbøyning i entall og bruk av preposisjoner på norsk:

vistái = inn i huset
visttis = inne i huset eller ut av huset
visttiin = med huset

Eksemplene viser at samisk representerer en syntetisk uttrykksmåte og norsk en analytisk uttrykksmåte. Ordbøyning har også betydning for setningsbygning. I norsk bestemmes setningens subjekt og objekt av posisjon i setningen, i samisk markeres disse setningsleddene med bøyning (kasus):

Ulven spiste reven. = *Gumpe* (nominativ) *borai riebana* (akkusativ).

Denne forskjellen gjør det for samisk mulig å snu om på den vanlige ordstillingen (*Riebana borai gumpe*) uten at betydningen forandres, jfr. *Reven spiste ulven*, som gir en annen betydning.

Muligheten til å lage ordavledninger bidrar også sterkt til formrikdommen i samisk, her eksemplifisert med noen avledninger av verbet *lohkat* 'å lese eller å telle': *logastit* 'å lese eller telle litt eller raskt', *lohkalit* 'å lese eller telle raskt', *logadit* 'å drive på å lese eller å telle', *logahit* 'å få noen til å lese eller å telle', *logahallat* 'ha flere til å lese eller å telle', *lohkkojuvvot* 'å bli lest eller telt', *lohkagoahtit* å begynne å lese eller telle', *logaldallat* 'å forelese'. Noen avledninger lar seg kombinere, som for eksempel *lohkalastit* 'raskt lese litt', *lohkagoahtit* 'å begynne å lese', *logadišgoahtit* 'å begynne å drive på med å lese'. En del avledningsendelser gjør det mulig å lage avledninger som representerer nye ordklasser, som f.eks *lohkki* 'en leser', *lohkan* 'lesning eller telling', *logus* 'lesestoff, noe å lese', *lohku* 'antall, tall, regnskap', *lohkamuš* 'noe å lese eller telle', *logakeahttá(i)* 'ulest, utelt', *logahahtti* 'lesbar, tellbar', *lohkalas* 'tilbøyelig til å lese eller telle', *lohkameahttun* 'utallig', *logaldallan* 'forelesning'.

SAMISK SOM SKRIFTSPRÅK

Språkutvikling skjer både naturlig ved at språket brukes og som bevisst språkutviklingsaktivitet. Det bevisste språkutviklingsarbeidet ble i begynnelsen drevet i regi av språkfagfolk med tilknytning til det fellesnordiske samiske samarbeidet som sto for organiseringen av samekonferanser siden begynnelsen av 1950-tallet. Den såkalte kulturordskomiteen gjorde en grunnleggende innsats i arbeidet med å skape ny terminologi. Det var først og fremst behovene for ny terminologi for formidling av samisk nyhetsstoff i samiske aviser og radiosendinger som markerte behovet for dette språkutviklingsarbeidet. Etter hvert som samisk språk også fikk plass i skolen, ble det et behov for å utvikle ordforråd til bruk for ulike skolefag.

Man kan tydelig se språkutviklingsarbeidet i prosessen med å etablere et skriftspråk. Dette arbeidet ble også for de samiske språkenes vedkommende satt i gang av prester som hadde som sin oppgave å spre kirkens budskap til det samiske folket. De eldste bokutgivelsene er fra første halvdel av 1600-tallet og de ble utgitt i Sverige. I 1648 utga presten Johannes Jonæ Tornæus kirkehåndboken Manuale Lapponicum med hvilken han gjorde et mislykket forsøk på å skape et fellessamisk skriftspråk. Tornæus hadde tatt utgangspunkt i den nordsamiske tornedialekten, men de senere utgivelsene holdt seg til sørligere dialekter. Før denne utgivelsen var det utgitt et par ABC-bøker og katekismer. Tornæus sin håndbok ble i 1669 etterfulgt av Olaus Stephani Graan sin mindre versjon utgitt på den nordligste variant av sørsamisk.

Bibeloversettelser har hatt en sentral rolle i utviklingen av de samiske skriftspråkene. I perioden 1701-1713 oversatte den samiske presten Lars Rangius, født i Ume lappmark. hele Det nye testamentet. Mens denne oversettelsen ble værende som en håndskriftsamling på Uppsala bibliotek, utga presten Petrus Fjellström fra

Silbojokk i Pite Lappmark sin oversettelse av Det nye testamentet i 1755. Denne oversettelsen var gjennomgått og normert av prester fra Torne lappmark i nord til Åsele lappmark i sør. Denne språkformen kom til å bli kalt "det sydlapska skriftspråket" i motsetning til det "nordlapska skriftspråket" som i 1840-årene ble utviklet av den kjente presten og vitenskapsmannen Lars Levi Læstadius. Disse skriftspråkene må ikke forveksles med dagens sørsamiske og nordsamiske skriftspråk. "Det sydlapska skriftspråket" er nærmest pitesamisk som i dag har svært få språkbrukere, mens det "det nordlapska skriftspråket" nærmest må sies å representere lulesamisk. Den første fullstendige bibeloversettelsen på samisk er skrevet på "det sydlapska skriftspråket", ble utgitt i 1811 og bygger på tidligere arbeider av flere oversettere. (Bergsland 1984: B 44.) På nordsamisk forelå en fullstendig bibeloversettelse i 1895 og på lulesamisk utkom Det nye testamentet i 1903. Selv om bokkulturen ikke har hatt så stor plass i det samiske samfunnet, så har de religiøse tekstene skapt et grunnlag for den videre utviklingen av de forskjellige samiske skriftspråkene. Både på nordsamisk og lulesamisk har det nylig utkommet nyoversettelser av Det nye testamentet og for nordsamisk er det nå i gang et arbeid med nyoversettelse også av Det gamle testamentet.

I det nordsamiske språkområdet der bruken av skriftspråket er mest utbredt, ble samisk skriftspråk før 1970-tallet brukt i et fåtall samiske aviser og det ble også utgitt noen få skjønnlitterære bøker. Etterkrigstidens mildere klima for samisk kulturutfoldelse førte etter hvert til en litterær blomstringstid i den forstand at det tok til å komme ut orginallitteratur på samisk i et omfang som man aldri før hadde opplevd. Dette sammen med det forhold at samisk språk også har blitt et skolespråk er hovedårsaken til at skriftspråket har begynt å få et bedre fotefeste. Også det forhold at språket etter hvert har etablert seg som et avis- og tidsskriftspråk bidrar sterkt til å styrke samisk skriftspråkskultur. Forutsetningene for synliggjøring av samisk språk er også styrket gjennom lovverk som har som formål å verne om bruk av samisk språk i offentlig sammenheng, blant annet også i form av synliggjøring av samiske stedsnavn på veiskilt og på kart.

DE SAMISKSPRÅKLIGES MULIGHETER TIL Å BRUKE SITT SPRÅK

Mens man i de senere år har vært bekymret for at riksspråkene trues av engelsk på en del sentrale samfunnsområder, har samisk språk i sin helhet vært truet av dominerende riksspråk, ikke bare på grunn av disse språkenes tallmessige overlegenhet, men også på grunn av aktive tiltak for motarbeidelse av samisk språk. Samisk språk lever i en tid med alvorlige følger av tidligere tiders motarbeidelse samtidig som man nå nyter godt av en del tiltak for å bøte på gammel urett. Følgene av tidligere tiders språkpolitikk overfor samisk er bl.a. det at man nå flere steder opplever bestrebelser med revitalisering av språket. En del steder er dette viktige språkarbeidet organisert i forbindelse med opprettede språksentre (på norsk side) og ved hjelp av såkalte språkreir for barn (på finsk side). Flere steder har man svært positive erfaringer med slikt revitaliseringsarbeid. Dette arbeidet forgår i skyggen av en UNESCO-rapport som slår fast at alle de samiske språkene står i fare for å dø ut. Noen er mer truet enn andre. Men vi lever med det utgangspunkt, at vi ikke vil la andres meninger om liv og død for vårt språk være bestemmende for hvordan vi forholder oss til språket som det grunnleggende redskap for bearbeidelse og formidling av våre tanker og følelser, uttrykt både i hverdagsspråket, som skolespråk, som mediaspråk og som litterært språk.

Samiskspråklige, som svært mange minoritetsspråktalende, er ofte i en situasjon der de må gjøre rede for mange sider ved det å være samiskspråklig. Som regel skjer dette i en ikke-samiskspråklig kontekst. De vanligste spørsmålene av faktatypen er: hvor snakkes det samisk? hva slags språk er samisk? og hvor mange er det som snakker samisk?

De to første spørsmålene har jeg forsøkt å besvare ovenfor. Hva gjelder antall samiskspråklige, er det ikke mulig å gi et eksakt svar. Sametinget i Sverige anslår det totale antallet samiskspråklige til å være ca. 35000-40000[1]. Et slikt antall er i samsvar med resultatene fra en undersøkelse gjort av Sametinget i Norge som anslår antall samiskspråklige i Norge til ca. 25000 og opplysninger hos Sammallahti (1998) som anslår antall samiskspråklige i Sverige til 7000, Finland mindre enn 3000 og 1000 i Russland.

Situasjonen for de ulike samiske språkene er forskjellig både hva angår antall språkbrukere og bruk av språket som skriftspråk. Det største antall samisktalende (mer enn 75 %) snakker nordsamisk, som også er det samiske språket som har sterkest litterær tradisjon.

Styrking av samisk språk ble sett på som en viktig oppgave allerede da samene tok til å organisere seg på begynnelsen av 1900-tallet, men det var først mot slutten av det samme århundrede og i begynnelsen av år 2000 at de samiske språkene i de nordiske landene fikk delvis status som offisielle språk og ble beskyttet av språklover. Lovbeskyttelsen gjelder ulikt både i forhold til språkgrupper og geografiske områder. Dette språkpolitiske arbeidet var en sentral oppgave for den fellessamiske språknemnda som ble opprettet i 1974. Allerede før den tid hadde språkarbeidere og -forskere gjennom arbeidet i de nordiske samekonferansene etablert et samarbeid med hovedvekt på utvikling av ny terminologi. Senere kom også arbeidet med å få til felles rettskrivninger for de språkene som tales i flere land til å stå sentralt. Denne prosessen ble fullført i 1982 da man også kom frem til enighet om en felles rettskrivning for lulesamisk.

Det organiserte samiske språkarbeidet er etter opprettelsen av sametingene i Finland, Norge og Sverige styrket med egne språkorgan og egne sekretariater. Den felles samiske språknemnda er nå utvidet med representanter for samene på russisk side og organisert under ledelse av samisk parlamentarisk råd som er et fellesorgan for de tre sametingene.

VITALISERING OG REVITALISERING AV SPRÅKET

De store forskjellene på språksituasjonen i de ulike samiske områdene gjør det mulig å beskrive språktilstanden både fra et vitaliseringsaspekt og fra et revitaliseringsaspekt. Vi kan omtale det aktive arbeidet for utvidelse av samiske språkdomener som et vitaliseringsarbeid og gjenoppliving av bruk av samisk språk i områder der det er i ferd med å forsvinne kan vi betrakte som et språklig revitaliseringsarbeid. I det første tilfellet er det snakk om å utvide språkets bruksområder som for eksempel innen offentlig administrasjon eller spesifikke fagområder som teknologi, økonomi osv. I det andre tilfelle er det mer snakk om å gjenopplive språket innen et bestemt geografisk område der det har vært brukt tidligere.

Det foregår for tiden et aktivt arbeid både i regi av såkalte språksentre og språkreir. Utgangspunktet for det språkarbeidet som drives i regi av disse, er at det må gjøres en aktiv innsats for å gjøre det mulig for folk å bruke samisk i det daglige liv. På norsk side er det nå til sammen åtte språksentre i samiske områder der språket trenger institusjonell støtte for å kunne overleve. I tillegg til hovedvirksomheten med tilrettelegging og gjennomføring av ulike typer språkkurs, driver sentrene også med andre kulturelle aktiviteter som for eksempel ulike håndverkskurs. Språkreirvirksomheten drives hovedsakelig på finsk side og i dette arbeidet har man vært spesielt opptatt med å overføre språket til nye generasjoner barn og ungdom. Viktigheten av språklig revitaliseringsarbeid ble også nylig uttrykt gjennom tildeling av den første allsamiske språkprisen. Den ble delt mellom Anarâškielâ servi (foreningen for enaresamisk i Finland) og den sørsamiske språkforkjemperen gjennom et langt liv, Ella Holm Bull fra Snåsa i Norge, som sammen med professor Knut Bergsland også har vært en pioner i arbeidet med utviklingen av sørsamisk skriftspråk.

Det språklige revitaliseringsarbeidet som drives i de mest utsatte språkområdene er avgjørende for om man skal lykkes med fortsatt å opprettholde disse områdene som samiskspråklige områder. I tillegg til enkeltmenneskers innsats for å styrke bruken av samisk i dagliglivet, trenges også aktiv innsats fra offentlige institusjoner. Selv etter at man har fått et lovverk som beskytter bruk av samisk språk i offentlig sammenheng, har offentlige etaters engasjement i samiske språkspørsmål vært svært varierende.

TOSPRÅKLIGHET – EN UTFORDRING

Tospråklighet er en uttrykt målsetting i de samiskspråklige områdene. I realiteten betyr det at de aller fleste samiskspråklige blir funksjonelt tospråklige, mens de fleste norskspråklige ikke lærer seg samisk. Det betyr at norsk blir omgangsspråket i svært mange situasjoner. I offentlig administrasjon og tjenesteyting forsøker man å gjøre det mulig for samisktalende å kommunisere på samisk via tolk, men svært mange tospråklige velger å snakke norsk til en ansatt som ikke forstår samisk. Dette fører til at omgangsspråket i offentlige institusjoner også i de mest samiskspråklige områdene forblir enspråklig norsk. Dersom det skal være et realistisk håp om å utvide domenet for bruk av samisk språk til å gjelde disse institusjonene, må det derfor til en adskillig mer aktiv holdning til samisk språkfremmende tiltak enn bruk av tolketjeneste. Den eneste måten å bevare og utvikle et språk på er å bruke det i så mange sammenhenger som mulig.

For å styrke fremtiden for samisk språk, er det også viktig at språket synliggjøres i en langt større grad enn tilfellet er i dag. Tradisjonelt har samisk primært vært den private sfæres muntlige språk. Svært få samiske barn har vokst opp med bruk av samisk skriftspråk hjemme, fordi skolespråket tradisjonelt har vært nasjonalstatenes majoritetsspråk. Aktiv bruk av skriftspråket i den forstand at det blir skrevet på samisk, begrenser seg til familier der foreldre i forbindelse med sitt arbeid er vant til å skrive på samisk. Først nå vokser det opp en generasjon hvis foreldre har lært å lese og skrive på skolen i noen av de sentrale samiskspråklige områdene.

Skriftspråkskulturen er så majoritetsspråkdominert at selv samiske skoler i kjerneområdene for samisk språk sliter med å opprettholde samisk skriftspråksaktiviteter, spesielt gjelder dette på ungdomstrinnet. Hovedårsaken er en kombinasjon av mangel på samiskspråklige læremidler og manglende samiskkunnskaper blant lærerne. Det sier seg selv at elever som leser minimalt med samiske tekster og som får svært lite trening i å skrive noe på samisk, har dårlige forutsetninger for å bli aktive skriftspråksbrukere. Svært meget av betingelsene for utviklingen av en aktiv skriftspråkskultur på samisk legges i løpet av skolegangen. Det er derfor en av den samiske skolens største utfordringer å tilrettelegge undervisning og opplæring slik at elevenes funksjonelle muntlige tospråklighet også kan bli skriftlig funksjonell tospråklighet. Det trenges også en større innsats for å legge forholdene bedre til rette for bruk av samisk i alle skolefag. Det er på den måten elevene får tilgang til det grunnleggende ordforrådet som de som samiskspråklige kan bygge videre på senere i livet og således som aktive språkbrukere være godt rustet til å kommunisere om vår mangfoldige verden også på samisk.

NOTER
1 www.sametinget.se (12.11.2004)

LITTERATUR
Bergsland, Knut 1984: *Eldre Samiske Tekster*. Institutt for språk og litteratur. Universitetet i Tromsø.

Helander, Kaisa Rautio 2000: Personnavn i nordsamisk navnetradisjon. – *Venneskrift til Gulbrand Alhaug*. Redigert av Tove Bull, Endre Mørck og Toril Swan. 76-80.

Helander, Nils Øivind 1997: State languages as a challenge to ethnicity in the Sami Land. – *Northern Minority Languages. Problems of Survival*. Ed. by Shoji, Hiroshi – Janhunen, Juha. Senri Ethnological Sudies no. 44. National Museum of Ethnology. Osaka. 147-159.

-------- 2003: Samisk språk fra et verdiperspektiv. – *Samer och ursprungsbefolkningars rättigheter*. Red. Claesson, Bo. Rapport 6 från Värdegrunden. Göteborg.

Korhonen, Mikko 1981: *Johdatus lapin kielen historiaan*. Suomalaisen kirjallisuuden Seura. Helsinki.

Sammallahti, Pekka 1998: *The Saami Languages. An Introduction*. Davvi Girji. Kárášjohka.

NAJA BLYTMANN TRONDHJEM

Fra Nuuk til ...? Hvad betyder dansk for grønlænderne?

HISTORISK OPSUMMERING

Gennem tiderne har dansk sprog haft forskellig betydning i Grønland. Fra Hans Egede kom i 1721 til 1950 hørte skolen under kirkeministeriet, Grønland var et lukket land for de fleste, og det var en almindelig opfattelse, at folket skulle beskyttes for at bevare sit kulturelle særpræg. Man mente også dengang, at Guds ord skulle tilegnes på modersmålet; derfor brugtes grønlandsk til undervisning og kommunikation. Dengang lærte de danskere, som boede i Grønland, i større eller mindre grad grønlandsk. Danskerne havde i almindelighed lederjob, f.eks. som præster, seminarielærere, handelsbestyrere og lignende.

Allerede omkring ca. 1800 kunne mange grønlændere læse og skrive, og bøgerne var for det meste Bibelen og andre religiøse skrifter. I midten af 1800-tallet blev kateketseminariet oprettet. Her blev unge mænd oplært til kateketer, dvs. de fik samme funktion som en degn. De skulle også undervise børn i folkeskolen. Ofte blev velfungerende fangere også udnævnt som undervisere for børn. Der blev udlært håndværkere og jordmødre i Danmark, og de blev sendt til forskellige steder på vestkysten. Så tidligt som fra 1850'erne blev der trykt bøger på grønlandsk i Nuuk, og verdens første avis med billeder i farver blev trykt i Nuuk sidst i 1800-tallet.

I 1925 fik man indført undervisning i dansk i folkeskolen, men kun få grønlændere kunne tale dansk. Der var få danskere, og i det daglige liv var dansk ikke nødvendig. Men den eksisterende elite, hovedsagelig lærere på seminariet og skolerne rundt omkring, var bevidste om behovet for at lære dansk, hvis man skulle uddanne sig til at styre sit land selvstændigt. I denne periode stod det grønlandske sprog stærkt som folkets sprog.

I 1953 blev Grønlands kolonistatus ophævet ved grundlovsændring. Grønland fik status som et amt i Danmark. Den såkaldte daniseringsperiode begyndte allerede ved nyordningen i 1950. Her var der tale om opbygning af landet; man ønskede at modernisere byerne og anlægge fabrikker, skoler, sygehuse osv. I skolen blev dansk prioriteret højt, så de grønlandske elever kunne komme til Danmark og få en uddannelse. I 50'erne og 60'erne var fødselstallet på sit højeste, og dette betød, at behovet for danske lærere steg, dels fordi der ikke var grønlandske lærere nok, men dels for at få højnet undervisningsniveauet til den danske standard. Da antallet af danske lærere var på sit højeste, var 2 ud af 3 lærere danske.

Fra 1959-67 skulle 1. klasserne lære at læse på dansk, og de fik først undervisning i grønlandsk fra 3. klasse. Der opstod massiv modstand mod dette, og efter 67 fik man som grønlænder fra skolestart undervisning på sit modersmål. Men man kunne stadig få dansk fra 1. klasse, hvis forældrene ville det. Fra 1961-75 blev grønlandske skoleelever sendt til Danmark et år for at lære dansk i 5.-6. klasse. De skulle så tilbage til Grønland og tage den danske realeksamen. Mange grønlandske forældre støttede daniseringstanken, og nogle familier især i Nuuk, opdrog deres børn med dansk sprog, således at de i dag er primært dansksprogede.

Industrialiseringen fra 50'erne til midt i 70'erne i Grønland medførte også, at der kom talrige danskere, især unge håndværkere, op for at bygge landet op. Mange af de danske unge mænd stiftede familie og er blevet i Grønland siden. Deres børn, blandingerne, er i dag for de flestes vedkommende kun dansksprogede, og få af disse er tosprogede dansk/ grønlandsk i varierende grad.

Reaktionerne mod den alt for hurtige udvikling og danisering startede allerede i midten af 60'erne, da man fra dansk side foreslog en nedprioritering af grønlandsk i folkeskolen. Unge grønlændere, som dengang var på uddannelse i Danmark, reagerede kraftigt imod forslaget, man begyndte at føle det grønlandske sprog og den stedlige kultur truet, og at alt blev afgjort fra den danske stat. Protesterne blev støttet af den danske presse, og man fostrede hjemmestyretanken, som blev til virkelighed 1.maj 1979 – for 25 år siden.

HJEMMESTYRETS SPROGPOLITIK

Ved Hjemmestyrets indførelse vendte hele sprogpolitikken. Nu skulle man være grønlandsk. Grønland blev ved lov etsproget grønlandsk, men dansk fik en speciel status. Ifølge loven skulle undervisningssproget være grønlandsk, og der skulle undervises grundigt i dansk. I praksis blev dansk nedprioriteret kraftigt i folkeskolen, men man havde stadig opdelte klasser med grønlandske og danske børn.

I perioden efter Hjemmestyrets indførelse var der kraftig modstand mod alt, hvad der var dansk. De dansktalende grønlændere havde det hårdt, for de blev ikke betragtet som grønlandske nok, selvom de så grønlandske ud. Danskerne mødte kritik og blev undertiden ligefrem bedt om at rejse hjem af folk på gaden. Men der var stadig brug for danske lærere, da der stadig ikke var tilstrækkelig mange uddannede grønlandske lærere; der var flest danske lærere ude i skolerne.

Nedprioritering af dansk i skolen medførte, at grønlandske børn ikke fik lært dansk nok i skolen, så de f.eks. kunne klare en videreuddannelse i Danmark. Men opprioriteringen af grønlandsk betød ikke, at de dansktalende børn lærte grønlandsk og dermed blev integreret i samfundet. Sprogindlæringen i det hele taget stod ligesom i stampe i den periode, og folkeskoleniveauet var lavt på alle områder.

Man kørte videre med det danske system i folkeskolen, således at danskundervisningen for grønlandske børn hovedsagelig var baseret på modersmålsundervisning i dansk. Da der samtidig stadig var mangel på grønlandske lærere, blev man nødsaget til også at bruge danske lærere til andre fag end lige grønlandsk. Desuden var der generelt mangel på grønlandsk materiale til undervisningen.

Dette har ført til, at der i en hel generation er mange, som hverken kan dansk nok eller grønlandsk nok til at klare en uddannelse.

NY FOLKESKOLEFORORDNING

For at rette op på dette måtte der derfor i 1990 vedtages en ny folkeskoleforordning. Det indebar, at alle uanset sprog skulle have grønlandskundervisning i folkeskolen, og man havde ikke dansk- og grønlandsk-opdelte klasser mere.

Fra 1994 begyndte integrationsordningen, hvor alle børn skulle starte i grønlandskklasse med grønlandsk som undervisningssprog. Dansktalende elever fik særligt tilrettelagt undervisning i deres modersmål. I Nuuk gav det så mange problemer, at man endte med at oprette modtagerklasser. I disse klasser skulle dansktalende børn efterhånden lære så meget grønlandsk, at de kunne deltage i den integrerede klasse. Men modtagerklasserne fandtes kun i Nuuk, og det skete, at nogle dansktalende børn forblev i modtagerklasser i hele deres folkeskoleforløb.

I 2003 opstartede atuarfitsialak – 'den gode skole'. Man prioriterer sprogundervisningen, både modersmålsundervisning og dansk som første fremmedsprog og engelsk som andet fremmedsprog. Ideen er, at man ser på hele menneskets udvikling og vil skabe et uafhængigt og kritisk menneske. Visionerne er store, men i praksis går der nok flere år, før man tilnærmelsesvis når nogen af formålene. Der er stadig mangel på grønlandske lærere, og man er først nu kommet i gang med udviklingen af grønlandsk baseret undervisningsmateriale.

SPROGSITUATIONEN I DAG

De mange skift af sprogpolitisk retning siden ophævelsen af Grønlands kolonistatus har selvfølgelig skabt et Grønland, der er meget varieret, hvad angår sprog. I dag taler ca. 30 % af befolkningen altid grønlandsk, ca. 16.950 personer.

40 % har grønlandsk som modersmål og kan klare sig godt på dansk, ca. 22.600 personer. 15 % er kun dansksprogede, ca. 8475 personer. 15 % er dansksprogede og godt grønlandsksprogede, ca. 8475 personer.

De fleste af de 40 %, som er både grønlandsk- og dansksprogede, er 60'er-generationen fra daniseringsperioden. De er eliten i Grønland i dag. De har ofte lederjobs og er bindeleddet mellem dansktalende og grønlandsktalende folk. Desværre, kan man sige, er det også mennesker fra disse årgange, der holder ønsket om et rent grønlandsksproget Grønland levende, en rest af grønlandiseringens ideologiske tanker. Man ser sproget som en del af kulturen, som skal holdes intakt, også selvom mange har indset, at det ønskede selvstyre nok ikke kan fungere, uden at man kan et eller flere fremmedsprog.

Mange af 70'er generationen er kun dansksprogede, og mange er på uddannelse i Danmark. Af disse kan ca. 70 % ikke tale grønlandsk. De rent dansksprogede, som bor i Grønland, er en udsat gruppe, men i de sidste 10 år er de kommet langt med debatten om, at de kan være lige så meget grønlændere som de grønlandsktalende grønlændere. De har dannet en klub, så de som gruppe kan udtale sig i pressen imod den kritik, de møder.

Af de 30 % rent grønlandsksprogede har 1 % en uddannelse ud over folkeskoleniveau. Mange af disse er 1980'er- og 90'er-generationen, som ikke kan dansk nok til at få en videreuddannelse. Mange af dem har en blandet holdning til dansk. Adskillige af de unge, som ikke kan dansk, ønsker at deres børn lærer dansk i skolen, så de kan få en chance for at få en uddannelse. Nogle forældre vælger at sende deres børn til Danmark på efterskole eller privat, så de kan lære dansk. De rent grønlandsksprogede er ofte afskåret fra at være med i udviklingen og debatten i Grønland.

I løbet af 1980'erne og 90'erne har Hjemmestyret overtaget mange uddannelsesinstitutioner. Man har den gymnasiale uddannelse tre steder på kysten, Aasiaat, Nuuk, Qaqortoq, og de kortere uddannelser såsom brancheskoler og erhvervsskoler og de mellemlange uddannelser som socialrådgivere, journalister, sygeplejersker og socialpædagoger. Læreruddannelsen har eksisteret længst, da det er en udbygning af kateketuddannelsen fra midten af 1800-tallet. Universitetet startede i midten 80'erne i Nuuk, hvor man i dag har Institut for Kultur og Samfundshistorie, Institut for sprog, litteratur og medier, Institut for Administration og Institut for Teologi.

Generelt er det sådan, at frafaldet hos dem, der er startet på en uddannelse enten på gymnasiet eller en anden videregående uddannelse f.eks. universiteter i

Danmark, er stort. Blandt mange årsager er sprogproblemer en af de hyppigste. Selv om man har fået gode karakterer i dansk på gymnasiet i Grønland, er danskkundskaberne ikke tilstrækkelige, når man kommer ned til et dansksproget samfund. Især går det ud over unge med grønlandsk som modersmål og godt dansk mundtligt sprog, men så viser det sig ofte, at man ikke kan tilstrækkelig skriftligt dansk til at gennemføre uddannelserne. Generelt siger man, at der starter ca. 500 studenter om året i Danmark, og en del af dem vender hurtigt hjem igen.

I dag er det sådan, at på det administrative område i Grønland er man selvforsynende med folk med mellemlange uddannelser, men de fleste embedsmænd i Hjemmestyret er danske akademikere. Alle de folkevalgte landstingsmedlemmer er grønlandsktalende.

GRØNLANDSK SOM UNDERVISNINGSSPROG

Grønlandsk som undervisningssprog kan kun bruges til og med folkeskolen. Udover folkeskolen er man nødt til at inddrage dansk, dels fordi der stadig ikke er grønlandske lærere nok endnu, og dels fordi der ikke er nok grønlandsk undervisningsmateriale til uddannelserne. Men det grønlandske sprog har gennem tiderne indvundet mange domæner i takt med udviklingen, og kommunikation mellem folk foregår på grønlandsk også om faglige ting, og også inden for den akademiske verden.

De domæner, hvor grønlandsk kommer til kort, befinder sig inden for udenrigshandel, økonomi, teknik, forskning og lignende. I det daglige har Hjemmestyret opnået sit mål, at grønlandsk skal være dominerende. Samtidig har man erkendt, at man ikke kan klare sig uden dansk, for godt nok er der nogle akademikere, der er begyndt at etablere nye sproglige domæner på grønlandsk, men for at Grønland kan gøre sig helt selvstændig, må befolkningen selv være klar til at overtage de funktioner, der er betjent af danskere, og det kræver sprogfærdigheder både i dansk og engelsk og måske andre fremmedsprog.

Nogle har ønsket, at man i stedet for dansk kunne tage engelsk som første fremmedsprog, da engelsk er et verdenssprog, men de skitserede historiske bånd har været stærke, og man ville endnu engang starte på bar bund ved sådan et skift. Hjemmestyret har i den store mængde af tosprogede et stort potentiale til at reparere på de nuværende manglende danskkundskaber hos børn og unge.

Forskning inden for grønlandsk har gennem tiderne været meget sparsom. Indtil nu har al forskning i grønlandsk været foretaget af ikke grønlandsktalende forskere. Måske derfor er grønlandsk sprogbrug ikke blevet undersøgt. Men universitetsverdenen er også meget ung, og man er først ved at finde sit ståsted i forhold til samfundet og de behov, det måtte have.

Vender vi tilbage til overskriften, er svaret for de fleste grønlænderes vedkommende i dag, at man har brug for dansk for at få en videreuddannelse, også fordi uddannelserne i Danmark er gratis for den grønlandske befolkning. Desuden har den grønlandske befolkning generelt indset, at man for at komme ud af sin fastlåste lavstatusposition i samfundet må lære mere og flere sprog.

For unge, der har vilje, evner og mere end et fremmedsprog, står verden åben. Jeg har hørt om unge, der er taget fra Nuuk til England, USA, Canada, Alaska for at få en videreuddannelse. Men de fleste gør som jeg selv, tager til Danmark.

PIRKKO NUOLIJÄRVI

Svenskans ställning i Finland på 2000-talet

I dag finns det över en halv miljon finländare som talar svenska som förstaspråk. Ungefär 291 000 av dem bor i Finland, resten i Sverige eller andra länder.

Finlands nationalspråk är finska och svenska. Detta har varit officiellt fastställt från och med 1919 när det självständiga Finland fick sin egen grundlag och från 1922 när den första språklagen trädde i kraft. Som känt var svenskan på 1800-talet det enda samhällsbärande språket, vilket innebär att den samhälleliga verksamheten på alla nivåer i storfurstendömet Finland fungerade på svenska: inom administrationen och den högre utbildningen användes svenska. Finskans ställning förbättrade så småningom, särskilt från 1863, när det bestämdes att finskan skulle erhålla ställningen som ämbetsspråk vid sidan av svenskan vid statliga myndigheter (se t.ex. *Ett land två språk – den finländska modellen* 2000, 14-18).

I denna artikel vill jag kort beskriva svenskans situation i dagens Finland. Jag inriktar mig på lagstiftningen, svenskans ställning i skolan och svenskans användning i det vardagliga livet. Därtill vill jag ta fram några positiva exempel som berättar om attityden till svenskan och nya strävanden att stödja svenskans ställning i Finland.[1]

SVENSKAN I LAGSTIFTNINGEN
Grundlagen

Den nya grundlagen i Finland (731/1999) trädde i kraft den 1 mars 2000. Lagen tryggar den enskildes grundläggande fri- och rättigheter. En av de viktigaste rättigheterna är att var och en har rätt till sitt eget språk och sin egen kultur.

"Alla är lika inför lagen.

Ingen får utan godtagbart skäl särbehandlas på grund av kön, ålder, ursprung, språk, religion, övertygelse, åsikt, hälsotillstånd eller handikapp eller av någon annan orsak som gäller hans eller hennes person."

Finlands nationalspråk är enligt den nya grundlagen finska och svenska. I detta avseende överensstämmer lagen med den tidigare grundlagen från 1919 (94/1919). Båda språken får användas i kontakter med myndigheter. Den finländska tvåspråkigheten med finska och svenska har gamla traditioner i lagstiftningen; de nya stadgandena är baserade också på internationella konventioner om minoriteters rättigheter och på avtal om medborgerliga rättigheter (jfr Scheinin 1999, 533). Också samernas, romernas och andra gruppers språkliga rättigheter finns inskrivna i grundlagen. Allt detta finns i den 17 paragrafen i grundlagen (17 §):

"Finlands nationalspråk är finska och svenska. Vars och ens rätt att hos domstol och andra myndigheter i egen sak använda sitt eget språk, antingen finska eller svenska, samt att få expeditioner på detta språk skall tryggas genom lag. Det allmänna skall tillgodose landets finskspråkiga och svenskspråkiga befolknings kulturella och samhälleliga behov enligt lika grunder.

Samerna såsom urfolk och romerna samt andra grupper har rätt att bevara och utveckla sitt språk och sin kultur. Bestämmelser om samernas rätt att använda samiska hos myndigheterna utfärdas genom lag. Rättigheterna för dem som använder teckenspråk samt dem som på grund av handikapp behöver tolknings- och översättningshjälp skall tryggas genom lag."

Det enspråkigt svenska Åland har sin egen lagstiftning, som baserar sig på strävanden att skydda landskapets svenskspråkighet och särpräglade kultur (Ålands självstyrelselag 1144/1991).

Språklagen

Med grundlagen stärktes principen om Finlands officiella tvåspråkighet och nationalspråkens jämställdhet samt de språkliga rättigheterna och det allmännas förpliktelser i språkfrågor. Utifrån de nya bestämmelserna i grundlagen var det nödvändigt att utvärdera vilka förändringar dessa föranleder när det gäller språklagstiftningen. Å andra sidan fanns det ett behov att utvärdera språklagstiftningen mot bakgrunden av de internationella avtal och förpliktelser som binder Finland, även om den nationella lagstiftningen i Finland åtminstone i alla väsentliga delar har uppfyllt kraven.

Finlands nya språklag (423/2003) trädde i kraft den 1 januari 2004.[2] De viktigaste målen för reformen av språklagstiftningen var att garantera språklig jämlikhet, att göra språklagstiftningen lättläst och lagtekniskt bättre samt att undanröja de missförhållanden som förekom i praktiken. Den gamla språklagen (148/1922) och förverkligandet av den hade ju kritiserats i olika sammanhang.

Språklagen gäller finska och svenska. Den innehåller också hänvisningar till andra språk, men rätten att använda samiska och andra språk än finska och svenska regleras i speciallagstiftning (se t.ex. Samisk språklag 1086/2003).

Språklagen är till sin natur en allmän lag, som innehåller de centrala bestämmelserna om användningen av finska och svenska. Språklagen kompletteras av språkbestämmelser i speciallagstiftning. Avsikten är att speciallagstiftningen inte skall begränsa de språkliga minimirättigheter som följer av språklagen.

Syftet med språklagen är att säkerställa vars och ens grundlagsenliga rätt att hos domstolar och andra myndigheter använda sitt eget språk, antingen finska eller svenska. Dessutom är syftet att allas rätt till rättvis rättegång och god förvaltning garanteras oberoende av språk. Avsikten är också att individens språkliga rättigheter skall förverkligas utan att han eller hon särskilt behöver hänvisa till dem. Enligt språklagen kan en myndighet också ge bättre språklig betjäning än lagen förutsätter.

Språklagen tillämpas först och främst på domstolar och andra rättskipningsorgan som handlägger besvärsärenden. Lagen omfattar alla statliga förvaltningsmyndigheter samt kommuner och samkommuner. I tillämpningsområdet ingår även självständiga offentligrättsliga inrättningar, så som Folkpensionsanstalten och Finlands Bank. Det egentliga riksdagsarbetet står utanför lagen, men lagen tillämpas på riksdagens förvaltning (t.ex. på Riksdagsbiblioteket och riksdagens justitieombudsmans kansli). Lagens tillämpningsområde omfattar i vissa fall även affärsverk, bolag samt enskilda när dessa sköter offentliga uppdrag.

Universiteten, högskolorna och andra läroinrättningar samt den evangelisk-lutherska kyrkan och det ortodoxa kyrkosamfundet står utanför lagen. På dem tillämpas separat lagstiftning.

En- och tvåspråkiga kommuner utgör grundenheter för den språkliga indelningen i Finland. Detta regleras av regeringen genom förordning vart tionde år. Senast har indelningen fastslagits 2002. I början av året 2005 finns det 432 kommuner i Finland, varav 44 är tvåspråkiga (i 23 kommuner med svenska som majoritetsspråk, i 21 med finska som majoritetsspråk) och 19 svenskspråkiga. Resten, 369 kommuner, är finskspråkiga.

En kommun är tvåspråkig, om den finsk- eller svenskspråkiga minoriteten uppgår till åtminstone 8 procent av kommunens invånarantal eller minst 3 000 invånare.[3] En tvåspråkig kommun får inte bestämmas vara enspråkig, om inte minoritetens andel har sjunkit under 6 procent. En kommun som inte fyller minimikraven för att vara tvåspråkig kan söka status som tvåspråkig på förslag av kommunfullmäktige. Ett exempel på detta är Lojo stad nära Helsingfors. Den har beviljats status som tvåspråkig kommun för tidsperioden 2003-2012. (www.kommunerna.net)

En myndighet kan vara antingen enspråkig eller tvåspråkig. Enligt lagen avses med en enspråkig myndighet statliga myndigheter, vilkas ämbetsdistrikt omfattar enbart kommuner med samma språk, samt enspråkiga kommuners myndigheter liksom även en samkommuns myndigheter, om till samkommunen hör enbart kommuner med samma språk. Med en tvåspråkig myndighet avses statliga myndigheter, vilkas ämbetsdistrikt omfattar kommuner som har olika språk eller minst en tvåspråkig kommun, samt tvåspråkiga kommuners myndigheter liksom även en samkommuns myndigheter, om till samkommunen hör kommuner med olika språk eller minst en tvåspråkig kommun. En myndighet inom centralförvaltningen skall betjäna alla medborgare på båda nationalspråken oberoende av vilken språklig status deras hemkommun har.

Enligt lagen skall myndigheterna självmant se till att individens språkliga rättigheter förverkligas också i praktiken. Utgångspunkten är att individen inte själv skall behöva hänvisa till sina språkliga rättigheter. Tvåspråkiga myndigheter skall således betjäna allmänheten på finska och svenska. De skall också se till att båda nationalspråken har en synlig position vid inrättningarna och i gatubilden samt i myndigheternas namnbruk, brev, publikationer och på myndigheternas webbsidor på Internet. Även enskilda bolag, organisationer och stiftelser samt personer som på uppdrag av en myndighet tillhandahåller offentliga tjänster, är skyldiga att beakta individernas språkliga rättigheter på samma sätt som myndigheterna.

Individens språkliga rättigheter är inte beroende av hans eller hennes medborgarskap. Även andra än finska medborgare skall alltså ha samma språkliga rättigheter. Sålunda har en utländsk medborgare, vars eget språk är finska eller svenska, rätt att använda sitt språk på samma sätt som en finsk medborgare. Regleringen är motiverad också utifrån EG-rätten: medborgare inom Europeiska unionen får inte utan godtagbart skäl särbehandlas på grund av sitt medborgarskap och inte diskrimineras på språklig grund. En central strävan är att de rättigheter som har skrivits in i lagen förverkligas även i praktiken.

Enligt huvudregeln använder statliga och kommunala myndigheter i tvåspråkiga kommuner båda nationalspråken i den information som riktas till allmänheten. Dessutom skall det behöriga ministeriet se till att information som är väsentlig för individens liv, hälsa och säkerhet ges på finska och svenska i hela landet. På samma sätt skall en tvåspråkig myndighets meddelanden, kungörelser och anslag samt annan information till allmänheten ges på båda språken. Detta betyder dock inte att informationen behöver vara lika omfattande på finska och svenska.

Lagen innehåller också bestämmelser om skyltar, trafikmärken och ortnamn. Speciellt i tvåspråkiga kommuner är användningen av ortnamn på båda nationalspråken på vägskyltarna viktigt med tanke på den språkliga identiteten. Därtill har vissa svenskspråkiga ortnamn stor historisk betydelse, även om det är frågan om enspråkigt finska kommuner (t.ex. Tavastehus/Hämeenlinna, Villmanstrand/Lappeenranta, Nyslott/Savonlinna, Fredrikshamn/Hamina och Tammerfors/Tampere).

Enligt språklagen lämnar statsrådet varje valperiod riksdagen en berättelse om tillämpningen av språklagstiftningen och om hur de språkliga rättigheterna har förverkligats. I berättelsen behandlas utöver finska och svenska åtminstone samiska, romani och teckenspråk. Berättelsen skall således mer allmänt omfatta utvecklingen av språkförhållandena i Finland. Första berättelsen ges år 2006.

Här har jag avsiktligen beskrivit språklagens innehåll ganska ingående för att visa att den omfattar många domäner som är viktiga för ett minoritetsspråk, vilket svenskan de facto är i Finland. Lagar och förordningar bör inte vara en död bokstav utan det är nödvändigt att se över hur språklagen fungerar i olika sammanhang. Justitieministeriet samordnar detta arbete: det har utsetts ett regeringsråd i ministeriet för detta arbete och ett sakkunnigorgan, delegationen för språkärenden som består av representanter för olika sektorer. Dess uppgift är att främja de språkliga rättigheterna i landet.

Andra lagar och förordningar

Det finns många andra lagar som kompletterar språklagens paragrafer om individernas språkliga rättigheter i Finland. I databasen Finlex (www.finlex.fi, 31.12.2004) finns det 187 lagar och förordningar som gäller individens språkliga rättigheter i Finland, och de flesta gäller på något sätt även svenskspråkiga. I detta sammanhang nämner jag endast några få exempel. Lagarna gäller språkkunskapskrav för offentligt anställda (Lag om de språkkunskaper som krävs av offentligt anställda 424/2003) eller tolkning hos myndigheter (Förvaltningslag 434/2003). Det finns också speciella stadganden om att patienter och klienter inom social- och hälsovården skall ha rätt att använda sitt eget språk och få tolkning (t.ex. 1062/1989), och kommunerna är skyldiga att erbjuda finsk-, svensk- och samiskspråkiga barn dagvård på deras modersmål (Lag om barndagvård 36/1973). Grundutbildningen (Lag om grundläggande utbildning 628/1998) behandlas närmare nedan.

Lagen om de språkkunskaper som krävs av offentligt anställda (424/2003) trädde i kraft den 1 januari 2004. Lagen ersatte den tidigare lagen om språkkunskaper som krävdes av statens tjänstemän. Den nya lagen har ett bredare tillämpningsområde än den tidigare. Förutom statens anställda gäller lagen även kommunernas, samkommuners och självständiga offentligrättsliga inrättningars anställda. Myndigheterna skall genom att ordna utbildning och vidta andra personalpolitiska åtgärder se till att deras personal har sådan språkkunskap som behövs för arbetsuppgifterna och för att uppfylla bestämmelserna i språklagen och i andra lagar.

Lagarna är inte som sådana tillräckliga när det gäller att förkovra språkkunskaper hos personalen vid myndigheter och andra organisationer som handhar offentliga uppgifter. Det behövs också många praktiska åtgärder. Ledningen har ett stort ansvar när det gäller att säkerställa de språkliga rättigheterna. Språkkunskapen visas genom kunskap som inhämtats i samband med studier, med särskilda språkintyg eller på något annat lämpligt sätt. Det är inte meningen att alla anställda måste ha samma kunskaper i svenska respektive finska, utan en myndighet skall visa, att kundservicen fungerar på båda språk.

Handlingsprogram för svenskan i Finland

De svenskspråkiga i Finland har i början av 2000-talet varit aktiva för att lyfta fram de problem som de har mött. Utöver den livliga debatten i tidningarna finns det också aktiva strävanden att göra svenskans ställning synlig i Finland. Ett konkret resultat är handlingsprogrammet *Tänk om ...*, som svenska språknämnden vid Forskningscentralen för de inhemska språken publicerade 2003.

Programmet, som på ett lättläst och konkret sätt behandlar olika svenska domäner, är skrivet av Marika Tandefelt. För programmet arbetade många sakkunniga i flera seminarier och möten, och efter att boken kom ut har det varit en rik och konstruktiv debatt i både finsk- och svenskspråkiga tidningar. I november 2004 anordnades ett stort idémöte för särskilt inbjudna kring handlingsprogrammet och den nya språklagen.

Handlingsprogrammet går in på många aktuella frågor. Det är ändå kännetecknande att debatten kring den svenska skolan är en av de viktigaste och detta kapitel har blivit väl genomläst. Debatten har visat hur viktigt det är att aktivera tvåspråkiga familjer att använda svenska innan barnet är i skolåldern.

SPRÅK I SKOLAN: SVENSKA I UTBILDNINGEN AV SVENSKSPRÅKIGA, FINSKSPRÅKIGA OCH ELEVER MED ANDRA SPRÅK

Utbildningen på eget språk är ytterst viktig för en språkgrupp. Hur har man uppmärksammat svenskan i det finländska skolväsendet och hur fungerar inlärningen av svenskan i Finland i början av 2000-talet?

Sedan senare hälften av 1800-talet har det funnits både finska och svenska skolor och alltså en möjlighet att välja mellan två olika vägar, en väg för finskspråkiga och en annan väg för svenskspråkiga elever. Det finns en historisk förklaring till att Finland har två parallella utbildningssystem. Den bottnar i att skola och utbildning har längre rötter på svenska än på finska i Finland. (*Ett land två språk – den finländska modellen* 2000, 7-10).

Skolsystemet som sådant främjar alltså svenskans roll i det finländska livet. Om man ändå tittar på demografin i Finland, är den svenska skolan de facto en minoritetsskola. Under läsåret 2003/2004 fanns det 295 svenskspråkiga grundskolor av alla 3 770. Ungefär 6 600 elever av 583 000 studerande gick i svensk grundskola. (www.utbildningsstyrelsen.fi) De svenskspråkiga grundskolorna finns – som också kommunstatistiken visar – oftast i en mycket tvåspråkig omgivning. Barnen kommer allt mera från tvåspråkiga familjer, där svenskans roll kan vara ganska liten, även om man har en positiv ställning till språket.

Som ovan nämnts har det varit en livlig diskussion om svenskan i skolan i början av 2000-talet. Efter att handlingsprogrammet kommit ut har svenska språknämnden med Marika Tandefelt i spetsen i många sammanhang konstaterat att finlandssvenska skolor inte är några språkbadsskolor, utan barnen ska vara språkmogna redan då de börjar skolan. Där finns en klar signal till föräldrarna: vill föräldrar ha sitt barn i en svenskspråkig skola så ska de kunna göra upp en strategi för hur barnet ska lära sig svenska redan i tidig ålder. (Björkqvist 2003.)

I ett textsamhälle som det vi lever i är det naturligt att man måste ställa krav på språk. Ett starkt modersmål lägger grunden för mångspråkighet och alla kunskaper man behöver i livet. Den diskussion man har haft kring svenska i skolan gäller egentligen hur svenskan i Finland kan vara ett mångsidigt och samhällsbärande språk och hurdana kunskaper i svenska enskilda individer kan ha. Det är naturligt att man är bekymrad; det finns tecken på att kunskaper i svenska hos svenskspråkiga studenter i universiteten har försämrats (se t.ex. Leinonen & Tandefelt 2000).

Det är inte bara den svenskspråkiga skolan som svenskan angår utan det svenska språket spelar en roll också för finskspråkiga i Finland. Varje gång man gör förändringar inom grundutbildningen eller diskuterar gymnasieutbildningen kommer svenskans ställning i de finska skolorna fram. År 2004 genomförde man en studentexamensreform i Finland. Resultatet blev att bara modersmålet är obligatoriskt i studentexamen, och studenter får välja minst tre övriga ämnen bland alla ämnen, och alltså också bestämma om det andra inhemska språket är med i examen eller inte.

Svenskan och finskan förblir också efter reformen obligatoriska ämnen i grundskolan och gymnasiet. Valbarheten i examen har ökat, men ingen vet vad det är som händer i framtiden. Problemet kan vara, att när svenskan inte längre är obligatorisk i studentexamen, kan det hända att finskspråkiga elever läser svenska mindre än tidigare. Man kan fråga sig om det leder till att en mindre del av studenterna och senare av de vuxna kommer att kunna svenska tillräckligt bra.

Innan riksdagen hade beslutat att förändra gymnasielagen (629/1998), var det en livlig debatt i tidningarna. De flesta skribenter – särskilt i svenska tidningar – varnade för dumma beslut: rubrikerna som *Sänk inte bildningsnivån*, *Bildningsfientlighet?* och *Studentexamensreformen – till vilket pris?* berättar om frågor som många ställde i den nya situationen. Det fanns också skribenter som hänvisade till historien: *Nu klipps banden* och *Språken knutna till historien*. Det förekom å andra sidan också reportage om att studenterna i varje fall väljer svenska och finska i examen: *Många väljer att skriva frivillig svenska*. Och som alltid, skrev man om nivån på svenskundervisningen också på ett positivt sätt: *Uppmuntra svensklärarna!* Hur reformen faktiskt påverkar finskspråkiga studenters förhållande till svenska och deras svenskfärdighet ser man inom några år.

Det finns också invandrarbarn och andra barn som har ett annat modersmål än finska eller svenska. Målet för invandrarutbildningen är att ge elever som har ett annat modersmål än finska eller svenska de färdigheter de behöver för att kunna fungera som jämbördiga medlemmar i det finländska samhället samt att upprätthålla deras egen kulturidentitet och att ge dem en tvåspråkighet så att de behärskar antingen finska eller svenska språket och sitt eget modersmål. Om det är svenska eller finska som är barnens andraspråk beror på var barnet bor och hur föräldrarna har tagit ställning till olika nationalspråk.

SVENSKANS ANVÄNDNING I VARDAGEN

Lagar och förordningar har en stor betydelse för det språkliga klimatet i landet. Tvåspråkigheten är en självklarhet som tämligen få ifrågasätter i dagens Finland. Den finskspråkiga majoritetens inställning är i stort sett fortfarande mycket positiv, och intresset för det svenska språket har tilltagit under de senaste åren (se t.ex. Allardt 1997).

Det finns många institutioner och aktiviteter som verkar på svenska i dagens Finland. Svenska Finlands folkting bevakar finlandssvenskarnas intressen. Det deltar i vissa fall i lagberedningsarbetet och ger utlåtanden till olika myndigheter i frågor som har verkningar för den svenskspråkiga befolkningen. Alla riksdagspartier med svensk verksamhet är med i Folktinget. Därtill publicerar Folktinget utredningar och broschyrer om språkliga rättigheter och informerar om det svenska i Finland. Statistiska uppgifter om Svenskfinland sammanställs regelbundet och Folktinget arbetar för positiva attityder till tvåspråkigheten genom seminarier och informationskampanjer.

Det finns inte bara svenska grundskolor och gymnasier utan också akademisk utbildning på svenska i svenskspråkiga universitet och högskolor som Åbo Akademi, Svenska handelshögskolan och Social- och kommunalhögskolan vid Helsingfors universitet och vid de tvåspråkiga Helsingfors universitet och Tekniska högskolan. Högskoleutbildning på lägre nivå ges vid ett flertal så kallade yrkeshögskolor med svenska som undervisningsspråk.

Också inom andra domäner förekommer en hel del verksamhet på svenska. Det finns svenska massmedier: två radiokanaler, en digital tv-kanal och svenska program i de finska analoga kanalerna, ett tiotal dagstidningar och flera tiotal tidskrifter av olika slag. Svenskspråkiga förlag ger ut ett femtiotal titlar skönlitteratur och flera tiotal faktaböcker årligen. Fyra större professionella scener och ett antal hel- eller halvprofessionella teatergrupper spelar teater på svenska. Det finns också svenska och tvåspråkiga församlingar och ett svenskt stift i den evangelisk-lutherska kyrkan.

Militärutbildningen på svenska vid den svenskspråkiga brigaden är av största betydelse för den svenska samhörigheten.

Den språkliga situationen i Finland har ändå förändrats när det gäller antalet finskspråkiga och svenskspråkiga. Trycket från majoritetsspråket känns. De svenskspråkigas vardag fungerar inte alltid så bra som man kunde önska, i synnerhet inte på orter med stark finsk majoritet.

Den svenska befolkningen i Finland är huvudsakligen koncentrerad till två sammanhängande kustområden, den österbottniska västkusten och den sydvästra skärgården och sydkusten. De svenska kommunerna och kommunerna med svensk majoritet (se siffrorna om kommuner ovan) är belägna främst i Österbotten, i Åbo skärgård och i västra och östra Nyland. Åland är som nämnts enspråkigt svenskt. De tvåspråkiga kommunerna med finsk majoritet omfattar både stora städer som Helsingfors, Esbo och Vanda i huvudstadsregionen och Åbo i sydvästra Finland, och mindre städer och kommuner i närheten av de svenskdominerade områdena, främst i Nyland, östra Nyland och Österbotten. Språkligt sett lever Finlands svenskar alltså under mycket olika betingelser.

De största problemen finns antagligen i de kommuner som är tvåspråkiga med en stor finsk majoritet. De svenskspråkigas andel av hela befolkningen i södra Finland har under de senaste årtiondena blivit mindre, och denna minskning märks i det dagliga livet: det är inte alltid lätt att hitta en myndighet, en expedit eller en granne som kan hjälpa en svenskspråkig person på hans eller hennes modersmål. Att det stadgas om språkliga rättigheter i lagar och förordningar innebär inte i sig att det finns tillräckligt med svenskkunniga sjukskötare eller till exempel expediter i butiker och varuhus. Allt oftare händer det att svenskspråkiga finländare klagar över att de inte har blivit förstådda på sjukhus, vid domstolar eller hos olika myndigheter. Man har skrivit reportage och beskrivit sina erfarenheter i insändare som följande rubriker visar: *Svensk service i Esbo måste utvecklas, Språket har betydelse i mentalvården, Svensk vård naturlig ingrediens, Språket viktigt för psyket, Domstolarna diskriminerar svenskar* osv. Allt detta visar att det inte finns tillräckligt många anställda som kan tala eller skriva svenska tillräckligt väl.

Det finns sålunda en påtaglig oro för svenskans framtid i Finland. I sin undersökning om språkbruk och ängslighet bland Helsingforsregionens svenskar drar Erik Allardt (2000) följande slutsats: "En minskning av svenskan leder bland finlandssvenskarna till intellektuell, kulturell och språklig utarmning. – Det finns i dag en risk att svenskan i Finland blir bara ett hemspråk." Därför har man börjat fråga sig hur det i fortsättningen skall gå att trygga de båda nationalspråkens ställning i alla sammanhang i det tvåspråkiga Finland.

Det är inte bara finskan som utgör ett hot mot svenskan i Finland, det är också i vissa sammanhang engelskan. Svenskans domänförlust är synlig i universitetsvärlden, speciellt inom naturvetenskapen, och i nordiska och internationella företag. Detta kan man säga utan att ställa språk mot varandra, det är ju ett faktum i många andra länder.

ÅTGÄRDER FÖR ATT STÖDJA SVENSKANS FRAMTID I FINLAND

Svenskans framtid beror på de lösningar som hela det finländska samhället går in för. Den viktigaste lösningen ligger naturligtvis i vilka val de svenskspråkiga eller tvåspråkiga själva gör. Men viktigt för svenskan i Finland är också vilken inställning finskspråkiga har till svenskan och det samarbete finska och svenska myndigheter bedriver. Majoriteten kan försvaga eller stödja minoritetens ställning.

Som ovan nämnts är de flesta finskspråkiga positivt inställda till svenskan och vill lära sig och använda svenska. Man brukar oftast skriva om problem och inte så ofta om lösningar och goda förhållanden. Det finns ändå många exempel på positiv inställning till svenskan i det nuvarande Finland. Här vill jag nämna tre: språkbad i svenska, finskspråkiga brobyggare som vill tala svenska med svenskspråkiga kunder och språkförbindelser i kommuner.

Ett alternativ till den svenska skolan i Finland är de språkbad som har grundats i Finland sedan år 1987, mestadels i Vasa och i Helsingforstrakten (se närmare Laurén 1999). Idén är att majoritetsbarn får lära sig minoritetsspråket konsekvent i daghem och språkbadsklasser. I början talar personalen och lärarna endast minoritetsspråket, dvs. svenska, och finskan kommer så småningom i skolan. Man har fått god erfarenhet om metoden, och föräldrarna och barnen har varit nöjda: det är mödolöst att få lära sig två språk redan som ung (Nuolijärvi & Nuolijärvi 2003). Språkbadsmetoden är ett sätt att göra tvåspråkigheten naturlig, och den stöder bra också annan inlärning i skolan. I det tvåspråkiga Finland borde man använda metoden mycket mera än man hittills har kunnat göra.

Det finns också andra exempel på hur en finskspråkig kan använda sin svenska fritt och glatt i arbetet. I Esbo stad ger man varje år ett pris till en brobyggare, som har börjat använda svenska med svenskspråkiga kunder. Det finns en läkare, en museitjänsteman, en idrottsinstruktör som har fått priset och som berättar om nöjda kunder och hur man hela tiden lär sig mera och mera. På ett trevligt sätt stöder man den tvåspråkiga stadens vardagliga liv på två språk.

Det tredje exemplet är alldeles nytt. Ekenäs, Esbo, Lappträsk, Lojo och Pernå i södra Finland samt Karleby och Korsholm i Österbotten har gett språkförbindelser och följer systematiskt upp den språkliga servicen på finska och svenska. Språkförbindelserna har utarbetats inom ramen för Finlands Kommunförbunds pilotprojekt Språkförbindelser i förvaltningen. Två sjukvårdsdistrikt medverkar också i projektet.

För att samla åsikter om servicen på minoritetsspråket (svenska respektive finska) infördes en invånarenkät, Språkbarometern, i dessa kommuner (Herberts 2004). Den kommer att upprepas för att följa upp hur språkförbindelsen fungerar i praktiken.

SLUTORD

Tvåspråkigheten med svenska och finska har alltid varit en resurs i Finland och borde få fortsätta att vara det. Den nya tvåspråkigheten gäller inte bara finsk- och svenskspråkiga personer utan också finländare som har ett annat modersmål än finska eller svenska. Arbetet för olika språk och forskningen på olika fronter är till nytta för alla språkgrupper.

De språkliga lösningar som kommer till när man stiftar lagar eller organiserar utbildningen och planerar detaljerna i den kan stödja varandra och framhäva den mångsidighet som tvåspråkigheten innebär. Särskilt viktigt är det i dagens Finland att förstärka och inte försvaga svenskan som har djupa rötter i Finlands historia.

Enligt sociologen Fjalar Finnäs som länge har analyserat situationen för svenskspråkiga i Finland är utvecklingen i de tvåspråkiga familjerna den ur finlandssvensk synvinkel viktigaste förändring som har skett under de senaste decennierna (2004, 31). Man använder båda språken hemma. Detta innebär att man satsar mera på svenska än tidigare: en större andel registreras som svenskspråkig, och elevtillströmningen till de svenska skolorna är ganska stark. Även om en befolkning minskar totalt sett kan t.ex. antalet skolelever öka. Språkgruppernas behov bör alltså inte bedömas utgående från den totala språkstrukturen, utan från de faktiska förhållandena i de grupper som berörs. Därför behövs det undersökningar och utredningar som visar hur läget för de svenskspråkiga i Finland ser ut. Och inte minst: åtgärder.

NOTER

1. Jag tackar hjärtligt Mikael Reuter för värdefulla kommentarer och tips samt för språkgranskning av artikeln.

2. Närmare upplysningar om språklagsreformen och språklagen se webbsidorna för Finlands justitieministerium, www.om.fi. Denna beskrivning av språklagen baserar sig mestadels på ministeriets information.

3. I befolkningsstatistiken räknas som modersmål det språk som har angivits då ett barns namn har meddelats till befolkningsregistret. Det är möjligt att ändra sitt modersmål genom skriftlig anmälan.

LITTERATUR

Allardt, Erik 1997. Tvåspråkigheten, finnarnas attityder samt svenskans och finlandssvenskarnas framtid i Finland. *Vårt land, vårt språk. Kahden kielen kansa. En attitydundersökning om det svenska i Finland. Suomalaisia asenteita ruotsin kieleen Suomessa.* Folktinget, Finlandssvensk rapport nr 35. Yliopistopaino, Helsingfors.

Allardt Erik 2000. Språkbruk och ängslighet bland Helsingforsregionens svenskar. *Svenska på stan. Stadin ruotsi. En attitydundersökning analyserad av professor Erik Allardt.* Folktinget, Finlandssvensk rapport nr 39. Yliopistopaino, Helsingfors.

Björkqvist, Jeanette 2003. Professor Marika Tandefelt: Finlandssvenska skolor inga språkbad. *Hufvudstadsbladet* den 3 oktober 2003.

Ett land två språk – den finländska modellen 2000. Schildts, Esbo.

Finlands grundlag / Suomen perustuslaki 731/1999.

Finnäs, Fjalar 2004. *Finlandssvenskarna 2002. En statistisk rapport. Folktinget, Helsingfors.* (www.folktinget.fi/finlandssvenskarna 2002)

Förvaltningslag/Hallintolaki 434/2003.

Gymnasielag/Lukiolaki 629/1998.

Herberts, Kjell 2004. Språkbarometern. (www.abo.fi/meddelanden)

Lag om grundläggande utbildning / Perusopetuslaki 628/1998.

Lag om språkkunskaper som krävs av offentligt anställda / Laki julkisyhteisöjen henkilöstöltä vaadittavasta kielitaidosta 424/2003.

Laurén, Christer 1999. *Språkbad. Forskning och praktik.* Vaasan yliopiston julkaisuja, tutkimuksia 226, språkvetenskap 36, Vasa.

Leinonen, Therese & Tandefelt, Marika 2000. *Svenskan i Finland. Ett språk i kläm. Unga finlandssvenskars modersmål.* Forskningsrapporter från Svenska handelshögskolan 50, Helsingfors.

Nuolijärvi, Pirkko & Nuolijärvi, Sampo 2003. Hur kan en finskspråkig individ leva ett tvåspråkigt liv i Finland? I: Ivars, Ann-Marie, Maamies, Sari, Slotte, Peter, Sommardahl, Eivor & Tandefelt, Marika (red.), *Boken om våra modersmål.* Festskrift till Mikael Reuter på hans 60-årsdag den 17 maj 2003. S. 242-253.

Samisk språklag / Saamen kielilaki 1086/2003.

Scheinin, Martin 1999. Oikeus omaan kieleen ja kulttuuriin (PL 17 §). I: Hallberg, Pekka (toim.), Perusoikeudet. Werner Söderström lakitieto, Helsinki. 533 559.

Språklag/Kielilaki 148/1922.

Språklag/Kielilaki 423/2003.

Tandefelt, Marika 2001. *Finlands tvåspråkighet.* Forskningsrapporter från Svenska handelshögskolan 53, Helsingfors.

Tandefelt, Marika 2004. Tänk om ... *Svenska språknämndens förslag till handlingsprogram för svenskan i Finland.* Forskningscentralen för de inhemska språken, Helsingfors.

Ålands självstyrelselag / Ahvenanmaan itsehallintolaki 1144/1991.

JENS NORMANN JØRGENSEN

Hvorfor er det så svært for danskere at forstå dansk?

Ideen til den følgende diskussion er retteligen Auður Hauksdóttirs. Hun bad mig om at redegøre for, som hun sagde, "hvorfor islændinge har så svært ved at lære dansk". Den fangede jeg ikke i første omgang, for det kom ærlig talt bag på mig – og Auður er da i hvert fald et rigtig dårligt eksempel på, at islændinge skulle have svært ved at lære dansk. Det er en række andre fremragende islændinge også, måske mere end nogen anden Vigdís Finnbogadóttir. Hvis man skal sige noget fornuftigt om det svære ved at lære dansk, er islændingene altså overhovedet ikke noget godt sted at begynde.

Det er nu ikke, fordi jeg ikke har hørt det før, som Auður siger. I forbindelse med to projekter i 1990'erne (Boyd m.fl. 1994, Bugge & Jørgensen 1995) interesserede vi os for indvandreres sprogbrug og sprogvalg, herunder tilegnelse af flertalssprogene. Vi fandt for eksempel, at indvandrede forældre til skolebørn i Danmark var mere misfornøjede med deres børns sprogbeherskelse, end tilfældet var andre steder i Norden. Det gælder, bl.a. fordi det danske uddannelsessystem ikke ret godt tåler afvigelser (Holmen & Jørgensen 1994).

Forældre til især tyrkisktalende skolebørn havde ganske vist den opfattelse, at deres børn kunne meget dansk, men de var samtidig udmærket klar over, at det danske skolevæsen ikke delte denne opfattelse. Den samme forskel mellem forældres egen vurdering og deres opfattelse af skolernes vurdering kunne ikke registreres i de øvrige nordiske lande. Det gælder mere i Danmark end i de øvrige nordiske lande, at offentligheden ikke er ret tolerant over for accent.

Den erfaring, at kulturel, herunder sproglig, afvigelse ikke tolereres ret gerne i Danmark, finder vi ikke kun hos lavstatusmindretal. Den gengives således også med flittig henvisning til Janteloven af en række nordamerikanske intellektuelle indvandrere, der fx finder "tilbageholdenhed og mangel på åbenhed" (Thomas 1990, 7) typisk for danskerne. Jeg kunne supplere med en række anekdoter, der alle peger på, at det er almindeligt blandt flertalsdanskere ikke at forstå dansk talt med selv ganske svag accent.

Men det gælder ikke kun dansk med accent. Kristiansen, som er vokset op i Norge, undrer sig (1990, 13) over danskernes forståelse af – og holdninger til – dialekterne. Han nævner dansk fjernsyns nedladende behandling af dialekttalende. Han kunne også have nævnt det faktum, at nyhedsudsendelser med dialekttale bliver forsynet med undertekster. Det gør dansk fjernsyn næppe uden grund: Flertallet af danskere har svært ved at forstå danske dialekter.

Auðurs Hauksdóttirs spørgsmål kan altså rettere formuleres *Hvorfor er det så svært for danskere at forstå dansk?* Der er næppe tvivl om, at de fleste danskere selv tror, at de kan forstå dansk. Det er et udbredt synspunkt, at andetsprogsbrugere af dansk taler "dårligt" dansk. Danskerne bliver også bekræftet i det fra flere sider. Fx hedder en udbredt udgivelse for voksenundervisere i dansk som andetsprog "Hvorfor er det så svært at lære dansk?" (Skovholm 1996). Grønnum (2003) argumenterer tilsvarende for, at dansk udtale er sværere at lære end (i hvert fald nogle) andre sprogs. Vi står altså med et ikke-erkendt problem hos flertalsdanskere: De er selv ikke ret gode til at forstå dansk, men de bilder sig bare ind, at det er alle andre end dem selv, der ikke er ret gode til at tale det.

Der er ikke så langt til forklaringen. Kristiansen (1990) fremlægger en minutiøs læsning af de undervisningsvejledninger, lærervejledninger og andre dokumenter, der er retningsgivende for udtaleundervisningen i den danske folkeskole. Han dokumenterer overbevisende, at undervisningen mere end noget andet ensretter elevernes udtale efter et konservativt københavnsk ideal. Og nok så vigtigt: Kristiansen dokumenterer også, at eleverne lærer, at afvigelse fra dette ideal er mindreværdig og uacceptabel for skolen. Vi skal ikke her gå ind på systemets argumentation for at knæsætte ét ideal og for valget af ideal. Det er her nok at konstatere, at danske skoleelever systematisk undervises til at mene, at afvigelse fra centralnormen er dårligt sprog. Det dårlige sprog er sprogbrugerens eget ansvar – og der er dermed ikke langt til den følgevirkning, at sprogbrugere med afvigelser er mindreværdige mennesker.

En række dialektmaskeundersøgelser peger i samme retning. Kristiansen 1991 finder, at personer, der taler dansk med lokalt præg, vurderes negativt efter alle målestokke. Dette resultat strider mod, hvad man finder uden for Danmark. Den internationale forskning i sprogholdninger finder i almindelighed, at lavprestigesprog (mindretalssprog, lokalsprog) forbindes med positive personlige egenskaber som troværdighed, omgængelighed, pålidelighed osv. (sociabilitet-skalaer), men også negative egenskaber som ineffektivitet, manglende begavelse og lav uddannelse (status-skalaer). Højprestigesprog (flertalssprog, standardsprog) forbindes med positive egenskaber på status-skalaerne, men negative egenskaber på sociabilitets-skalaerne. Heroverfor vurderer danskere altså sprogbrugere med lokalt præg negativt på samtlige skalaer. Også andre undersøgelser peger delvis i samme retning, fx H. J. Ladegaard 1992 og U. Ladegaard 2002. Helt entydige er undersøgelserne dog ikke. Kirilova (2004) finder, at flertalsdanskere vurderer sprogbrugere med tysk accent højt, eller rettere: sprogbrugere, som danskerne tror har tysk accent!.

Der er et ganske stærkt pres på de borgere i landet, som ikke har københavnsk rigsmål som deres modersmål. Jo mere lokalt præget et dansk modersmål er, jo større er presset til at tilpasse sproget til københavnsk rigsmål. Tilbage til eksemplet med fjernsynets behandling af tale på klassisk dialekt: Brugere af klassiske dialekter behandles i dansk fjernsyn, som om de talte et helt andet sprog – deres mundtlige bidrag forsynes med undertekster, ikke af hensyn til døve seere, men af hensyn til de mange danskere, der ikke kan forstå klassiske dialekter.

Endnu større er presset på dem, der ikke har dansk som modersmål overhovedet. Andetsprogsbrugere med selv en ganske svag accent vil kunne opleve, at deres tale bliver forsynet med undertekster på dansk fjernsyn. Ét resultat er, at danskere ikke vænner sig til at høre dansk talt på mange forskellige måder – og det forstærker naturligvis de mange danskeres afstand til andre varieteter end rigsdansk med og uden regionale tilpasninger. Derved bliver deres afhængighed af at få en oversættelse fra dansk til dansk endnu større, og så fremdeles.

Undervisningssystemet er heller ikke indstillet på at udvide danskeres kendskab til variationerne i danske talesprog. Interessant nok er det obligatorisk, at eleverne hører flere forskellige varieteter af engelsk, fx britisk standardengelsk, amerikansk engelsk og australsk engelsk. Men der er ikke noget tilsvarende krav om, at elever skal høre forskellige former for dansk. Eleverne forlader altså skolen med den forestilling, at dansk er på én og kun én måde, mens engelsk er et sprog med en rig variation. Denne variation er oven i købet knyttet til værditilskrivninger (briter "er" på én måde, amerikanere "er" på en anden måde), som måske diskuteres, måske ikke. Tilsvarende variation i dansk præsenteres overhovedet ikke, og dens forhold til værditilskrivninger diskuteres derfor heller ikke Og der er da heller ingen tradition for at arbejde med forskellige varieteter af dansk i undervisningen, eller hvad de står for. Der findes nøjagtig ét undervisningsmateriale, der systematisk og udtrykkeligt arbejder med at bibringe eleverne et forståelsesberedskab ud fra sådan et synspunkt ved at inddrage en vifte af forskellige danske varieteter, nemlig K. M. Pedersen 1993. Det indeholder bl.a. lydoptagelser af klassisk dialekttalende, som inddrages i arbejdet med sprogene i Sønderjylland. For tiden arbejder Karen Margrethe Pedersen også med at supplere dialektmaterialet med lydprøver på dansk med accent.

De offentlige diskussioner om Danmarks sproglige mindretal og deres forhold til dansk er tilsvarende præget af en afstandtagen til variation og sproglig afvigelse. Det politiske liv har i de senere år krævet en stramning af ortografien og interpunktionen, således at mulighederne for at variere reduceres til ingenting. Majonæsekrigen (se fx Hansen 1985, 424) er et outreret eksempel, hvor flere ministre og deres ministerier blev inddraget i diskussionen om dobbelte staveformer af nogle ganske få ord i en ny udgave af *Dansk retskrivningsordbog*. Men også de allerseneste års ørkesløse diskussion om ét eller to kommaprincipper viser den meget lille tolerance over for afvigelser, som vi finder hos de politiske beslutningstagere.

Den ringe tolerance er ikke blot et folkeligt fænomen – den er eksplicit udtrykt af skiftende regeringer, og den er omhyggeligt opbygget gennem den offentlige skole og uddannelsessystemet. Men ud over den negative holdning til afvigelser fra rigsdansk har de offentlige diskussioner også indebåret negative følger for forståelse og social integration. Forståelsen af dansk talt med accent – og forståelsen for, at dansk overhovedet kan tales med accent – er ganske ringe i det politiske liv. I Danmark kan ledende socialdemokratiske politikere fremsætte udsagn som *Hvis man er født og opvokset i Danmark og agter at blive her, så er ens modersmål dansk* (næstformand Lene Jensen, pressemeddelelse fra Socialdemokraterne inden kongressen september 2000) og *Vi har hverken tid eller plads til dansk som andetsprog i vores del af verden* (Svend-Erik Hermansen, formand for Høje-Taastrups undervisnings- og kulturudvalg, Aktuelt, 14. september 2000). På dette punkt er de store politiske partier i landet helt på linje med hinanden, og der er en massiv afvisning af tosprogethed med sprog som arabisk, tyrkisk, punjabi, tagalog, kantonesisk, kurmanci, somali, dari og mandarin, der ellers er til stede blandt landets sproglige mindretal. Der er børn og unge, som har disse sprog som modersmål – og de oplever en konstant og massiv nedvurdering af deres dansk, hvis de ikke kan kamuflere sig som modersmålsbrugere af sproget.

Helt galt går det, når vi kommer til mindretallenes modersmål. Selv om den danske diskussion af og til er ret præget af angst for det engelske sprog, så er det for intet at regne mod, hvad mindretalssprogene udsættes for. Selv sprogfolk, der ved bedre, lader sig banke på plads af den politiske modvilje med variation og afvigelse her. Det kan ses i det mest autoritative, der findes på området: Kulturministeriets (2003) tekst om en dansk sprogpolitik. I den gennemgås de sprogvidenskabelige og pædagogiske argumenter for modersmålsundervisning i mindretalssprog i skolen. Samtidig gennemgår teksten politiske argumenter mod undervisningen, men af gode grunde ikke videnskabelige argumenter – for som enhver sprogforsker ved, findes de ikke. Det interessante er imidlertid, at teksten sidestiller de videnskabelige argumenter for undervisningen med de politiske argumenter imod den. Og så kommer kunststykket:

> *Udvalget har på den tilmålte tid og med sin faglige sammensætning ikke set sig i stand til på tilstrækkeligt kvalificeret grundlag at fremsætte egentlige anbefalinger om problemstillingen og foreslår derfor, at området fortsat følges opmærksomt (Kulturministeriet 2003, 59)*

Man kan umiddelbart undre sig over, hvorfor politikerne sammensætter sådan et udvalg uden at sikre sig faglig kompetence på et af tidens mest politisk kontroversielle sprogspørgsmål. Men det ville ikke føre til noget at spørge, for politikerne har måske troet, at de gjorde det. Det kan man ikke fortænke dem i. I udvalget sad nemlig – foruden otte embedsfolk fra Videnskabsministeriet, Undervisningsministeriet og Kulturministeriet – to sprogforskere, en litterat og en direktør fra Det Danske Sprog- og Litteraturselskab. Mindst tre af disse ikke-ministerielle udvalgsmedlemmer havde inden udvalgsarbejdet udtalt sig om det kontroversielle emne tosprogethed. Hvad de har ytret, er ikke uinteressant. Lad os se på det:

Den ene sprogprofessor i udvalget, der har skrevet Kulturministeriets sprogpolitik, er formanden for Dansk Sprognævn Niels Davidsen-Nielsen. Kort tid før arbejdet i udvalget fremlagde han på Sprognævnets vegne et forslag til dansk sprogpolitik (Dansk Sprognævn 2003). Heri hedder det om undervisning i mindretalssprogene:

> *Endelig er det vigtigt at der i Danmark undervises i indvandrersprog som tyrkisk, arabisk, farsi og urdu. Kendskab til disse sprog er en væsentlig resurse, og i en tid hvor stærke kræfter påvirker os i retning af mindre sproglig og kulturel variation, er det vigtigt at være opmærksom på værdien af sproglig mangfoldighed og at forsøge at fastholde denne mangfoldighed (Sprognævn 2003, 5).*

Klarere kan det ikke siges. Her går den officielle offentlige sprogrådgiver i Danmark ind i den politiske debat med et helt entydigt råd: det er vigtigt, at der undervises i disse sprog. Dette råd har vi altså fra sprognævnet og dets formand. Ingen af disse parter har ment at have for lidt tid eller være for ukvalificeret til at fremsætte den klare og entydige anbefaling. Det ville da også være mærkeligt. Dansk Sprognævn er med sin adresse på Københavns Universitet nabo til nogle af de mest aktive forskere på området, og sprognævnet har haft ca. halvtreds år til at forberede en tekst om dansk sprogpolitik. Der ligger utvivlsomt både overvejelser og undersøgelser bag sprognævnets forslag – måske ikke selvstændige videnskabelige undersøgelser, men i hvert fald konsultationer i den righoldige gængse litteratur og hos de kvalificerede kilder. På denne baggrund er det ikke let at tage alvorligt, at Davidsen-Nielsen som medlem af udvalget bag Kulturministeriets sprogpolitik påberåber sig manglende tid eller kvalifikationer til at kunne udtale sig om emnet. Han kunne bare lede i sine egne papirer.

Et andet medlem var Jørn Lund, direktør for Det Danske Sprog- og Litteraturselskab. Lund har flere gange ytret sig om tosprogethed hos skoleelever, især skolebegyndere, både i aviskronikker og bøger, fx som i denne passus

Dertil kommer, at skolebegyndere ikke kan klare at udvikle et sæt af associationer til to sprog i en periode, hvor deres ordforråd vokser meget hastigt, og hvor de skal foretage det store spring, det er at nå til forståelse af skriftsprogets mysterier (Lund 1998, 80).

Her taler Lund om elever med dansk som modersmål og engelsk som andetsprog. Det ændrer imidlertid intet ved den mangel på viden om og forståelse af tosprogethed hos børn, som udsagnet åbenbarer. En identisk formulering kan vi finde andre steder hos Lund (fx 1993, 95-96), så det er ikke nogen tilfældig lapsus, eller fordi han ikke har haft tid til at sætte sig ind i sagerne. Man undrer sig over nogle steder at få så skråsikre udsagn om tosprogethed – og andre steder total og demonstrativ afholdenhed. Lund har en fortid som professor i dansk sprog ved Danmarks Lærerhøjskole, og ligesom Davidsen-Nielsen har han haft rig lejlighed til at kvalificere sig, eller i hvert fald til at søge kvalificeret oplysning – det har de i udvalgsarbejdet da også gjort på andre områder, hvor de ikke selv har været aktive, herunder emner af interesse for erhvervslivet og dansk i udlandet. Her har deres "tilmålte tid" og "faglige grundlag" ikke stillet sig hindrende i vejen.

Den tredje, der har udtalt sig, er Ole Togeby, som er professor ved Århus Universitet. Han har tidligere i kronikker udtalt sig om undervisning af tosprogede børn. Men det mest interessante fra hans hånd i denne sammenhæng er faktisk noget, der er skrevet og udkommet efter udvalgsarbejdet. Han har nemlig fået kolde fødder. Han har været med til at udarbejde udvalgets tekst, men senere har han lagt betydelig afstand til præcis det afsnit i teksten, som jeg her har trukket frem (Togeby 2003, 15). Interessant nok gør han det med henvisning til forskningens mest omfattende og bedst dokumenterede behandlinger af emnet overhovedet. Kort tid efter udvalgsarbejdet har Togeby altså været helt opdateret med den nyere store internationale forskning på feltet. Denne forskning påpeger i øvrigt med overvældende statistisk, pædagogisk og sproglig argumentation nytten af modersmålsundervisning i mindretalssprog (Thomas & Collier 2002). Man kan undre sig over, at Togeby gerne vil argumentere stærkt for modersmålsundervisningen i tidsskriftartikler, men ikke i ministerielle udvalg. Hans forklaring er lidt tåget – han henviser til undervisningsministerens velkendte og ofte luftede uvidenhed og vrangvilje:

> *Om dette udtaler undervisningsminister Ulla Tørnæs (uden at hun har set rapporten): "Det er ikke entydigt bevist, at modersmålsundervisningen fører til bedre integration. Jeg mener, at det er folkeskolens opgave at lære børn dansk." Det har Ulla Tørnæs sagt mange gange, og det er antagelig derfor at der ikke står noget i "Sprog på spil" om undervisning i minoritetssprog i den danske skole.* (Togeby 2003,15)

Vi kan kun undre os over, at Ole Togeby ikke ved med sikkerhed, hvordan en tekst er opstået, som han selv har været med til at udarbejde. Vi kan også undre os over, om det kan være rigtigt, at en manifest inkompetent undervisningsminister skal have afgørende indflydelse på, hvad sprogprofessorer anbefaler kulturministeren.

Den ringe tolerance i det danske sprogsamfund over for afvigelser har medvirket til, at de klassiske dialekter er forsvundet hurtigere i Danmark end andre steder, også i det Vesteuropa, som ellers har gennemløbet nogenlunde den samme sociale og økonomiske udvikling i de seneste 50-100 år (se I.L. Pedersen 2003). Men den har også medvirket til, at forståelsen af dansk talt med accent – og forståelsen for, at dansk overhovedet kan tales med accent – er ganske ringe i det politiske liv.

Vi kan forudse, at den ringe tolerance videre vil føre til, at Danmark mister den sproglige gave, vi har fået gennem tilvandringen af befolkningsgrupper med kompetencer inden for sprog der bærer oldgamle kulturer som mandarin-kinesisk, arabisk, tyrkisk og hindi. Vi kan også forudse, at den betyder, at vi mister forbindelsen til de andre nordiske folk. Det kan ikke undre, at islændinge mærker, at danskere er dårlige til at forstå dansk. Men det er ikke godt for det danske sprogs fremtid – og i længden betyder det, at dansk måske bliver et truet sprog. Derfor er redningen for det danske sprog, og for dets forbliven i det nordiske fællesskab, at så mange som muligt gør op med det politiske hængedynd.

Ét sted at begynde er i undervisningsvæsenet. Vi kan lære flertalsdanskere at forstå en bredere vifte af dansk, herunder dansk med forskellige accenter. Det kræver, at undervisningen giver eleverne lejlighed til at høre de forskellige former for dansk. Vi kan også gøre det til en indlysende sag, at alle hørende kan forstå klassisk dialekt og islandsk-dansk, så vi kan bruge resurserne på tekstning for døve af flere vigtige udsendelser i fjernsynet. Endelig bør vi selvfølgelig have genindført modersmålsundervisningen i mindretalssprogene, gerne suppleret med muligheden for, at flertalsdanskere kan vælge disse sprog som fremmedsprog i skolen (nu lærerne alligevel er der). Det vil betyde, at flertalsdanskere bliver bedre til at forstå dansk med accent. Det vil også betyde, at sproglige mindretalsbørn får bedre muligheder for at lære dansk – og at de i langt højere grad kan regne med at blive forstået og accepteret med de afvigelser, der stadig måtte være i deres dansk. Kort sagt – det vil fremme den sociale integration i samfundet, og det vil hjælpe på den danske forbliven i det nordiske fællesskab.

En grundlæggende forudsætning for gennemførelsen af sådan noget er politikere med adgang til ordentlige rådgivere og eksperter. Politikere, der afviser eksperter som smagsdommere, kommer ingen vegne med dette problem. Eksperter, der bøjer nakken og giver politikerne de anbefalinger, disse måtte ønske – eventuelt mod bedre vidende – hjælper heller ingen steder. Og begge disse grupper er store i Danmark. Derfor har danskerne svært ved at forstå dansk. Og derfor kan danske sprogfolk kun se med misundelse på Island, der har politikere som Vigdis Finnbogadóttir.

HENVISNINGER

Boyd, S., A. Holmen & J. N. Jørgensen (red) (1994): Sprogbrug og sprogvalg blandt indvandrere i Norden. Bind I-II. Københavnerstudier i tosprogethed, bind 22-23. København: Danmarks Lærerhøjskole.

Bugge, K. E. & J. N. Jørgensen (1995): Tre år efter. En punktvis efterundersøgelse af Folkeskolens Udviklingsråds projekter vedrørende indvandrerelever. Københavnerstudier i tosprogethed, bind 26. København: Danmark Lærerhøjskole.

Dansk Sprognævn (2003): Forslag til retningslinjer for en dansk sprogpolitik. http://www.dsn.dk/Sprogpolitik-DSN.htm

Grønnum, N. (2003): Why are the Danes so hard to understand? In: H. G. Jacobsen, D. Bleses, T. O. Madsen & P. Thomsen (eds): Take Danish – for instance. Odense: University Press of Southern Denmark, 119-130.

Hansen, Erik (1985): Tolv ord der rystede Danmark. Nordisk Tidsskrift för vetenskap, konst og industri, 61. årg,. Stockholm: Föreningen Norden, 420-5.

Holmen, A. & J. N. Jørgensen (1994): Forældreholdninger til skole og sprogbrug. In: Boyd m.fl. bind II, 91-115.

Kirilova, M. (2004): Danskernes holdninger til fremmed accent – et uerkendt lillebrorkompleks? In: C. B. Dabelsteen & J. S. Arnfast (red.): Taler de dansk? Aktuel forskning i dansk som andetsprog. Københavnerstudier i tosprogethed bind 37. Københavns Universitet, 77-98.

Kristiansen, Tore (1990): Udtalenormering i skolen. Skitse af en ideologisk bastion. København: Gyldendal.

Kulturministeriet (2003): Sprog på spil. Et udspil til en dansk sprogpolitik. Internetversion: http://www.kum.dk/graphics/kum/downloads/Publikationer/Sprogðpaaðspil.pdf

Ladegaard, H. J. (1992): Sprogholdninger i Danmark. En socialpsykologisk analyse af stereotype holdninger til sprog og sprogbrugere i fire danske lokaliteter. In: Nordisk Psykologi Vol. 44:3, 173-89.

Ladegaard, U. (2002): Sprog, holdning og etnisk identitet. En undersøgelse af holdninger over for sprogbrugere med udenlandsk accent. Odense Universitetsforlag.

Lund, J. (1993): – med sproget som indsats. København: Gyldendal.

Lund, J. (1998): Sidste udkald. København: Gyldendal.

Pedersen, I. L. (2003): Traditional dialects of Danish and the de-dialectalization 1900-2000. In: International Journal of the Sociology of Language vol. 159. Berlin: Mouton de Gruyter, 9-28.

Pedersen, K. M. (1993): Vi bor i Sønderjylland. Sprog og kultur i lokalsamfundet – et materiale til dansk og tværfaglig undervisning. Tekstmappe & båndmappe. Aabenraa: Institut for grænseregionsforskning.

Skovholm, J. (red) (1996): Hvorfor er det så svært at lære dansk? København: Dansk Flygtningehjælp og Special-pædagogisk forlag.

Thomas, F. R. (ed) (1990): Americans in Denmark. Carbonville: Southern Illinois University Press.

Thomas, W. P. & V. Collier (2002): A National Study of School Effectiveness for Language Minority Students' Long-term Academic Achievement. Santa Cruz: University of California Center for Research on Education.

Togeby, O. (2003): Sprogpolitik. In: Mål & Mæle 26:3, 10-16.

AUÐUR HAUKSDÓTTIR

Hvorfor undervises der i dansk i Island?

Ifølge læseplanerne i dansk for grundskolen og ungdomsuddannelserne i Island er undervisningens formål at give islændingene solide kundskaber i dansk, som kan fungere som deres nøgle til det nordiske sprogsamfund. Ofte stilles det spørgsmål, ikke mindst fra dansk side, hvorfor islændingene lægger så stor vægt på at undervise i dansk, eftersom der er forholdsvis få mennesker, der taler dansk og de øvrige skandinaviske sprog. Når der tages stilling til spørgsmålet om, hvilke sprog de unge bør lære, er det vigtigt at gøre sig klart, hvilke kriterier der ligger bag valg af fremmedsprog generelt: Skal der satses på de sprog, som ret hurtigt kan læres på grund af modersmålets og målsprogets slægtskab eller er det *brugsværdien*, der er det afgørende kriterium? Og hvad forstår vi i givet fald ved *brugsværdi*? Er det nyttigt at lære de sprog, som har størst udbredelse på tværs af landegrænser og som vi oftest hører? I givet fald er det engelsk, der helt og holdent har en særstilling som lingua franca. Mon ikke alle er enige om den praktiske og pragmatiske funktion, som en sikker beherskelse af engelsk har under vores himmelstrøg? Og tvivler nogen på den praktiske og kulturelle gevinst, der er forbundet med at beherske europæiske sprog såsom fransk, spansk og tysk? Hvis vi med brugsværdi mener, at målsprogene skal være de sprog, som de fleste har som modersmål, er følgende tal relevante:

- 874 millioner mennesker har kinesisk (mandarin) som modersmål
- 366 millioner mennesker har hindi som modersmål
- 341 millioner mennesker har engelsk som modersmål
- 322-358 millioner mennesker har spansk som modersmål

(The World Almanac and Book of Facts 2003: 6331)[1]

Det sprog, som de fleste har som modersmål i dag, er kinesisk (mandarin). Hindi og spansk kommer som nummer to, og derefter følger engelsk som det tredje "største" sprog. Hvis kriteriet for valg af fremmedsprog er det største antal af modersmålstalende, bør vi afgjort lægge vægt på at undervise i kinesisk. Men er det realistisk at undervise hele årgange eller de fleste af vores unge i kinesisk? Hvad koster det? Hvor lang tid tager det at lære sproget? De kinesiske tegn og den kultur, der knytter sig til sproget, er fremmedartede, og antagelig vil det tage flere år for de største sprogtalenter at lære at begå sig skriftligt og mundtligt på kinesisk. Foruden den spontane sprogfærdighed i skrift og tale forudsætter en vellykket kommunikation med fremmede folkeslag desuden en dyb kulturel indsigt og solid samfundsmæssig viden. Jeg har ladet mig fortælle, at man skal kunne holde styr på ca. 3000 tegn for at kunne læse kinesiske aviser eller bøger af lidt sværere karakter. Der hersker ingen tvivl om, at ved at lære kinesisk ville de unges forståelse for Kina og Asien i øvrigt blive større, hvilket ville udvide den kulturelle og erfaringsmæssige horisont. Og selvfølgelig er det vigtigt pga. handels- og forretningsmæssige interesser, at der i Island ligesom andre steder findes et vist antal mennesker, der behersker eksotiske sprog såsom fx kinesisk eller hindi og har indsigt i disse nationers kultur. Men det er næppe realistisk eller hensigtsmæssigt, sådan som situationen er nu, at lægge vægt på, at alle eller en stor del af de unge skal lære så eksotiske sprog. Hvor mange ville fx have mulighed for at bruge kinesisk eller hindi regelmæssigt, dvs. at afprøve deres intersprog, hvad der anses for at være forudsætningen for at opbygge kommunikativ kompetence på et fremmedsprog? Hvor mange ville være i stand til at studere i Kina eller bosætte sig der over kortere eller længere tid?

Nordboerne er ganske få sammenlignet med de mange mennesker, der har henholdsvis kinesisk og hindi som modersmål. Ikke desto mindre taler den store og mangesidige kontakt, der findes blandt nordboerne, for, at der undervises i de nordiske sprog, af den simple grund, at vi møder hinanden bl.a. på grund af den geografiske beliggenhed, fælles historie og de livsværdier, der binder sammen. Et andet vigtigt argument er sprogenes slægtskab, hvilket betyder, at fx islændingene i løbet af forholdsvis kort tid kan lære dansk tilstrækkelig godt til at kunne bruge det til gavn og lyst i kontakt med danskere og de øvrige nordboer. Om dette vidner fx de mange islændinge som i gennem årene i længere og kortere tid har opholdt sig i Norden fx i uddannelsesøjemed eller i forbindelse med arbejde. Dette har de formået i kraft af de danskkundskaber, de erhvervede sig i den islandske skole. Erfaringen viser, at mange islændinge, som behersker dansk godt, ikke har store problemer med at forstå svensk og norsk. Formodentlig fremmer det den sproglige bevidsthed at beskæftige sig med beslægtede sprog, og der er ikke meget, der tyder på, at det at lære naboernes sprog mindsker muligheden for at lære andre fremmede sprog, fx et asiatisk sprog eller et hvilket som helst andet fremmedsprog, herunder engelsk.

I Island er dansk et obligatorisk fag i grundskolen (4 år) og inden for ungdomsuddannelserne (1-2 år). Formålet med danskundervisningen er at give islændingene en alsidig kommunikativ kompetence på dansk. Da det danske sprog ikke er særlig fremtrædende i det islandske samfund, beror de unges beherskelse af dansk stort set på kvaliteten af den danskundervisning, de modtager. Derfor er det afgørende, at undervisningen er målrettet og professionel. Men hvordan står det til med danskundervisningen? Hvad fungerer godt, og hvad kan evt. gøres bedre? For at tage pulsen på danskundervisningens styrker og svagheder har jeg i de seneste år foretaget en undersøgelse blandt islandske studerende under videreuddannelse i Danmark. Undersøgelsens formål er at udforske, hvordan det går de studerende mht. at leve op til de sproglige krav, der er forbundet med en videreuddannelse i Danmark, og hvordan de deres erfaringer taget i betragtning vurderer den danskundervisning, som de i sin tid modtog i den islandske skole. I det følgende gøres der kort rede for nogle dele af undersøgelsen. Indledningsvis opridses nogle centrale forhold, der angår det danske sprogs tidligere status og funktion i Island, og som har været med til at danne fagtraditionen i danskundervisningen deroppe.

DANSK I ISLAND SET I ET HISTORISK PERSPEKTIV

I den lange periode, hvor Island var en del af det danske rige, havde det danske sprog en central status og funktion i det islandske samfund. I århundreder var dansk islændingenes administrationssprog over for myndighederne i København samt embedsmændenes skriftsprog. Dansk var til en vis grad kommunikationssprog på handelsstederne, hvor danske købmænd ofte drev handelen. Alle regnskaber og protokoller blev ført på dansk, men det står uklart, i hvilken grad kommunikationen er foregået på dette sprog. Det nævnes i flere af kilderne, at mange islændinge kunne dansk, men det er dog svært at sige i hvilken grad de beherskede sproget.

Kundskaber i dansk var for mange islændinge nøglen til uddannelse, uanset om det gjaldt akademiske uddannelser på Københavns Universitet, håndværksmæssige kvalifikationer eller erhvervelsen af ny praktisk viden. Når islændingene skulle tilegne sig en ny håndværksmæssig eller praktisk viden fx inden for landbrug eller i forbindelse med husholdning, skete det ofte dels gennem uddannelse i Danmark dels gennem kontakt med danskere i Island. Danmark, især København, spillede en helt central rolle i Islands historie. Her studerede islændingene i århundreder, og her kom de i kontakt med tidernes strømninger inden for alle af samfundets områder fx inden for politik, litteratur, mode, teknik, håndværk og medier. Igennem kontakten med Danmark blev islændingene kendt med tidens strømninger. Det gjaldt såvel dønningerne af de politiske begivenheder i Europa i begyndelsen af det 19. århundrede, som fx romantikkens ideologi og litteratur. Den islandske sagalitteratur var heller ikke uden betydning i dansk litteratur og ved opbygningen af dansk nationalidentitet. I Islands historie har København en særstilling, jf. følgende omtale af byen:

> *Det gamle København er et skatkammer af minder fra Islands historie, minder på godt og ondt, opløftende og tragiske. I mine år i Islands gamle hovedstad blev jeg ikke blot fortrolig med disse minder, jeg mener også at have fået en bedre forståelse for forholdet mellem Danmark og Island, af forskelle og ligheder mellem dansk og islandsk kultur i fortid og nutid. Og trods alle forandringer i København siden i mine unge år er det den eneste by udenfor Island hvor jeg stadig føler mig hjemme.* (Jakob Benediktsson 1982: 252)

Kilderne viser, at det var almindeligt, at man i Island læste informationsmaterialer og forskellig faglitteratur på dansk, fx tekster om husholdning, håndarbejde og landbrug. I vide kredse var der tradition for at læse dansk litteratur og udenlandsk litteratur oversat til dansk i forlystelsesøjemed. Det gjaldt især romaner, jf. fremmedordet "róman", som kom ind i det islandske sprog i 1800-tallet. I 1800-tallet blev der etableret mange lokale læseselskaber i Island. De kilder, der angår læseselskaberne, viser, at en stor del af bøgerne var på dansk, og i visse tilfælde blev der abonneret på danske aviser og tidsskrifter. Indtil den sidste del af forrige århundrede blev mange bøger i andre fag læst på dansk inden for erhvervsuddannelserne og på gymnasierne. Denne udbredte tradition for at læse på dansk, ikke mindst skønlitteratur, satte præg på danskundervisningen, hvor læsefærdigheden blev vægtet højt. Under tilhørsforholdet til Danmark lærte mange islændinge at tale dansk gennem direkte kontakt med danskere enten i Island eller i Danmark. Mens den letteste tilgang til dansk er forståelsen af skrevne tekster, har talt dansk vist sig at være svært for islændingene. Det gælder dog i særdeleshed den produktive talefærdighed.

Traditionen for at læse på dansk har været særdeles levedygtig i Island og helt op til vore dage har fx danske ugeblade og danske tidsskrifter været populært læsestof. Indtil man begyndte at oversætte Anders And til islandsk i slutningen af 70'erne, var den "danske" and afholdt blandt mange islandske børn og unge.

I takt med forøget selvstændighed først med erklæringen af Islands suverænitet i 1918 og senere med oprettelsen af republikken i 1944 har det danske sprog fået en helt anden status end før. Således er der nu forholdsvis få fastboende danskere i landet, og sammenlignet med andre fremmedsprog, især engelsk, høres dansk sjældent i dagligdagen fx i medierne (se nærmere om danskfagets historiske baggrund i Auður Hauksdóttir 2001). Den forandrede samfundssituation betyder, at dansk nu primært læres i skolen.

UNDERSØGELSE BLANDT ISLANDSKE STUDERENDE I DK

Mit forskningsprojekt omfatter to spørgeskemaundersøgelser foretaget i henholdsvis foråret og sommeren 1999 og 2002 blandt de studerende, som i de år for første gang søgte om studielån hos Islandske Studerendes Lånefond for at læse i Danmark. Projektet omfatter desuden kvalitative interview med 15 studerende, som, da interviewene blev foretaget, havde læst i Danmark i to år. Den sidste af de tre delundersøgelser blev foretaget i sommeren 2003, og i den blev nogle få af spørgeskemaundersøgelsens resultater gået nærmere efter i sømmene.

Spørgeskemaundersøgelsen havde til formål at afklare forskellige forhold, der angår de studerendes indlæring og beherskelse af dansk. Desuden var formålet at undersøge, hvilke danskkundskaber et uddannelsesophold i Danmark kræver, og hvordan de studerende vurderer den danskundervisning, som de i sin tid modtog i den islandske skole, set i lyset af deres aktuelle situation. I det følgende gøres der rede for nogle resultater fra de to spørgeskemaundersøgelser. Det drejer sig dels om, hvordan de studerende beskriver vægtningen af nogle sproglige komponenter i den danskundervisning, som de i sin tid fik i henholdsvis grundskolen og inden for ungdomsuddannelsen. Dels gøres der rede for, hvordan de studerende beskriver deres aktuelle behov for danskkundskaber.

Informanter

I det akademiske år 1998-1999 søgte i alt 255 studerende for første gang om lån for at studere i Danmark, og i 2001-2002 var antallet 285. Islandske Studerendes Lånefond kunne ikke give oplysninger om de studerendes adresser i Danmark. Til gengæld kunne lånefonden oplyse navnet og adressen på de studerendes kontaktpersoner i Island. For at finde frem til de studerendes adresser i Danmark blev deres kontaktpersoner i Island kontaktet telefonisk. På den måde var det muligt at skaffe oplysninger om forventet bopæl i Danmark hos 227 af de 255 studerende fra den første gruppe. 10 af de 227 udsendte spørgeskemaer blev sendt retur af postvæsenet. Således var i alt 217 studerende med i 1999-undersøgelsen. Efter to rykkerbreve besvarede og returnerede i alt 136 studerende spøreskemaet. Svarprocenten i 1999-undersøgelsen udgør således 62,7%. Det lykkedes at få oplysninger om forventet adresse hos 253 af de 285 af 2002-informanterne. 21 spørgeskemaer blev returneret af postvæsenet. Således var 232 studerende med i undersøgelsen i 2002. Af dem besvarede og returnerede 158 informanter spørgeskemaet, hvilket udgør 68,1%.

Tabel 1. Antallet af informanter.

Studieår	Ansøgere om studielån	Studerende med oplyste addresser	Returnerede svar	%
1998-1999	255	217	136	62,7%
2001-2002	285	232	158	68,1%

Det skal lige nævnes, at der ikke kun er tale om universitetsstuderende, idet det også drejer sig om informanter, der er i gang med forskellige tekniske og handelsmæssige uddannelser eller andre mere fagspecifikke korte og lange uddannelser. De studerende bor vidt omkring i Danmark.

Spørgeskemaundersøgelsen og nogle af dens resultater
Spørgeskemaet indeholder 59 åbne og lukkede spørgsmål, der på forskellig vis har til formål at belyse feltet. I dette afsnit gøres der rede for spørgeskemaundersøgelsens resultater mht. følgende emner:

1.*Vægtningen af sproglige komponenter i danskundervisningen i grundskolen*
2.*Vægtningen af sproglige komponenter i danskundervisningen inden for ungdomsuddannelsen*
3.*De studerendes forberedelser i dansk*
4.*De studerendes kontakt med danskerne.*

Vægtning af sproglige komponenter i grundskolen
I et af spørgsmålene bliver de studerende bedt om at gøre rede for, hvordan de forskellige sproglige komponenter blev vægtet i danskundervisningen i grundskolen. Der er tale om et svarlistespørgsmål med følgende 9 svarkategorier:
1) *Træning i lyttefærdighed,* 2) *Træning i læsefærdighed,* 3) *Træning i skrivefærdighed,* 4) *Træning i talefærdighed,* 5) *Ordforrådsindlæring,* 6) *Grammatik,* 7) *Adækvat sprogbrug/ sprogvaner,* 8) *Sæd og skik,* 9) *Kultur- og samfundsforhold.* Der opstilles en graderingsskala med 5 svarmuligheder: a) *Meget stor,* b) *Ret stor),* c) *Hverken stor eller ringe,* d) *Ret ringe,* e) *Meget ringe.* Figur 1 viser procentfordelingen af de studerende, som anser vægtningen af de opstillede svarkategorier for at have været meget eller ret stor samt hverken stor eller ringe.

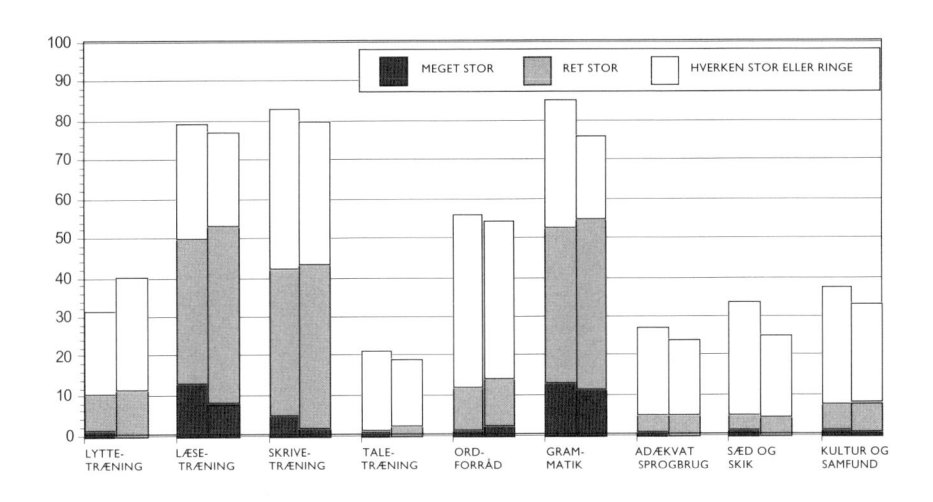

Figur 1. Vægtning af komponenter i danskundervisningen i grundskolen.

Som det fremgår af figur 1, er det påfaldende, så mange af de studerende der svarer, at der var tale om meget stor eller ret stor vægtning af indlæring af dansk grammatik (52,9% fra 1999-undersøgelsen og 55,1% fra 2002-undersøgelsen), træning i læsefærdighed (50% fra 1999-undersøgelsen og 53,1% fra 2002-undersøgelsen) og træning i skrivefærdighed (42,6% fra 1999-undersøgelsen og 43,7% fra 2002-undersøgelsen). Forholdsvis få svarer, at indlæringen af ordforråd blev tildelt megen eller ret stor vægt (12,5% fra 1999-undersøgelsen og 14,5% fra 2002-undersøgelsen). Det er påfaldende, så få der svarer, at træningen i talefærdighed (1,4% fra 1999-undersøgelsen og 2,5% fra 2002-undersøgelsen) og i lyttefærdighed (10,3% fra 1999-undersøgelsen og 11,4% fra 2002-undersøgelsen) har haft meget eller ret stor vægt. Ifølge de studerendes besvarelser blev de komponenter, der angår sprogets pragmatiske side, kultur og samfundsviden samt dansk sæd og skik, tildelt ringe vægt.

Vægtning af sproglige komponenter inden for ungdomsuddannelserne
Et af spørgsmålene drejede sig om de studerende vurdering af, hvordan de forskellige komponenter blev vægtet i danskundervisningen inden for ungdomsuddannelsen. Der er tale om et svarlistespørgsmål med 11 svarkategorier: 1) *Træning i lyttefærdighed,* 2) *Træning i læsefærdighed,* 3) *Træning i skrivefærdighed,* 4) *Træning i talefærdighed,* 5) *Ordforrådsindlæring,* 6) *Dansk litteratur,* 7) *Grammatik,* 8) *Adækvat sprogbrug,* 9) *Sæd og skik,* 10) *Kultur,* 11) *Samfund.* Ligesom i spørgsmålet med vægtning af

færdigheder i grundskolen (se figur 1) blev der opstillet en gradueringsskala med 5 svarmuligheder. Figur 2 viser procentfordelingen af de studerende, der svarer, at de opstillede svarkategorier havde meget stor, ret stor eller hverken stor eller ringe vægt i danskundervisningen inden for ungdomsuddannelsen.

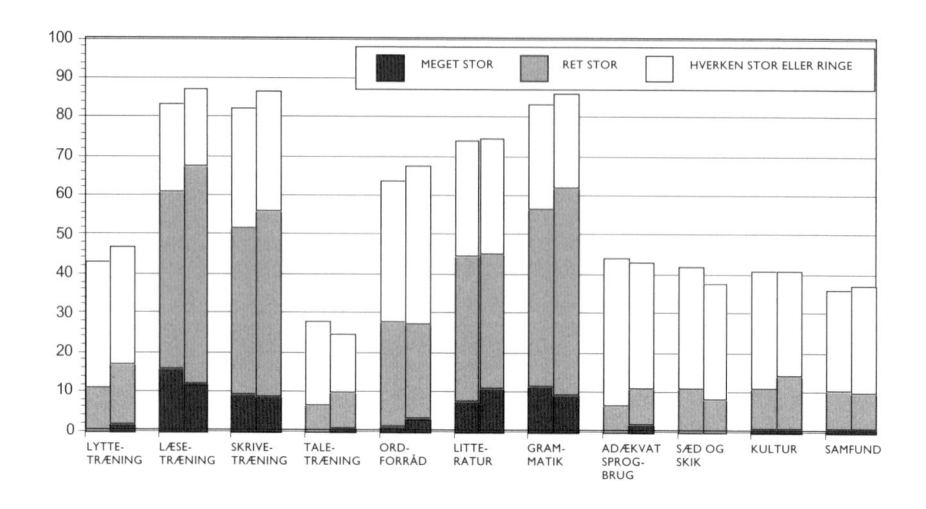

Figur 2. Vægtning af komponenter i danskundervisningen inden for ungdomsuddannelsen.

Ifølge de studerendes besvarelser blev der også på dette skoleniveau lagt størst vægt på træning i læsefærdighed (61,1% fra 1999-undersøgelsen og 67,7% fra 2002-undersøgelsen) samt indlæring af grammatik (56,7% fra 1999-undersøgelsen og 62,0% fra 2002-undersøgelsen). Over halvdelen af de studerende svarer, at der blev lagt meget stor eller ret stor vægt på træning i skrivefærdighed inden for ungdomsuddannelsen (52,2% fra 1999-undersøgelsen og 56,4% fra 2002-undersøgelsen). Mao. svarer de, at træningen i skrivefærdighed havde betragteligt større vægt inden for ungdomsuddannelsen end i grundskolen. Endvidere svarer knap halvdelen (44,9% fra 1999-undersøgelsen og 45,6%) at læsning af dansk litteratur blev tildelt meget eller ret stor vægt. Denne svarkategori var ikke med i det spørgsmål, der angik grundskolen. Det er iøjnefaldende, så få af de studerende der svarer, at der blev lagt meget eller ret stor vægt på træningen i talefærdighed (6,6% fra 1999-undersøgelsen og 10,1% fra 2002-undersøgelsen) og lyttefærdighed (11,0% fra 1999-undersøgelsen og 17,1% fra 2002-undersøgelsen). Som det fremgår af figur 2, svarer kun meget få af de studerende, at de komponenter, der angår dansk kultur, samfund, sæd og skik samt adækvat sprogbrug, blev tildelt meget stor eller ret stor vægt. Som det fremgår af figur 1 og 2, svarer de studerende, at der blev lagt større vægt på indlæringen af lyttefærdighed, ordforråd og talefærdighed inden for ungdomsuddannelsen end i grundskolen. Hvis man sammenligner søjlediagrammerne på figur 1 og 2, viser det sig, at de fleste af komponenterne bliver vægtet højere i de studerendes vurdering af danskundervisningen inden for ungdomsuddannelsen end i grundskolen. Det gælder dog især deres vurdering af vægtning af ordforrådet og til en vis grad skrive- og lyttefærdigheden.

De studerendes aktuelle behov for danskkundskaber

Et af spørgsmålene drejer sig om de studerendes behov for danskkundskaber i forbindelse med deres igangværende studium i Danmark. Der blev opstillet 18 svarkategorier, nemlig: 1) *At forstå talt dansk*, 2) *At læse på dansk*, 3) *At tale dansk*, 4) *At tale med god udtale*, 5) *At skrive på dansk*, 6) *At kunne retskrivningsregler*, 7) *At have stort alment ordforråd*, 8) *At have stort fagspecifikt ordforråd*, 9) *At kunne anvende grammatiske regler*, 10) *Viden om adækvat sprogbrug*, 11) *Viden om dansk sæd og skik*, 12) *Viden om dansk samfund*, 13) *Viden om danske medier*, 14) *Viden om dansk litteratur*, 15) *Viden om aktuelle emner*, 16) *Viden om Danmark*, 17) *Kontrastiv viden om dansk og islandsk.* 18) *Andet*. Ligesom i de forrige spørgsmål blev der opstillet 5 gradueringsmuligheder. Figur 3a og 3b viser procentfordelingen af de studerendes besvarelser.

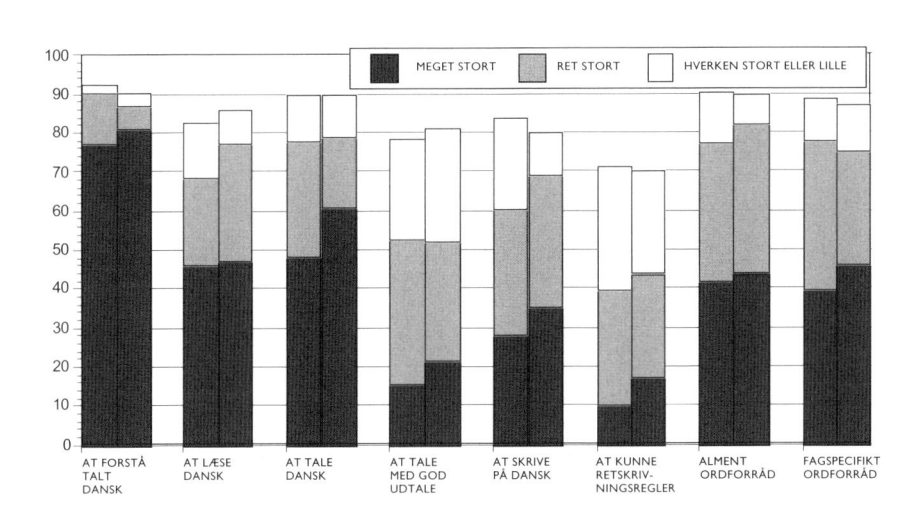

Figur 3a. De studerendes aktuelle behov for danskkundskaber.

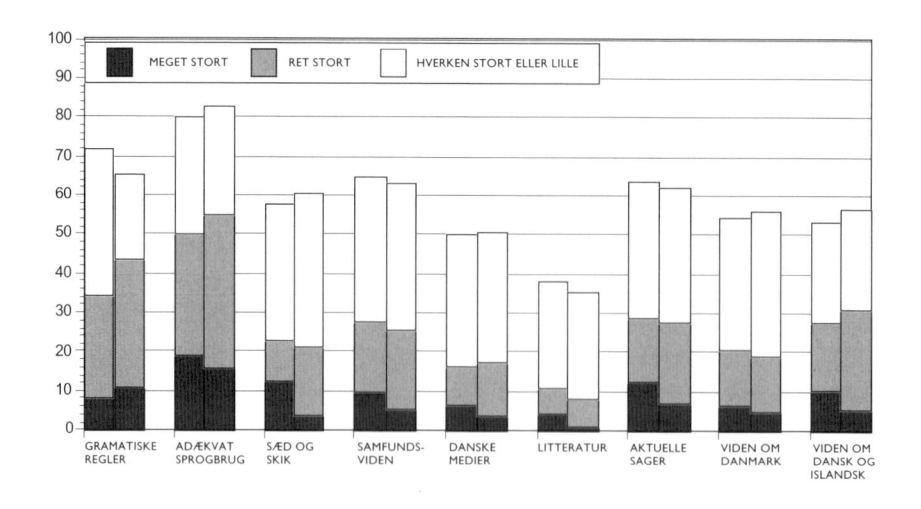

Figur 3b. De studerendes aktuelle behov for danskkundskaber.

Den færdighed, som de fleste af de studerende svarer, at de har meget stort eller ret stort behov for i forbindelse med deres uddannelse, er forståelsen af talt dansk. Således svarer 90,4% fra 1999-undersøgelsen og 87,3 fra 2002-undersøgelsen på disse to svarkategorier. Talefærdigheden kommer som nummer to (77,9% fra 1999-undersøgelsen og 79,2% fra 2002-undersøgelsen). Hertil kommer, at godt halvdelen af de studerende (52,9% fra 1999-undersøgelsen og 51,9% fra 2002-undersøgelsen) nævner, at der er meget eller ret stort behov for god udtale på dansk. Godt to tredjedele af de studerende svarer, at de har meget eller ret stort behov for læsefærdighed på dansk (68,4% fra 1999-undersøgelsen og 77,2% fra 2002-undersøgelsen). Skrivefærdigheden anses også for at være vigtig, jf. at 60,4% fra 1999-undersøgelsen og 68,9% af de studerende fra 2002-undersøgelsen vægter denne færdighed højt. Noget mindre end halvdelen mener at de har meget stort eller ret stort behov for retskrivningsregler (39,7% fra 1999-undersøgelsen og 43,7% fra 2002-undersøgelsen). Langt de fleste studerende svarer, at de har et meget stort eller ret stort behov for såvel alment som fagspecifikt ordforråd. Således svarer 77,2% fra 1999-undersøgelsen og 82,3% fra 2002-undersøgelsen, at beherskelsen af alment ordforråd spiller en meget stor eller ret stor rolle i forbindelse med deres uddannelse. For specifikt ordforråd er procentfordelingen 77,9% for 1999-undersøgelsen og 75,3% for 2002-undersøgelsen. Det er påfaldende, at omtrent halvdelen af de studerende (50% fra den første og 55% fra den sidste undersøgelse) svarer, at de har meget stort eller ret stort behov for viden om adækvat sprogbrug. Godt en tredjedel af de studerende (34,6% fra 1999-undersøgelsen og 43,7% fra 2002-undersøgelsen) understreger deres behov for grammatisk viden.

Her er det bemærkelsesværdigt, at der lader til at være en vis uoverensstemmelse mellem de behov, som de studerende har for danskkundskaber og vægtningen af komponenter i danskundervisningen i grundskolen og inden for ungdomsuddannelsen. I den forbindelse har lyttefærdigheden dog en særstilling. Ifølge de studerendes besvarelser blev denne vigtige færdighed tildelt en yderst ringe vægt i danskundervisningen, især i grundskolen. Endvidere er deres behov for talefærdighed på dansk, herunder god udtale, stort. Her er der også tale om en komponent, der ifølge de studerende tildeles en yderst beskeden vægt i danskundervisningen. De studerende fremhæver også i andre sammenhænge deres problemer med at udtrykke sig mundtligt på dansk især i de første måneder. I spørgeskemaet bliver de studerende bedt om at komme med bud på, hvad de mener man burde gøre for at forbedre danskundervisningen. Langt de fleste understreger vigtigheden af, at vægte lytte- og talefærdighed højere. Mange nævner, at der bør lægges større vægt på at arbejde med dansk dagligdag, fx ved at inddrage medier, og ret mange nævner, at danske film og fjernsynsprogrammer i højere grad burde indgå i danskundervisningen. I de kvalitative interview fortæller de fleste af informanterne, at de første måneder var meget svære, men at de i løbet af 3-6 måneder blev bedre til at forstå og tale dansk. I den sammenhæng nævner de, at de har et forholdsvis stort receptivt ordforråd, som de efterhånden kunne forbinde med det talte sprog. Her må man have i tankerne, at talt dansk ikke høres så ofte i den islandske hverdag som før i tiden. Derfor kan det være svært for lærerne at motivere eleverne til at tale dansk. Tidssvarende indlæring af talesproget kræver en meget stor sproglig og fagspecifik kompetence blandt dansklærerne. En tidligere undersøgelse viser, at mangel på kvalificerede dansklærere er et problem i danskundervisningen i grundskolen (Auður Hauksdóttir 2001). Den pragmatiske side af sprogbrugen, som ikke har nogen fremtrædende plads i danskundervisningen, anses for vigtig af forholdsvis mange. De andre komponenter, som de studerende udtrykker stort behov for, fx læse- og skrivefærdighed, har som allerede beskrevet en yderst fremtrædende plads i danskundervisningen. Også i andre sammenhænge beskriver de studerende, at denne side af danskundervisningen fungerede godt.

De studerendes forberedthed på dansk

I spørgeskemaundersøgelsen bliver de studerende bedt om at vurdere, hvordan de sprogligt ser sig i stand til at klare deres studium i Danmark. Der opstilles en gradueringsskala med 5 svarmuligheder: a) *Meget godt*, b) *Ret godt*, c) *Hverken godt eller dårligt*, d) *Ret dårligt*, e) *Meget dårligt*. Søjlediagrammet viser procentfordelingen af de studerendes besvarelser.

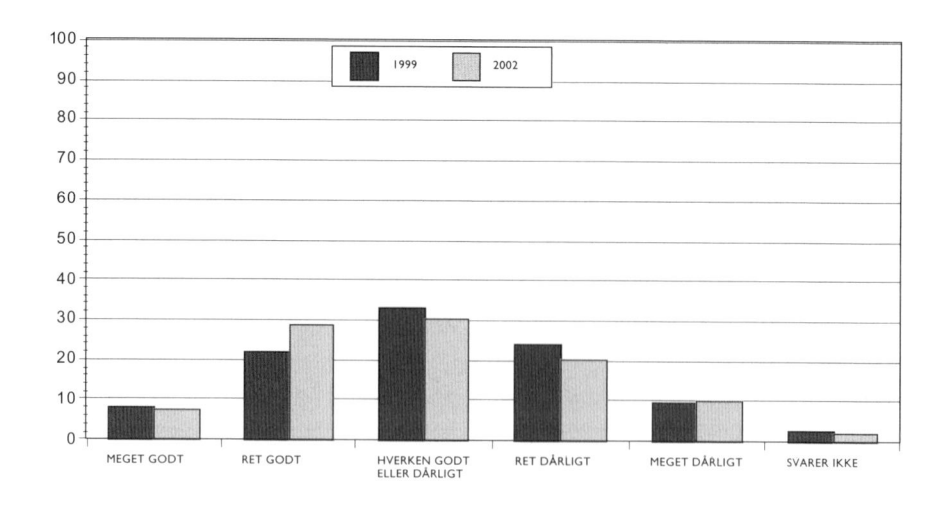

Figur 4. De studerendes vurdering af deres forberedelser i dansk.

Søjlediagrammet viser, hvordan de studerende sprogligt ser sig i stand til at klare deres studier i Danmark. Der er omtrent en tredjedel af de studerende, som anser sig for at være meget dårligt (9,6% fra 1999-undersøgelsen og 10,1% fra 2002-undersøgelsen) eller ret dårligt (25,0% fra 1999-undersøgelsen og 20,3% fra 2002-undersøgelsen) forberedt i dansk til at klare deres studium.

Omtrent en tredjedel af de studerende svarer, at de anser sig for at være meget godt (8,1% fra 1999-undersøgelsen og 7,6% fra 2002-undersøgelsen) og ret godt (21,3% fra 1999-undersøgelsen og 29,1% fra 2002-undersøgelsen) forberedte i dansk til at klare deres studium.

De studerendes kontakt med danskerne

Et af spørgsmålene går ud på at belyse, hvordan det er gået de studerende mht. at etablere kontakt med danskerne, jf. spørgsmålet: Hvordan er det gået med at lære danskerne at kende? Der opstilles en gradueringsskala med 5 svarmuligheder Figur 5 viser procentfordelingen af de studerendes besvarelser.

Knap halvdelen af de studerende svarer, at det er gået meget godt (15,4% fra 1999-undersøgelsen og 8,9% fra 2002-undersøgelsen) eller ret godt (31,6% fra 1999-undersøgelsen og 38,0% fra 2002-undersøgelsen) mht. at komme i kontakt med danskerne. Omtrent en femtedel af de studerende svarer, at det er gået dem meget dårligt (3,7% fra 1999-undersøgelsen og 2,5% fra 2002-undersøgelsen) eller ret dårligt (18,4% fra 1999-undersøgelsen og 19,6% fra 2002-undersøgelsen).

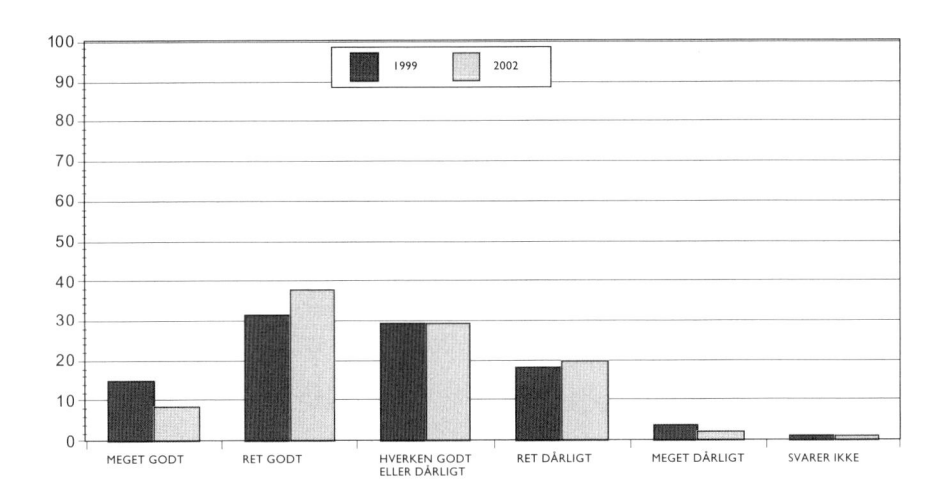

Figur 5. Hvordan det er gået de studerende at lære danskerne at kende.

Undersøgelsens resultater viser, at omtrent en tredjedel af de studerende anser sig for at være godt forberedt til at læse i Danmark, og at en omtrent lige så stor del synes, at deres sproglige forberedelse har været ringe. I andre sammenhænge fremgår det, at der ser ud til at være en skæv fordeling mellem danskfagets prioriteringer og de sproglige behov, der er forbundet med et ophold i Danmark. Til trods herfor viser spørgeskemaundersøgelsen og de kvalitative interview, at det tager de studerende forholdsvis kort tid (3-6 måneder) at overvinde de største sproglige barrierer, der især knytter sig til dansk talesprog. Det er kort tid sammenlignet med, hvad man kan forvente i forbindelse med mange andre sprog. Her må man have i tankerne, at der er tale om deltagelse i uddannelse på et højt niveau, som altid vil kræve solide sproglige kundskaber hos de uddannelsessøgende. Undersøgelsens resultater giver anledning til at tro, at undervisningen i læse- og skrivefærdighed samt i grammatik fungerer godt, hvorimod det talte sprog giver problemer. Det gælder i særdeleshed den produktive sprogbrug. Endvidere kan undersøgelsens resultater tyde på, at arbejdet med ordforråd samt visse pragmatiske, samfundsmæssige og kulturelle aspekter med fordel kunne vægtes højere. Til trods for de svagheder, som er blevet fremhævet her, viser undersøgelsen også, at de fleste af de studerende ikke har problemer med at komme i kontakt med danskerne, hvilket kunne tyde på at deres danskkundskaber er større end de selv tror. Det er tankevækkende. Den umiddelbare kontakt med andre nordboer er måske det vigtigste argument for at fortsætte danskundervisningen.

NOTER
1. Der er tale om skønsmæssige tal fra 2000, der angår "første sprog".

LITTERATURLISTE
Aðalnámskrá framhaldsskóla. Erlend tungumál. 1999. Reykjavík: Menntamálaráðuneytið.
Aðalnámskrá grunnskóla. Erlend tungumál. 1999. Reykjavík: Menntamálaráðuneytið.
Auður Hauksdóttir. 2001. *Lærerens strategier – Elevernes dansk. Dansk som fremmedsprog i Island*. København: Nordisk Ministerråd Sprogsamarbejde.
Jakob Benediktsson (1982). Kan Island bruge Danmark? I Danmark før 1944. I: Friðrika Geirsdóttir & Peter Søby Kristensen (red.). *Hildur et kursus i dansk for voksne*. Reykjavík: Námsgagnastofnun.
The World Almanac and Book of Facts 2003. 2003. Red. William A. McGeveran Jr. New York: World Almanac Books.

JØRN LUND

Dansk og nordisk – set fra Bryggen

Gunnlaug Ormstunges saga har som hovedperson en lidenskabelig og egenrådig ung islandsk mand, der allerede i 15-årsalderen vil ud i verden og se sig om. Men faderen sætter sig imod planen, ikke fordi drengen vil få problemer med at gøre sig forstået, men "fordi han endnu ikke har lært at skikke sig iblandt sine egne". Men som 18-årig tager Gunnlaug på sin dannelsesrejse, som først fører ham til Norge, hvor han gæster Erik Jarl på Lade nær det nuværende Trondheim. Han fremfører et 4-linjet vers, som alle omkring ham forstår, hvad der ikke kan undre i betragtning af, at islandsk er et vestnorsk udvandrersprog, som nordmændene tog med sig i den såkaldte landnamstid fra slutningen af 800-tallet til ca. 930, da mellem 10.000 og 20.000 nordmænd valgte at slå sig ned på Island. At man 100 år senere kunne forstå en islænding, er indlysende.

Herefter sejler Gunnlaug til England. Kong Edelred spørger den unge mand, fra hvilket land han kommer. Han kan altså ikke høre det på sproget, og han kan kommunikere direkte med sin gæst. Man havde i England i de tider på godt og ondt kontakt med nordboerne, og det oldengelske sprog lå tæt op ad det oldnordiske. Det viser sig i grammatikken, og det viser sig i ordforrådet. Hvis man kan læse islandske sagaer, kan man hurtigt omstille sig til oldengelsk – og omvendt. Og når dansk kunne påvirke engelsk så stærkt, skyldes det, at sprogene dengang var langt tættere på hinanden.

Gunnlaug kvitterer for den engelske konges gæstfrihed med et kvad og tager videre til Irland. Kong Sigtrygg Silkeskæg tager vel imod Gunnlaug, der fremsiger et kvad, der må have været tillagt magiske egenskaber. I hvert fald vil Sigurd som tak give skjalden to flotte skibe. Hans økonomiske rådgivere foreslår ham imidlertid at skære ned på gavmildheden. Men gaveniveauet overalt hos de nordiske jarler og konger viser, hvor højt man agtede digtere og digtning. Hvilken reder eller monark ville i dag kvittere for et hyldestdigt med et par containerskibe? Digtet har omkvædet

Sigtrygg fører krig
mætter ulv med lig

Hvad der i vor sammenhæng er relevant, er det forhold, at digtet og skjalden forstås også i Irland, der for en stor dels vedkommende var en del af det norrøne sprogområde.

Fra Irland går turen til Orkneyøerne, hvor Sigurd Jarl Lødversen hædres med et kvad. Han forstår også Gunnlaugs sprog, og det nordiske sprog holdt sig på øerne til 1700-tallet. Det var Harald Hårfager, der i 876 lagde øerne ind under Norge, og først i 1468 overgav Danmark-Norge dem til Skotland. Men sproget holdt sig et par århundreder.

Gunnlaug søger nu tilbage til Norge for derefter at fortsætte til Sverige til kong Olaf den Svenske. Svensk udtale er ligesom dansk på den tid ved at bevæge sig bort fra det fælles udgangspunkt, men endnu er forskellene ubetydelige. Så tager han igen til England, hvor han må forlænge sit ophold, fordi kongen frygter et dansk angreb fra Knud den Store. Gunnlaug skulle have været tilbage på Island, men tager først omkring Norge igen.

I disse tre-fire år bekymrer Gunnlaug sig næppe om sproget. Det er gangbart over hele området, og hvis sproget har haft et navn, kan det udmærket have været *dansk tunge*; i Snorri Sturlusons *Heimskringla* fra ca. 1230 omtales "de høvdinger, som har haft magt i Norden og talt *danska tungu*".

Nu er sagaerne bestemt ikke uomtvistelige historiske kildeskrifter; de er først nedskrevet nogle hundrede år efter, at mange af begivenhederne skal have fundet sted. Men man ved så meget om det norrøne sprog, at Gunnlaugs rejse godt kunne have været gennemført uden tolk. Sproget havde ikke noget etableret navn, men dansk tunge er altså blevet anvendt, i Sverige helt op i 1200-tallet.

SAXO

Fra den danske middelalder kan Saxo levere ikke så få bidrag til forståelsen af det nordiske, set fra Danmark, men skrevet på latin.

Vest for Norge, midt i det store ocean finder man den ø der kaldes Island, et temmelig trist sted at bo, som til gengæld må fremhæves for sine aldeles utrolige og uhørte vidundere. Der findes en kilde der med sit rygende vand kan fjerne hvad som helst fra dets naturlige form. Alt hvad der bliver udsat for dens damp, forvandles og bliver hårdt som sten. Og her er det svært at sige om det så er mere forunderligt end farligt at blødt, flydende vand kan besidde en sådan styrke at det fra det ene øjeblik til det andet kan forvandle alt hvad der kommer i nærheden og bliver ramt af dets damp, til sten så kun den ydre form står tilbage. Her skal der også findes en række andre kilder der det ene øjeblik svulmer op og fyldes med så store vandmængder at de går over deres bredder og sprøjter vandet højt op i luften, og det næste øjeblik svinder ind og synker bort dybt ned i jordens indre så man dårligt nok kan se dem. Resultatet er at når de springer, overstænker de alt i nærheden med hvidt skum, og når de forsvinder, kan selv ikke det skarpeste blik få øje på dem. På samme ø er der også et bjerg der ligesom det på Sicilien bestandig står i brand og ustandselig udspyr flammer fra sit evigt blussende bål. Og det er ikke mindre forbløffende end det netop nævnte at en jord der på sin overflade er knuget af uhyrlig frost, kan gemme på så stærk en varme at den i det skjulte kan holde en evig ild ved lige og til stadighed nære en luende brand.

Her hæfter Saxo sig ved naturen. Men han synes også at fået indtryk af den islandske glæde ved fortællingen:

I sin hird havde Absalon en islænder ved navn Arnold der tit og ofte viste ganske usædvanlige profetiske evner og forudsagde hvad fremtiden ville bringe ham selv eller hans venner – hvad enten det så skyldtes kløgt og skarpsindighed eller særlig fine evner for at gætte. Og lige så klog han var på fremtiden, lige så vidende var han om fortiden, og en dygtig historiefortæller. Absalon havde ham, for underholdningens skyld ....

Arnold har sikkert talt sit modersmål; ellers havde han næppe været en stor historiefortæller. For der er stor forskel på at tale sit modersmål og et andet sprog. På sit modersmål kan man sige, hvad man vil, på andre sprog hvad man kan. Islændinge, færinger og grønlændere må skifte sprog, når de taler med andre fra Norden. Man kunne ønske, at der var flere af os andre, der lærte deres sprog.

HOLBERG
Holberg forsøgte sig i det små. I Epistola 447 skriver han:

Jeg haver ogsaa paa nogen Tid lagt Vind paa det Islandske eller gamle Nordiske Sprog, saa at jeg nogenledes forstaaer Snorre Sturleson, undtagen de Vers, som deri findes; Thi det er at mærke ved det Islandske Sprog, at Poësien derudi differerer saa meget fra løs Stiil, at det synes at være et gandske andet Sprog: Man finder vel udi alle andre saavel gamle som nye Sprog, at Poësien er vanskeligere, men ikke udi den Grad, som det gamle Nordiske. En lærd

Islænder, som jeg derudi har raadført mig med, har sagt, at hvad som giorde den Islandske Poésie saa u-kiendelig bestaaer derudi, at Poeterne betiene sig af gamle antiqverede Ord, som ikke ere meere brugelige udi daglig Tale og løs Stiil.

Man må vel indrømme Holberg så meget, at afstanden mellem skjaldekvad og islandsk prosa er større, end den afstand, der ellers i samtiden var mellem de europæiske sprogs prosa- og poesimanifestationer. Forståelsen af skjaldekvad kræver andet og mere end ordforståelse.

RASK

Men den store danske sprogforsker Rasmus Kr. Rask lærte sig islandsk – så godt, at han forklædt kunne narre sin islandske præsteven, som ikke troede, han kunne være udlænding. Rask var hurtig til at lære sig fremmedsprog og udviklede en særlig kærlighed til islandsk. Han udarbejdede en dansk-islandsk ordbog, og allerede i 1811 en islandsk grammatik. I 1814 afsluttede han et arbejde, som udkom i 1818 om de nordiske sprogs oprindelse.

Mest holdt han af sit modersmål. Han var en stor sprogpatriot, og havde han levet i dag, havde han været aktiv i dansk sprogpolitik. Rask insisterede ligefrem på at skrive på dansk, også til tyskere! Og han kendte til forholdet mellem sprog og kultur:

" (---) intet middel til kundskab om nationernes herkomst og slægtskab i den grå oldtid, hvor historien forlader os, er så vigtigt som sproget. I en menneske-alder kan et folk forandre sæder, vedtægter, love og indretninger, hæve sig til dannelse eller falde tilbage i råhed og vankundighed, men sproget varer under alle disse omvekslinger bestandigt ved, om ikke ganske det samme, så dog gen-kendeligt nok igennem hele tusindår."

SPROGPATRIOTISME OG UDBLIK

Kaster man et blik ud over den danske sproghistorie, ser vi en klar ten-dens til, at sprogpatriotismen tydeligst viser sig i perioder, hvor påvirkningen fra fremmede sprog og kulturer er stærkest, eller hvor man ligefrem føler sin suveræni-tet truet. I 1600-tallet vil Kingo vise, at dansk ikke er et vadmelssprog, han roser den engelskfødte dronning for at lade sine børn lære dansk, og et halvt århundrede sene-re påbegynder Holberg sit livslange projekt, et af de to hovedmotiver bag forfatter-skabet. Han vil dels lære sin samtid at ræsonnere over dyder og laster, dels vil han ved at dyrke sproget vise, at det danske sprog kan løse alle de opgaver, et kultur-sprog har. Han interesserer sig også for de nordatlantiske sprog.

Efter Holbergs opfattelse bliver folk, der taler et af de mindre sprog, ikke så let sprogligt selvtilstrækkelige som de mennesker, der taler et af de store sprog. Han skriver i sit første latinske levnedsbrev

"(----) Uvidenhed om nordiske Forhold kan man træffe hos de mest dannede Nationer, saasom Italienere, Franskmænd og Englændere. I Paris paastod en Præst haardnakket, at Nordboerne ikke blev døbte. En Advokat ved den øverste Domstol i Paris spurgte, om det ikke var nemmest at lægge vejen til Danmark over Tyrkiet, en anden, om man var nødt til at indskibe sig i Marseille, naar man skulde sejle til Norge. I Rom paastod en ung Piemonteser for ramme Alvor, at jeg ikke kunde være Nordmand, han havde nemlig læst i en Rejsebeskrivelse, han havde hjemme, at Nordmændene var vanskabte, havde Svineøjne og en Mund, der gik op til Ørene. Disse Folkefærd bryder sig kun om deres eget og bekymrer sig ikke om udenlandske Sager, medens vi tilsidesætter det hjemlige og omhyggelig sætter os ind i, hvad der gaar for sig i fremmede Lande. De lægger flittig Vind paa deres eget Sprog og forsømmer de fremmede; vi lærer af de fremmede og bryder os kun lidet om vort Modersmaal. En Englænder, som holder af at rejse, berejser først England, før han besøger Landene hinsides Havet, vi bekymrer os ikke om vort Fædreland, men flyver udenlands, saa snart vi har traadt vore Børnesko. Begge Dele er forkerte, men deres Maade at bære sig ad paa er dog mere undskyldelig end vor."

MODERSMÅLETS DOMÆNEUDVIDELSE

Senere i 1700-tallet viser sprogpatriotismen sine mere offensive sider. I 1770'erne gør man efter den antityske strømning, der kulminerede med henrettelsen af Struensee, sprogpolitisk op med det tyske. Faget dansk indføres i latinskolen i 1775, hærens kommandosprog ophører med at være tysk, og skal man have embede, skal man være dansk, norsk eller holstener. Nationalromantikken i 1800 er ikke mindst tyskinspireret, da kampen mod tysk dæmpes eller konverteres til ny kærlighed til den folkeånd, der spejler sig i sproget – og som vi synger om i en række fædrelandssange fra den tid.

I midten af 1800-tallet møder man igen spor af det antityske, naturligvis pga. krigene – og Anden Verdenskrig og opløbet til den fremmer både det antityske og det pronordiske i den danske offentlighed. I 1948 kunne man indføre bolle-å som i svensk og norsk, og man kunne afskaffe de store bogstaver i navneordene, en regel, vi delte med tyskerne.

Anlægger vi en synkron og komparativ nordisk synsvinkel, er det sprogpolitiske aktivitetsniveau størst i de lande eller områder, der senest har vundet deres suværænitet. På Island og i det færøske og grønlandske samfund er der efter min erfaring større forståelse af forholdet mellem sprog og kultur end i Danmark og Sverige, og det ytrer sig ved en mere offensiv sprogrøgt. Norge indtager en mellemposition. Jeg udfoldede dette nærmere i en artikel om det sprogsociologiske klima i de nordiske lande i *Sprog i Norden 1987*.

SPROGPOLITIK

I 2003 nedsatte kulturminister Brian Mikkelsen en arbejdsgruppe, der fik som opgave at skrive et oplæg til en drøftelse af en række sprogspørgsmål i det politiske system og i offentligheden. Udvalget udsendte en rapport med en lang række anbefalinger. Den stærke påvirkning fra engelsk har været et hovedemne, ikke mindst i nordisk sprogsamarbejde, gennem et kvart århundrede. Danske sprogfolk har om ikke delt sig, så dog i hvert fald ikke offentligt udtalt sig enslydende, når emnet har været til debat. Nogle har været mere forskrækkede og bekymrede end andre, nogle ser knap nok et problem i den engelske påvirkning, og blandt politikere og erhvervsfolk er der personer, der finder det mere problematisk, at man vil fastholde dansk som hovedsproget herhjemme, når nu engelsk giver større global aktionsradius.

Alligevel tror jeg, at hovedparten af danske sprogfolk er enige om flg.:

Det danske sprog er ikke i øjeblikket truet som landets hovedsprog.

Det er mindre væsentligt at følge indvandringen af engelske låneord end at holde øje med de sprogbrugssituationer og domæner, der kan overgå fra at være dansksprogede til at blive engelsksprogede.

Blandt sådanne domæner er de videnskabelige genrer. Det kan dokumenteres, at flere og flere forskere fortrinsvis eller udelukkende skriver på engelsk. Endvidere har dansk fået konkurrence som undervisningssprog, især på de højere læreanstalter.

Erhvervslivets internationale orientering har gjort engelsk til koncernsprog, især i store virksomheder. Det kan man konstatere med større eller mindre glæde, men det er en uundgåelig følge af globaliseringen. Man kan derimod modarbejde megen unødvendig og undertiden rent ud sagt latterlig brug af engelske termer inden for reklame, management, økonomi m.v.

Et sprog er ikke kun et kommunikationsmiddel, et sprog er en vigtig del af tænkning og forestillingsliv, og specielt modersmålet er bærer af en del af vores individuelle identitet – og samtidig et element, som kan fastholde os i et fællesskab med andre. At afstå eller miste sit sprog er en indgribende og dramatisk begivenhed.

Den diagnose vil de fleste være enige om. Uenigheden vedrører navnlig vurderingen af, hvor langt man kan komme med en lov. Ingen lov vil kunne standse sprogpåvirkningen fra verdens økonomiske stormagt, og man kan ikke gennem lov hindre folk i at sige *hej, okay* eller *starte op*. Man kan derimod fremme skolens arbejde med dansk og fremmedsprogene, man kan støtte sprogforskning og litteratur, og man kan sikre, at dansk fortsat udvikles som videnskabssprog og undervisningssprog på de videregående uddannelser.

Arbejdsgruppen ønskede at understrege, at sprogets udvikling, i hvert fald i et sprogsamfund som det danske, ikke på alle områder lader sig styre direkte gennem lovgivningsinitiativer; sprog tales og skrives af mennesker, der i almindelighed befinder sig uden for de officielle regelsystemers rækkevidde. Men regering og folketing kan på en række områder fastlægge rammebetingelser, der har stor betydning for sprog og sprogbrug.

Arbejdsgruppen har derfor samlet sig om drøftelsen af sådanne rammer inden for uddannelse, forskning, offentlige myndigheder, erhvervsliv, medier og kunst, ligesom man har peget på en række muligheder, moderne sprogteknologi giver for en styrkelse af sprog og sproglig rådgivning. Men gruppen ønskede samtidig at påpege det personlige medansvar, hver enkelt har for sprog, sprogbrug og sprogudvikling, ikke mindst børns vilkår for sproglig vækst.

DET NORDISKE

Det var karakteristisk, at kommissoriet rummede mange specificerede delelementer, men helt udelod at medtænke det nordiske sprogfællesskab og det nordiske kulturelle perspektiv. Udvalget viste civil ulydighed og indføjede disse momenter. Afsnittet rummer blandt andet disse anbefalinger:

"*Udvalget anbefaler, at undervisningen i svensk og norsk og arbejdet med de øvrige nordiske sprog tager sigte på at øge sprogforståelsen i Norden, og at der, evt. gennem Nordisk Ministerråd, tages kontakt til andre nordiske lande med henblik på etablering af tilsvarende aktiviteter. Undervisningen skal ud over det kommunikative hensyn styrke kendskabet til de litterære og kulturhistoriske forbindelser mellem landene. Mange læseplaner rummer allerede nu tilkendegivelser af den karakter, men der må etableres en virkningsfuld opfølgning i den faktiske undervisning.*"

"*De nordiske sprog konfronteres med de samme udfordringer, og udvalget anbefaler, at det nordiske sprogsamarbejde fremmes politisk, og at der fortsat lægges vægt på, at det nordiske fællesskab skal formidles gennem sprogunder-*

visning fra skole til universitet. Udvalget anbefaler, at der udarbejdes ajourførte ordbøger mellem de nordiske sprog."

Og så er der anbefalinger af et nærmere samarbejde mellem Háskóli Íslands og Kennaraháskóli Íslands, hvor dansk dyrkes på højeste niveau.

Svensk, norsk og dansk – eller blandinger heraf – fungerer jo som kommunikationssprog i mange nordiske sammenhænge. Det stiller danskere, nordmænd og svenskere bedre end andre. Men det forpligter os også til at beskæftige os indgående med sprog og kultur i det øvrige Norden, herunder de nordatlantiske folk, der nu har fået en brygge i København.

Det kunne være ønskeligt, om den nordatlantiske brygge kunne blive et center for et fornyet og forstærket samarbejde mellem Centralskandinavien og Nordatlanten, og at projektet i Island om at indrette et hus for alverdens sprog kan realiseres. Intet sted kan være bedre end Island til at danne ramme om aktiviteter, der skal dokumentere alverdens sprog, vise hvert enkelt sprogs særlige berettigelse i en verden, der dyrker diversiteten på en lang række områder, men hver måned mister et eller flere specifikke udtryk for den kulturelle rigdom og mangfoldighed i verden.

Tabet af sproglig diversitet skyldes ikke mindst en øget mobilitet, som ingen kunne forudse for 150 år siden – måske med undtagelse af H.C. Andersen. I eventyret skriver han i fremtidsfantasien *"Om Aartusinder"* (som rettelig burde hedde 'Om hundrede Aar') om fremtidens muligheder for at rejse rundt i Europa:

Een Dags Ophold for Tydskland og een Dag for Norden, for Ørsteds og for Linnés Fædreland og Norge, de gamle Heltes og de unge Nordmænds Land. Island tages paa Hjemfarten, Geyser koger ikke længer, Hekla er slukket, men som Sagas evige Steentavle staaer den stærke Klippe-Ø i det brusende Hav!

KAJ ELKROG OG MORTEN MELDGAARD

Nordatlantens Brygge En drøm, en vision – og en virkelighed

At få lejlighed til at møde og at arbejde sammen med Islands tidligere præsident Vigdís Finnbogadóttir er som at møde den April, hun er født i. En måned med sol, blæst, regn og friskhed, der efter vinterens mørke og kulde giver grokraft, vilje til fornyelse, forhåbning og forventning. Bedst og mest præcist er denne karakteristik af april udtrykt i den norske digter Bjørnstjerne Bjørnsons digt:

Jeg vælger mig april!
i den det gamle falder,
i den det ny får fæste;
det volder lidt rabalder; –
dog fred er ej det bedste;
men at man noget vil.

Jeg vælger mig april,
fordi den stormer, fejer,
fordi den smiler, smelter,
fordi den evner ejer,
fordi den kræfter vælter, –
i den bli´r somren til.

Med en buket, der er bundet af historie, beretning og det sagte og båret af begejstring, beundring og taknemmelighed, vil vi berette om det center for udvikling af samarbejdet mellem Færøerne, Grønland, Island og Danmark og mellem de fire lande og det øvrige Norden, som er resultat af Vigdís Finnbogadóttirs engagement i projektet – først som præsident for komiteen til udvikling af Den Nordatlantiske Brygge og siden som formand for bestyrelsen for Fonden Den Nordatlantiske Brygge.

EN VISION MED RESPEKT FOR HISTORIEN

Islands tidligere præsident Vigdís Finnbogadóttir fik for en halv snes år siden en vision. Den gik ud på i hjertet af København at skabe en plads, hvor Norge, Island, Grønland, Færøerne og Danmark kunne mødes om fortid, nutid og fremtid, og hvor forskning, sprog, undervisning, erhverv og kultur var og skulle blive ingredienser i et levende miljø.

Begrundelsen for denne vision formulerede Vigdís Finnbogadóttir således:

"Nordatlantens bølger brydes mod danske, færøske, grønlandske, islandske og norske kyster. Nordatlanten har været vort fælles fadebur og udgangspunkt for udviklingen af de nordatlantiske nationers kultur og økonomi. Nordatlanten har givet vore lande et historisk fællesskab, hvor gode minder og venskaber inspirerer til initiativer, der kan blive til glæde for kommende generationer."

Og Vigdís Finnbogadóttir tilføjer:

"Et gammelt ordsprog siger, at man skal passe på at sporene ikke fyger til i sneen. Med vor fælles historie forholder det sig på samme måde. Den må vi ikke glemme, for det er her vi henter næring til at udvikle vor nordatlantiske region."

Visionen om et nordatlantisk mødested, der sidenhen fik navnet Nordatlantens Brygge, var samtidig knyttet til et bestemt sted i København. For enden af Strandgade i København – den gade, der også huser Danmarks Udenrigsministerium – ligger Den Kongelige Grønlandske Handels Plads.

Selve pladsen er skabt af den danske storkøbmand og skibsbygger Andreas Bjørn, som i 1735 fik vandområdet af kongen. Han fyldte området med byggeaffald fra Dokken og renovation fra byen. Det betød, at han efter 15 år havde udvidet Christianshavn med 5,5 tønder fast land.

STEDETS HISTORIE

I 1747 blev den yderste del af området overdraget til Det almindelige Handelskompagni, som tog sig af den daværende handel på Grønland, og som i 1767 også gik ind i handelen med Island, Finnmarken og Færøerne.

Ved den nuværende Wilders Plads, som man passerer på vej mod Bryggen, og som dengang bar købmand Bjørns navn, opstod samtidig hver september måned et livligt københavnsk marked med islandske og andre nordatlantiske varer. Dermed var den danske handels vej til Nordatlanten blevet ført gennem Strandgade og placeret ret over for Nyhavn.

Da den Kongelige Grønlandske Handel i midten af 1970'erne forlod pladsens mange spændende bygninger, blev disse overdraget til toldvæsenet.

I 1992 restaurerede toldvæsenet det gamle bødkerværksted. Her blev skabt plads for Dansk Polarcenter, som i dag rummer Den Danske Stats forskningsaktiviteter vedrørende det arktiske område, og Københavns Universitets Institut for Eskimologi har også fundet hjemsted i huset.

Tilbage stod det store, statelige og fredede pakhus, bygget i 1763 af arkitekt og murermester J.C. Conradi. Han havde været medarbejder hos den kendte arkitekt Eigtved, hvis pakhus Udenrigsministeriet har ladet restaurere bl.a. til internationalt mødecenter.

Conradis pakhus, som i tidligere tider havde været selve hjertet i den nordatlantiske aktivitet, blev nu kun delvist udnyttet til opbevaring af gamle skibsfund og til arkivformål. Toldvæsenet passede det med den værdighed, det havde krav på, men havde vanskeligt ved at udnytte det.

Det lå nu som en rå perle i Københavns havn og ventede på, at nogen ville komme forbi og forstå, hvilken kostbarhed den kunne udvikles til, hvis den blev poleret og indfattet på rette vis.

ET BESØG OG EN BEGYNDELSE

Den mulighed så Vigdís Finnbogadóttir, da hun i 1996 blev inviteret til København og indbudt til at være med til at genskabe pakhusets tidligere funktion som samlingspunkt for nordatlantisk foretagsomhed. Om dette første møde med den bygning, som snart skulle vise sig at blive Vigdís Finnbogadóttirs store fascination, fortæller Vigdís:

> *"Der opdagede jeg pludselig, at dette område og især det store gamle pakhus igennem århundreder måtte have været det første islændinge, færinger, nordmænd og grønlændere gik imod, når de steg i land efter en lang rejse over Nordatlanten. Her kom embedsmænd, som passede kontakten mellem de nordatlantiske områder og Danmark. Endvidere studerende, for Københavns Universitet var jo vort universitet, og også de, som skulle straffes. Ja, det var jo ikke altid glædens tid, når skibet lagde til kaj. Her var de alle sammen, og her var minderne, som vi aldrig må tabe."*

To af pladsens aktører, nemlig forfatterne til denne tekst, havde begge en drøm om at fastholde den gamle bygnings ånd og tilknytning til de nordlige dele af riget. De havde inviteret den tidligere islandske præsident på besøg. Fra da af blev drømmen til en vision.

Her skulle Danmark sammen med Grønland, Island, Færøerne og måske også Norge samles og ud af historiens rammer løfte en ny fælles fremtid.

Med det formål stiftede de en komite, som kom til at bestå af:

Vigdís Finnbogadóttir, forhenv. præsident for Island
Ole Stig Andersen, direktør, Folketinget
Helgi Ágústsson, Islands ambassadør
Kaj Elkrog, forhenv. direktør, Told & Skat
Marjun Hanusardóttir, lagmandsdirektør, Færøernes Landsstyre
Jens Peter Hart-Hansen, formand for Kommissionen for Videnskabelige Undersøgelser i Grønland
Søren Haslund-Christensen, hofmarskal
Henning Hummelmose, direktør, Københavns Havn
Steen Hvass, Rigsantikvar
Carsten Jarlov, direktør, Slots- og Ejendomsstyrelsen
Jóan Pauli Joensen, professor, Fróðskaparsetur Føroya
Kaj Kleist, direktør, Grønlands Hjemmestyre
Søren Langvad, direktør, Pihl & Søn A/S
Gunnar Martens, rigsombudsmand
Morten Meldgaard, direktør, Dansk Polarcenter
Hans K. Nielsen, afdelingschef, Told & Skat (tilforordnet)
Robert Petersen, professor emeritus
Bjarni Sigtryggsson, 1. sekretær, Islands Ambassade

Komiteen skitserede et projekt. Det gik ud på med det gamle pakhus og bryggen som fysisk ramme at forsøge at samle residens- og arbejdsmuligheder for de nordatlantiske regeringer og erhvervsinteresser og integrere dem med faciliteter for kunst og kultur, videnskab og teater, restaurant og informationsvirksomhed.

Projektet omfattede oprindelig hele den yderste del af Den Kongelige Grønlandske Handels Plads og med Norge som medaktør. I realiteternes verden viste det sig, at Norge indtil videre ikke kunne være med i projektet; endvidere fandt den danske regering det fornuftigt i første omgang at begrænse projektet til det store, gamle pakhus. I maj 1999 lykkedes det således at få regeringens opbakning til at stille pakhuset til rådighed for projektet, vel at mærke, hvis komiteen bag projektet kunne sikre såvel de øvrige regeringers tilsagn som den nødvendige finansiering. Komiteen fik et halvt år til at løse den opgave. Herefter fulgte en hektisk tid med at konsolidere projektet. Alle syntes, ideen var indlysende og god. Men derfra og til at skaffe tilskud i den størrelsesorden, som var nødvendig, hvis den kommende drift af huset ikke skulle segne under rentebyrden fra byggelån, var der ganske langt.

Efter grundige undersøgelser af husets tilstand, der i øvrigt viste sig at være bedre end først antaget, blev der opstillet et renoveringsbudget på 59 mio. kroner. Det var billigere end forventet, og med det som grundlag blev der rettet henvendelser til de nordatlantiske regeringer. Takket være deres velvilje over for projektet, blev der givet tilsagn om de første 22 mio. kroner. Det lykkedes også at få tilsagn om det nødvendige byggekreditlån; men reelt drejede det sig om 20 mio. kroner, som repræsenterede forskellen mellem drøm og virkelighed. Alt medens den af regeringen fastsatte tidsfrist var ved at udløbe.

A.P. Møller og Hustru Chastine Mc-Kinney Møllers Fond til Almene Formaal havde kort forinden erhvervet en af de nærliggende grunde i Københavns Havn. Vigdís Finnbogadóttir tog kontakt til skibsreder Mærsk Mc-Kinney Møller op mod Jul i 1999. Resultatet blev, at der umiddelbart efter årsskiftet til det nye årtusinde kom brev fra Mærsk Mc-Kinney Møller til Vigdís Finnbogadóttir med det glædelige budskab, at A.P. Møller og Hustru Chastine Mc-Kinney Møllers Fond til almene Formaal på rederiets indstilling havde bevilget 20 mio. kroner til projektet.

Rederiets mange gode relationer til de nordatlantiske områder igennem årene og ønsket om et fortsat stærkt sammenhold havde overbevist Hr. Møller om, at her var et projekt, der skulle bringes fra drøm til virkelighed. Efterfølgende besluttede Færøerne, Grønland og Island at øge deres tilskud til projektet med 17 mio. kroner, svarende til det kreditforeningslån, som var indbygget i budgettet.

EN MILEPÆL

Komiteen til udvikling af Den Nordatlantiske Brygge var herefter i stand til for Finansministeriet at fremlægge et realistisk investeringsbudget for renovering og istandsættelse af det gamle pakhus og et realistisk driftsbudget for Nordatlantens Brygge.

I de efterfølgende måneder forberedte komiteens sekretariat i samarbejde med Finansministeriet den juridiske, praktiske realisering af overdragelsen af pakhuset til projektet. Samtidig gik man i gang med at lade komiteen afløse af en erhvervsdrivende fond. Den blev stiftet i september 2000 og har ifølge vedtægterne til formål at skabe en ramme for aktiviteter inden for samfundsforhold, kultur, forskning og uddannelse samt repræsentative formål, som har relation til Grønland, Færøerne, Island og Danmark samt eventuelt til andre lande med tilknytning til det nordatlantiske område. Rammen for disse aktiviteter skal søges skabt med udgangspunkt på Grønlands Handels Plads i København. Og til fremme af formålet kan fonden drive erhvervsvirksomhed, herunder udlejningsvirksomhed.

Som rådgivende organ for Fondens bestyrelse og til udpegning af en del af bestyrelsens medlemmer skal der ifølge vedtægterne vælges et repræsentantskab bestående af mindst 15 og højst 20 medlemmer. Grønlands Landsstyre, Færøernes Landsstyre, Islands Statsministerium og Danmarks Statsministerium udpeger hver to medlemmer og *A.P. Møller og Hustru Chastine Mc-Kinney Møllers Fond til almene Formaal* og

Dansk Polarcenter hver et medlem. Fonden ledes af en bestyrelse på syv medlemmer, hvoraf Grønlands Landsstyre, Færøernes Landsstyre, Islands Statsministerium og Danmarks Statsministerium hver udpeger et medlem, medens de resterende medlemmer udpeges af repræsentantskabet.

Det første repræsentantskab kom til at bestå af følgende:

Udpeget af Danmark:
Søren Christensen, kommitteret
Uffe Elbæk, rektor
Karoline Prien Kjeldsen, departementschef
Udpeget af Færøerne:
Jóannes Dalsgaard, afdelingsdirektør (næstformand)
Kjartan L. Kristensen, direktør
Per Zachariassen, producer
Udpeget af Grønland:
Anne-Birthe Hove, kunstner
Juaaka Lyberth, direktør (formand)
Stig Rømer Winther, direktør
Udpeget af Island:
Friðrik Þór Friðriksson, filminstruktør
Þorsteinn Gunnarsson, arkitekt
Hörður Sigurgestsson, forhenv. direktør
Udpeget af Dansk Polarcenter:
Departementschef Leo Bjørnskov
Udpeget af A. P. Møller og Hustru Chastine Mc-Kinney Møllers Fond til almene Formaal:
Ove Hornby, direktør

Den første bestyrelse blev sammensat og konstituerede sig således:
Tidligere præsident for Island, Vigdís Finnbogadóttir, udpeget af Komiteen, formand
Lagmandsdirektør Marjun Hanusardóttir, udpeget af Færøernes Landsstyre, næstformand
Daværende kontorchef Guðmundur Árnason, udpeget af Islands Statsministerium
Departementschef Nils Bernstein, udpeget af Danmarks Statsministerium
Tidligere direktør i Told & Skat Kaj Elkrog, udpeget af Komiteen
Hofmarskal Søren Haslund-Christensen, udpeget af Komiteen
Udenrigsdirektør Kaj Kleist, udpeget af Grønlands Landsstyre

Som direktør ansatte man den hidtidige chef for Komiteens sekretariat Hans Jakob Helms. Han blev senere afløst af direktøren for Dansk Polarcenter Morten Meldgaard. Hans Jakob Helms er siden indtrådt som medlem af repræsentantskabet.

EN GAVE OG DENS FORVALTNING

Med dannelsen af Fonden var Den Nordatlantiske Brygge forberedt til at modtage det gamle pakhus til en ansat værdi på 45 mio. kr. som gave fra Den Danske Stat.

Fredag den 15. december 2000 blev der i den anledning i Finansministeriet afholdt et for projektet meget skelsættende møde. Til stede var finansminister Mogens Lykketoft og økonomiminister Marianne Jelved. Fra Fonden mødte formanden, Vigdís Finnbogadóttir ledsaget af Kaj Elkrog og Morten Meldgaard. Ved den lejlighed blev det gamle pakhus som gave overdraget til Fonden Den Nordatlantiske Brygge, dog med forbehold for Finansudvalgets senere godkendelse. Den forelå kort tid efter.

Den formelle overdragelse skete den 1. januar 2001, fra hvilken dato *"Ejendommen henligger for Modtagerens regning og risiko i enhver henseende"*, som der så smukt står skrevet i det betingede gaveskøde.

Bestyrelsen nedsatte et Byggeudvalg med Kaj Elkrog som formand. Det kom til at bestå af repræsentanter for henholdsvis Færøerne, Grønland, Island og sekretariatet. Senere blev også bygherrerådgiveren og totalrådgiveren repræsenteret i udvalget. Byggeudvalgets opgaver var at komme med forslag til bygherrerådgiver og totalrådgiver, at forestå hele planlægningen af byggeriet, herunder at indhente tilbud fra håndværkere/entreprenører og på grundlag heraf fremlægge forslag til et budget for byggeriet.

Som bygherrerådgiver blev udpeget Statens Forsknings- og Uddannelsesbygninger. Som totalrådgiver valgte bestyrelsen kgl. bygningsinspektør Jens Fredslund, Erik Møllers Tegnestue A/S.

Som en af de første opgaver tog Byggeudvalget fat på at udarbejde forslag til udnyttelsen af de ca. 7000 kvadratmetre, som pakhuset rummede, herunder fordelingen på de forskellige etager af de kvadratmetre, som skulle anvendes til henholdsvis lokalisering af de tre landes repræsentationer, til kultur- og konferenceformål, til information og turistvirksomhed og til husets restaurant.

Andre arbejdsgrupper blev nedsat til at arbejde med husets kulturelle aktiviteter, med husets tekniske indretning, med udbud af restauranten og husets kantinefunktion, med information og turistvirksomhed m.m.

På et møde i juni måned 2002 godkendte bestyrelsen det af byggeudvalget fremlagte budgetforslag, som omfattede et beløb på 59,6 mio. kroner til renovering og indretning af råhuset, 19,9 mio. kr. til indretning af de tre landes lejemål, svarende til et samlet budget på 79,5 mio. kroner. Byggeprocessen gik i gang 1. august 2002 og allerede den 23. maj 2003 blev ideen om Den Nordatlantiske Brygge præsenteret ved et større arrangement, som samlede kommende samarbejdspartnere og personer med generel interesse for projektet. Og det var naturligvis formanden for bestyrelsen Vigdís Finnbogadóttir, som ved den lejlighed præsenterede projektet med følgende ord:

> "Visionen om den Nordatlantiske Brygge kan føres tilbage til året 1997. Ideen om et nordatlantisk kulturcentrum i København fik to herrer, som havde denne enestående bygning for øjnene i nærheden af deres arbejdspladser her på Grønlands Handels Plads – tæt på Dansk Polarcenter og Told & Skats kontorer. De to herrer er Kaj Elkrog, forhenværende direktør for Told & Skat, og Morten Meldgaard, dengang direktør for Dansk Polarcenter. Disse to herrer har ydet et fremragende arbejde i forbindelse med restaureringen af huset. Et gammelt fransk mundheld lyder:
>
> > Seulement ceux qui peuvent voir l`invisible
> > sont capable de faire l`impossible.
> > Kun de, som kan få øje på det usynlige
> > er i stand til at gøre det umulige.
>
> Det er ikke en overdrivelse at sige, at på en kold novemberdag for fem år siden, skulle der virkelig visionære personer til for at kunne skimte de muligheder, der lå ud i den fremtid, som er vores nutid.
>
> Takket være den store velvilje og indsats fra flere sider i de vestnordiske lande kan vi nu se frem til, at en stor drøm bliver realiseret. Såvel de danske som de islandske, færøske og grønlandske myndigheder har bakket op om projektet. Desuden har private personer og fonde vist projektet forståelse og en stor generøsitet.
>
> Den danske regering gav i maj 1999 tilsagn om at indskyde det vigtigste og fornemste af den gamle Grønlands Handels pakhuse i projektet Den Nordatlantiske brygge. Dermed blev startskuddet givet til etablering af Bryggen, der skal være et nordatlantisk center for kultur, forskning og erhverv. Huset er på fem etager og rummer næsten 7.000 kvadratmetre. Positive tilkendegivelser blev modtaget om projektet, bl.a. fra statsminister Poul Nyrup Rasmussen, lagmand Anfinn Kalsberg, landsstyreformand Jonathan Motzfeldt, statsminister Davíð Oddsson og overborgmester Jens Kramer Mikkelsen. Skibsreder Mærsk Mc-Kinney Møller hjalp os rundt om det skarpe hjørne, da der blev ydet betragtelig økonomisk støtte fra A.P. Møllers og Hustru Chastine Mc-Kinney Møllers Fond til Almene Formaal. Dermed var vi i gang.

Foruden fælles lokaler for udstillinger og kulturelle begivenheder bliver huset sæde for:

- *Det færøske repræsentationskontor i Danmark*
- *Grønlands Hjemmestyres Danmarkskontor*
- *Islands Ambassade*
- *Et informationscenter for alle landene*
- *En restaurant med delikatesser fra Nordatlanten.*

Det skal aldrig glemmes, at når der er tale om projektet omkring Den Nordatlantiske Brygge, så drejer det sig om et firkløver med Danmark som det fjerde blad.

Vi i Nordatlanten kommer fra den del af kloden, hvor havet endnu er vildt og fugleflokkene skygger for solen, hvor jorden brænder og jøklerne kælver.

Den utæmmede natur er vores dåbsgave. Horisontens uendelighed vor ungdoms drømmerum og havets brusende frihed var selve rammen om vores identitet. Det vil vi gerne åbne Danmarks øjne for, fordi vi synes Danmark skal se det smukkeste, vi ejer.

Vi vil gerne have, at Danmark forstår, at vi ikke blot kommer til hovedstaden ved Sundet, fordi vi udgør en del af det gamle riges historie. Vi kommer tvært imod for stolt at vise, at der er så meget mere end netop det. At vi har egne rødder. At vi er en del af Arktis, af Norden, af Vesten og af det globale samfund. Vi vil gerne vise Danmark og alle de gæster der besøger Danmark at også vi er selvstændige deltagere i verdens mangfoldighed.

Vi kommer for at synge om fremtiden. Vi vil her på Den Nordatlantiske Brygge vise den nordatlantiske kreativitet. Vi er folkene i Nordhavet, hvor sammenholdet er lige så nødvendigt som respekten for det kreative individ. Hvor evnen til at dele er betingelsen for at overleve. Hvor skønheden er uendelig.

Lad mig så også bare tilstå ligeud, at vi alle sammen elsker København. Denne by, der rækker så langt ud over tidens afgrænsede danmarksbilleder og så dybt ind i metropolernes grænseløse verden. Denne by som på godt og ondt har været med til at forme så mangen en nordatlantisk ungsjæl. Vi har glædet os til en dag at kunne komme tilbage til København og kunne bidrage med vores egen energi. Med vores egen kunst og kunnen. Med vores egen musik og dans. Med vores egen kulturs skønhed. I en stor nordatlantisk bølge. Nu lykkes det endelig, og vi håber at vores ungdommelige forelskelse i København vil blive gengældt af byens voksende betagelse af vores livs former.

For første gang forenes folkene i Vestnorden på Den Nordatlantiske Brygge. Fremtiden er foran os. Verden bevæger sig i åndløs hast med opløsninger og sammensmeltninger, der kan gøre det svært at begribe sin egen tid og sin egen identitet.

Vi har alle brug for at orientere os i den morgentåge der har lagt sig over et nyt århundredes begyndelse. Vi ser gerne verden søge tættere sammen, men samtidig har vi mere end nogensinde brug for at sikre rammerne omkring vores egen identitet. For uden rammer, kan de mange forskellige kreative kræfter, der sikrer jordens vidunderlige kulturelle forskellighed, ikke blomstre.

Derfor er vi så glade for Den Nordatlantiske Brygge. Derfor glæder vi os så meget til det dansk-islandske-færøske og grønlandske samarbejde her på Bryggen ".

Torsdag den 27. november 2003 stod Den Nordatlantiske Brygge færdig og blev indviet med deltagelse af Hendes Majestæt Dronning Margrethe og en lang række særligt indbudte gæster, der alle på den ene eller anden måde havde bidraget til, at projektet var blevet til virkelighed.

Ved den lejlighed var der taler af bestyrelsesformand Vigdís Finnbogadóttir, Danmarks statsminister Anders Fogh Rasmussen, Færøernes lagmand Anfinn Kalsberg, Grønlands vicelandsstyreformand Josef Motzfeldt og Islands Statsminister Davíð Oddsson.

Vigdís Finnbogadóttir bød gæsterne velkommen med følgende ord:

Deres Majestæt, Excellencer, Ærede gæster:

"Den snor, der lægges af strenge tre, hun brister fuldnæppeligen"

Så smukt og stærkt kan en beskrivelse af et nyt samarbejde i nordisk regi lyde. Med denne særegne elegance, der er en del af det oprindelige nordiske sprogs særkende, gav Dronning Margrethe d. 1. den nye nordiske union, hun havde skabt allerede i 1397, denne sætning i dåbsgave.

Dermed formåede hun, i én eneste sætning, at give os alle et fuldkomment billede af, hvilken styrke vi i Norden kan opnå, hvis blot vi forstår at væve os sammen i et fællesskab, spundet af vore forskelligheders styrke, vore folks særpræg og vore kulturers egenart.

For netop derved vil vi kunne skabe os en livsdygtighed, der er større end hver enkelt af os. Vi kan lægge os en fælles snor, der er langt stærkere, end hver af os alene.

Hun brister fuldnæppeligen.

Vi er samlede her i dag for at fejre virkeliggørelsen af en vision.

En Nordatlantisk vision, der fra starten var bundet til én bestemt plads og én bestemt bygning. Nemlig dette særlige hjørne af Kongens København og dette særlige pakhus fra de nordlige Rigers århundrede gamle tjeneste.

Sammen udgjorde de et særligt rum i København. Et nordatlantisk rum, vant til liv og travlhed, til skibe og varer, til rejser og længsel, til drømme og savn. En dansk port til Nordatlantens stormombruste verden og en nordatlantisk port til Europas løvklædte liv.

Men en dag lå dette så værdige sted og hus forladt. Med knuste ruder og øde kajer. Med efterladte toldblanketter og støvede duereder som eneste indhold.

De nordatlantiske tjenester var blevet fjernet fra stedet og skibene fra de nordlige have havde fundet andre kajer at anduve. Pladsen blev anvendt til forefaldende aktiviteter og huset til toldvæsnets lagerrester. Væk var den nordatlantiske historie og den værdighed, det havde været for huset og pladsen, at være virkelighedens bindeled til netop denne del af det danske rige.

Noget var ved at briste.

Da råbte det sin nød ud til de mennesker, der færdedes omkring det, og heldigvis blev det hørt. Gode mennesker greb husets budskab og sendte dets nødråb videre til os andre. Og sammen undfangede vi da visionen om, at en ny nordatlantisk fremtid måtte kunne skabes netop indenfor dette rum. Netop på denne plads. Netop i dette hus.

Det gamle franske mundheld lød:

Seulement ceux qui peuvent voir l´invisible
Sont capable de faire l´impossible
Kun de som kan få øje på det usynlige
Er i stand til at gøre det umulige

Alt det vi med så stor glæde ser omkring os i dag var for blot få år siden ganske usynligt. Dengang var dette hus på nippet til at gå i forfald og stedet omkring os udtænkt til nyt boligområde.

Hvilken lykke er det da ikke for os alle i dag, at nogen kunne se det usynlige. Og hvilken glæde er det ikke, at de også satte sig for at gøre det umulige. Det er alle disse mennesker, med den danske og de nordatlantiske regeringer og skibsreder Mærsk Mc-Kinney Møller i spidsen, vi i dag kan takke for at visionen er blevet den levende virkelighed, som vi nu befinder os – midt i.

At vi i dag har fået det smukkeste rum og de mest værdige omgivelser midt i København til rum om et nyt nordatlantisk samarbejde og en ny nordatlantisk fremtid.

For hvilken vision er det da dette hus har dannet ramme om, hele vejen fra de første drømme til dagens virkelighed?

Det er visionen om et nyt og frit samarbejde mellem de folk, som historien har bundet sammen under det danske riges banner og det danske riges sprog gennem hundrede år, men som alle nu lever under egne flag – og i egne sprog. En vision om at de nordatlantiske folk, nu – sammen med Danmark – vælger sig nye og konstruktive veje til at styre det nordatlantiske samarbejde sikkert ind i den voksende globale virkelighed.

En vision om et nyt, frivilligt og stærkt nordatlantisk samarbejde, baseret på den gave det er, at have fået et fælles sprog og en fælles historie, at bygge dette på. Det er en ny tid, visionen hviler på. Vores klode har bevæget sig ind i et nyt årtusinde og også for det nordatlantiske samarbejde gælder det i den sammenhæng, at fortiden bør være en ballast og ikke en hindring i vores fælles sejlads ind i dette nye årtusinde.

Og hvis det er sandt, at den snor, som lægges af strenge tre, har særlig styrke, så må dette vel gælde endnu mere her, hvor vi er i den lykkelige situation at have fire strenge at spinde på med Danmark, Island, Færøerne og Grønland som fælles ejere til dette prægtige hus.

Med et "hun brister fuldnæppeligen" erklærer jeg Nordatlantens Brygge for åben."

Nordatlantens Brygge åbnede dørene for publikum og holdt sin "Åbningsfestival" d. 29.-30. november. Publikum blev modtaget med et festfyrværkeri af udstillinger, koncerter, Nordiske Sprog- og Litteraturdage og andre aktiviteter.

De to store udstillinger var Kolonialen, hvor enogtyve nordatlantiske kunstnere som en indvielsesgave til Nordatlantens Brygge præsenterede skulptur, maleri og installationskunst, der gav et fint indblik i den nordatlantiske kunstscene, og "Fangstkultur i Vestnorden" der udtrykte en moderne, kunstnerisk og etnografisk fortolkning af fangst og fiskeri i Nordatlanten.

Den 29. og 30. november var der som en storslået gave fra Vigdís Finnbogadóttir Instituttet for Fremmedsprog ved Islands Universitet arrangeret Nordiske Sprog- og Litteraturdage på Nordatlantens Brygge. De er nærmere dokumenteret andetsteds i dette skrift.

Hele huset genlød i øvrigt af sang og musik og en stor lysinstallation på husets facader illuminerede det smukke hus midt i København. Lørdag aften og nat var der "Ðistórtióonuaq Party" med popp, polka, elektronika og performance. Hele huset dansede. Titusinde glade gæster tog Nordatlantens Brygge i besiddelse denne mindeværdige novemberweekend. Og hverdagen med udstillinger, koncerter, konferencer, møder og liv og virke tog sin begyndelse.

Byggeregnskabet er siden afsluttet og viser, at der i forhold til projektets budgetramme på 79,5 mio. kr. er et merforbrug på 1,2 mio. kr. svarende til svarende en overskridelse på 1,5 pct.

VISIONEN BLOMSTRER OG VIRKELIGHEDEN SKABER LIV

Visioner lader sig ikke bremse af fysiske eller andre praktiske grænser. Det er selve visionens natur. Visionen om Den Nordatlantiske Brygge har den tilsvarende dynamik indbygget. Den gik oprindelig ud på at udnytte hele den yderste del af storkøbmand Andreas Bjørns nyvundne land. Det er hele det område, der afgrænses af havnebassinet syd for Nordatlantens Pakhus og af Trangraven mod nord. Det vil sige den kanal, som adskiller pladsen fra Christiansholm.

Bestyrelsen har derfor under hele forløbet interesseret sig for den øvrige udvikling på arealet. Det medførte for det første, at Finansudvalget i juni måned 2002 tilbagekøbte området nord for Nordatlantens Pakhus fra Statens Ejendomssalg A/S og lagde det over i Slots- og Ejendomsstyrelsens kulturafdeling med henblik på i samarbejde med Fonden Den Nordatlantiske Brygge at udvikle området til rekreative formål. Dernæst gav Finansudvalget samtidig grønt lys til, at Fonden kunne erhverve et af de øvrige gamle pakhuse, nemlig Store Bakkehus, som ligger ud til Christianshavns Kanal lige ud for Fondets pakhus. Huset, der er fredet, er opført i samme periode, som Nordatlantens Pakhus. Tanken er, at Store Bakkehus efter istandsættelse skal anvendes til undervisningsmæssige, kirkelige og andre kulturelle aktiviteter med relation til Grønland, Island og Færøerne. Store Bakkehus blev Fondens ejendom fra 1. december 2003.

For Fondens bestyrelse og for repræsentantskabet forestår i de kommende år en stor og vigtig opgave, nemlig at fylde Nordatlantens Brygge med det liv og den udvikling, som Vigdís Finnbogadóttir så udmærket har skildret i sine taler i forbindelse dels med præsentationen, dels med indvielsen af huset. Opgaven går ud på med respekt for husets formål at formulere ideer og planer for kommende udstillinger, konferencer, seminarer og andre aktiviteter i og omkring huset, men også at fremskaffe de økonomiske midler, som vil være en væsentlig forudsætning for, at planerne kan realiseres. Og det er i den sammenhæng en stor glæde og betryggelse, at Vigdís Finnbogadóttir har indvilliget i at være formand for det repræsentantskab for Den Nordatlantiske Brygge, som skal være med til at løse disse opgaver.

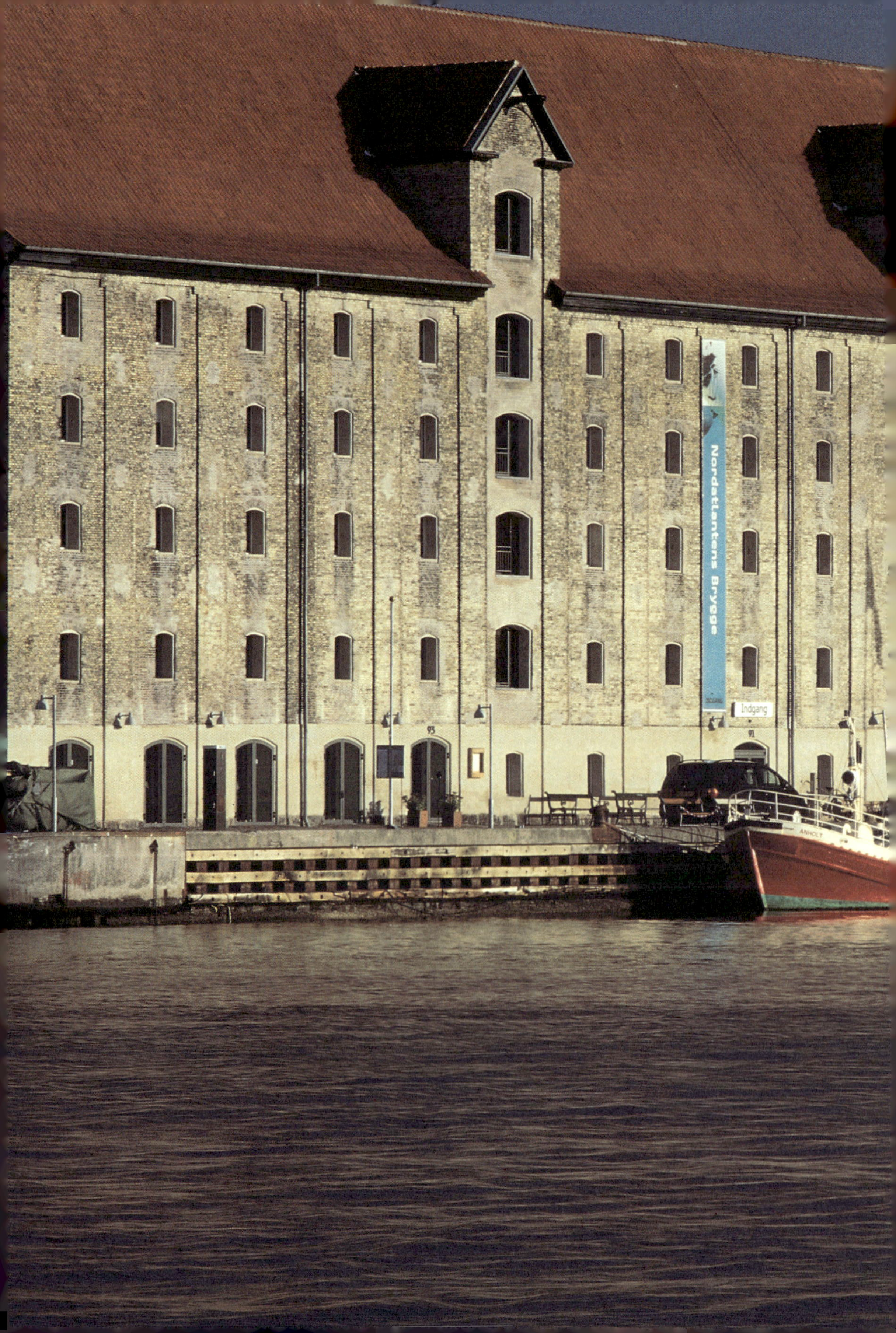
Nordatlantens Brygge
Indgang

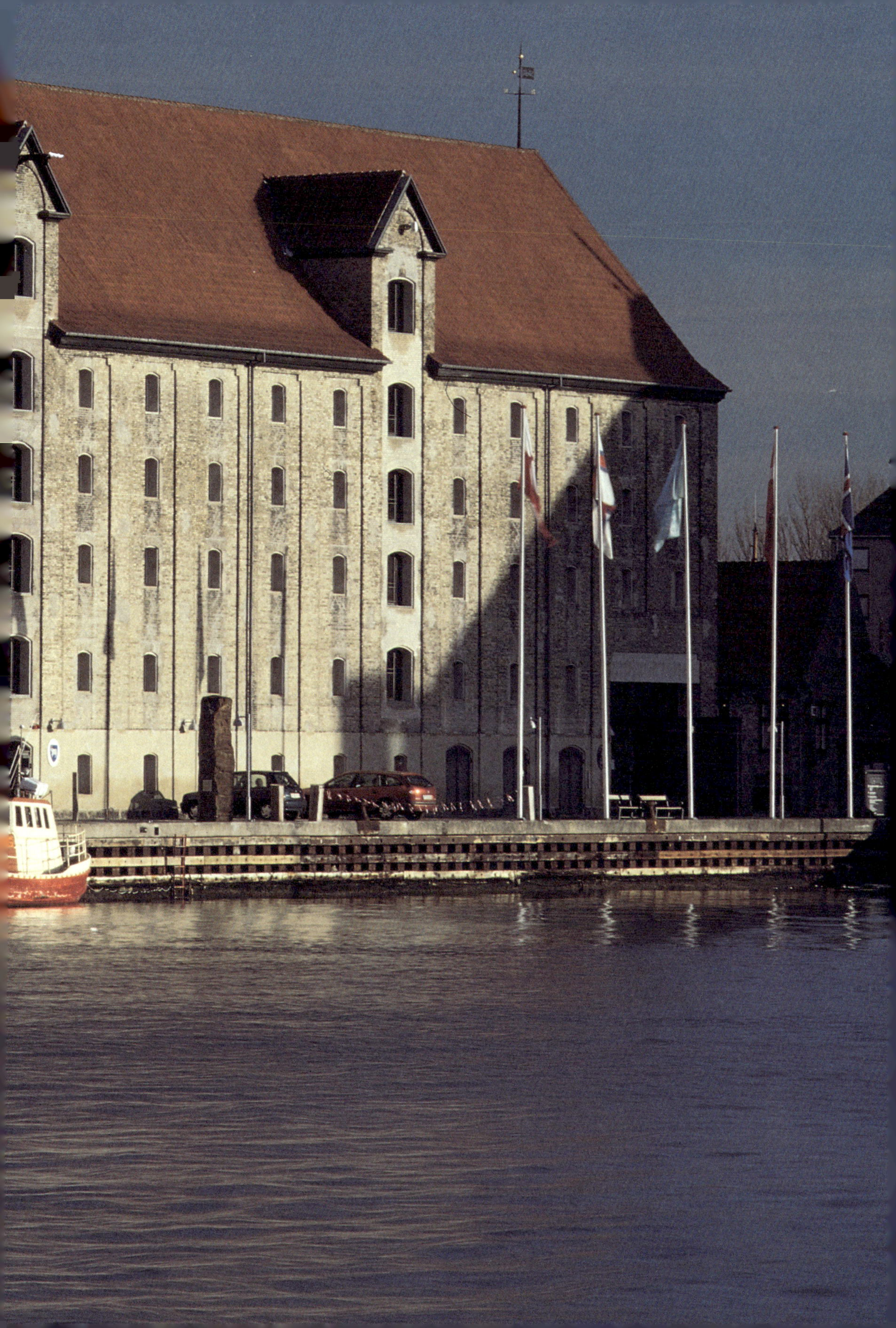

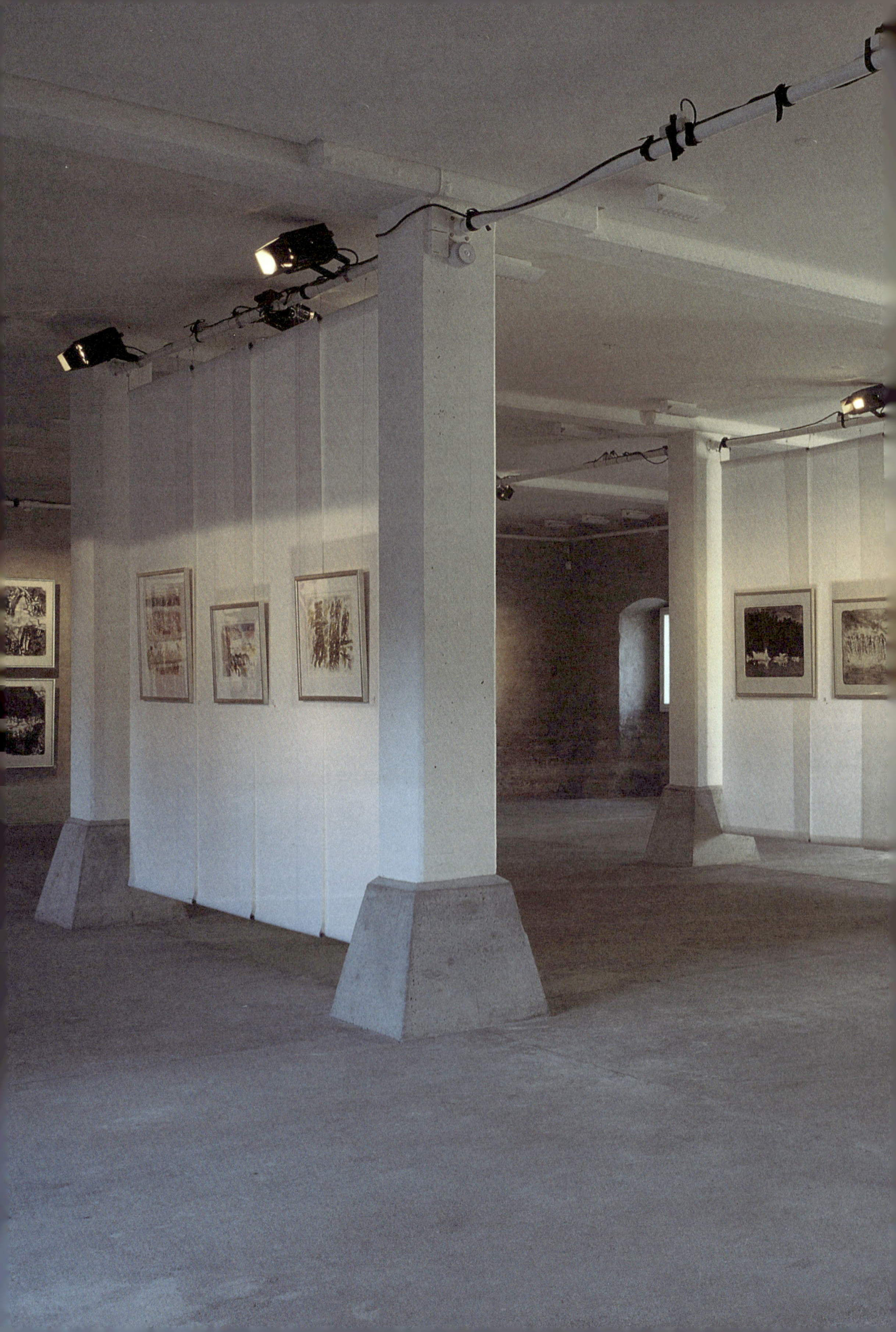

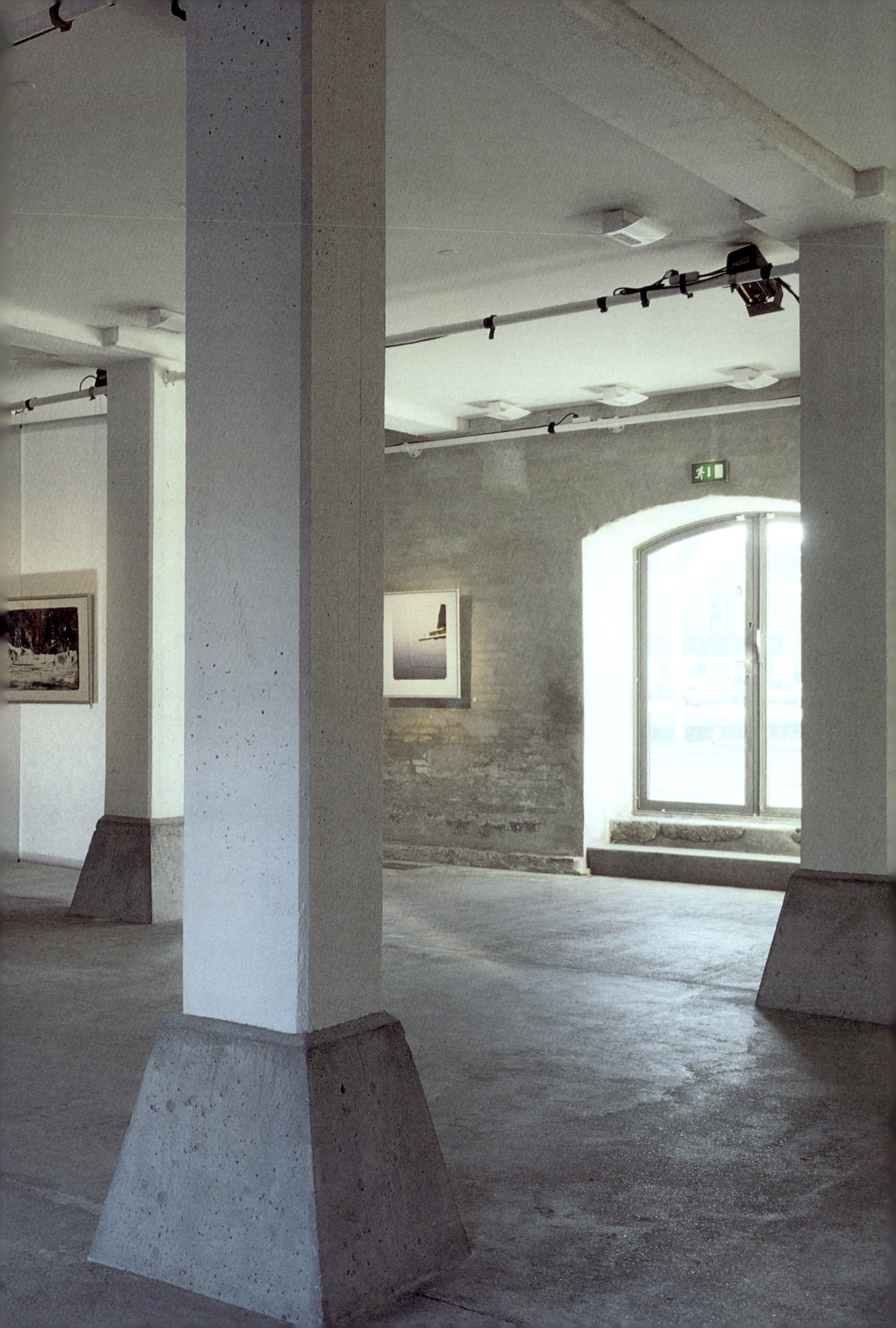

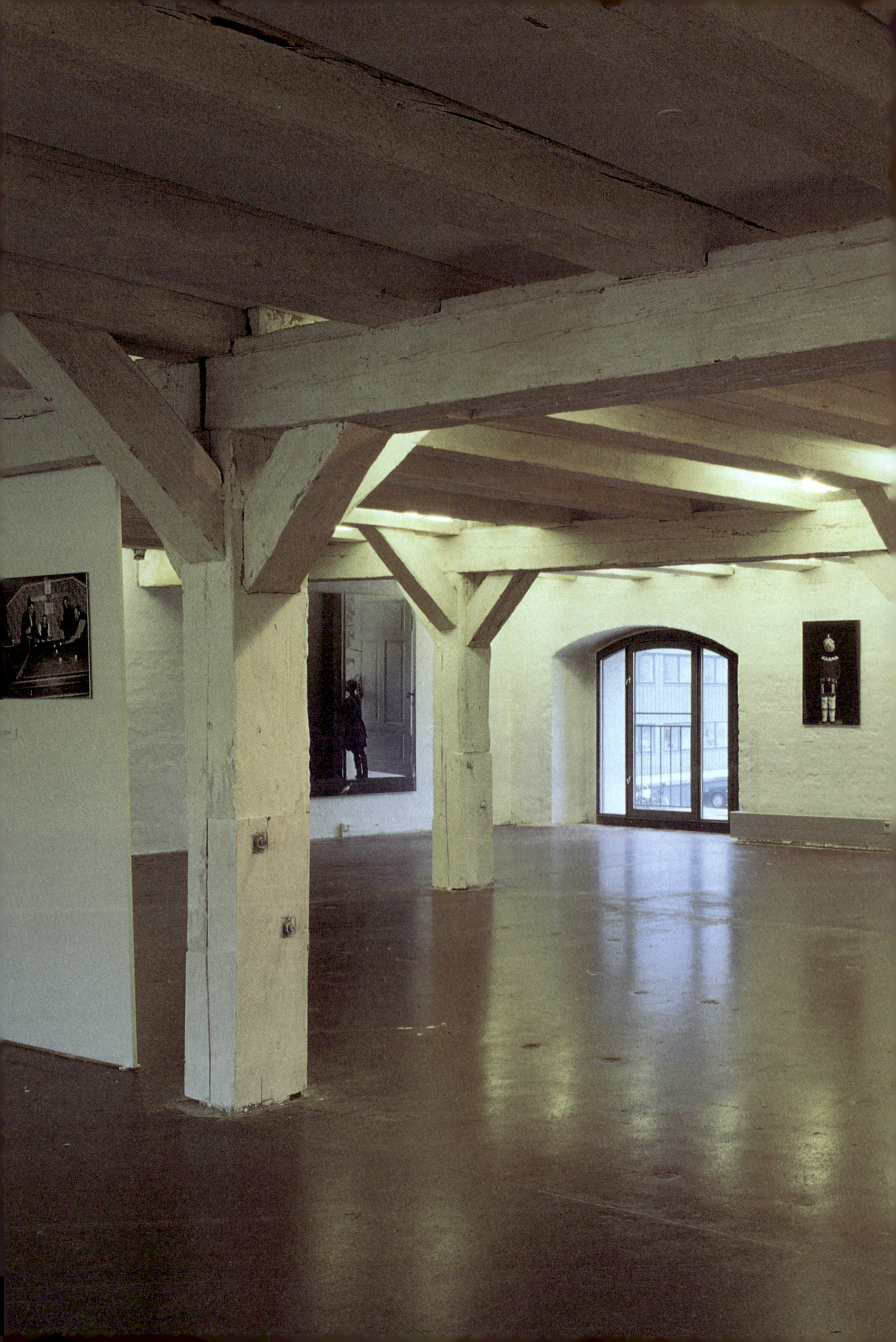

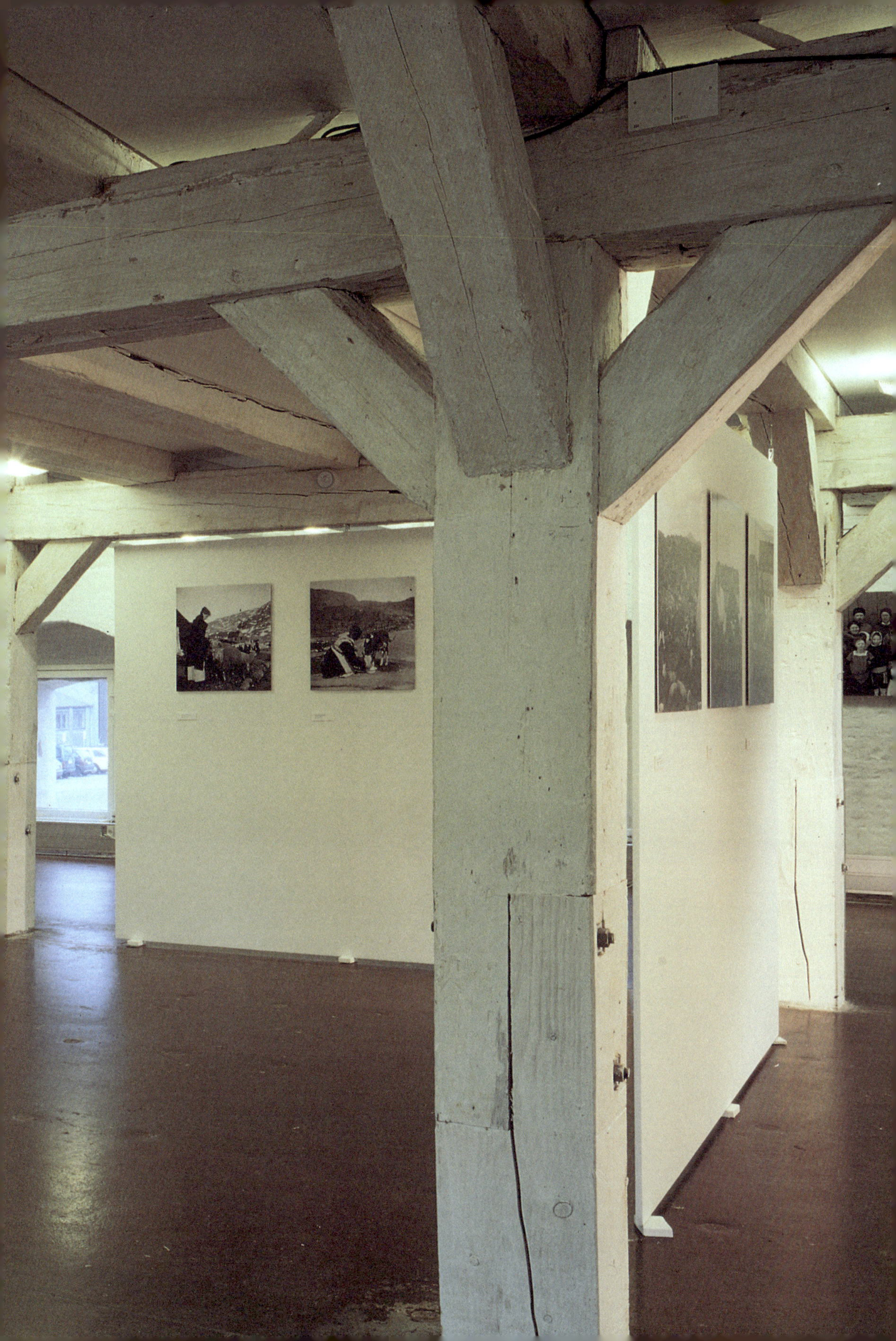

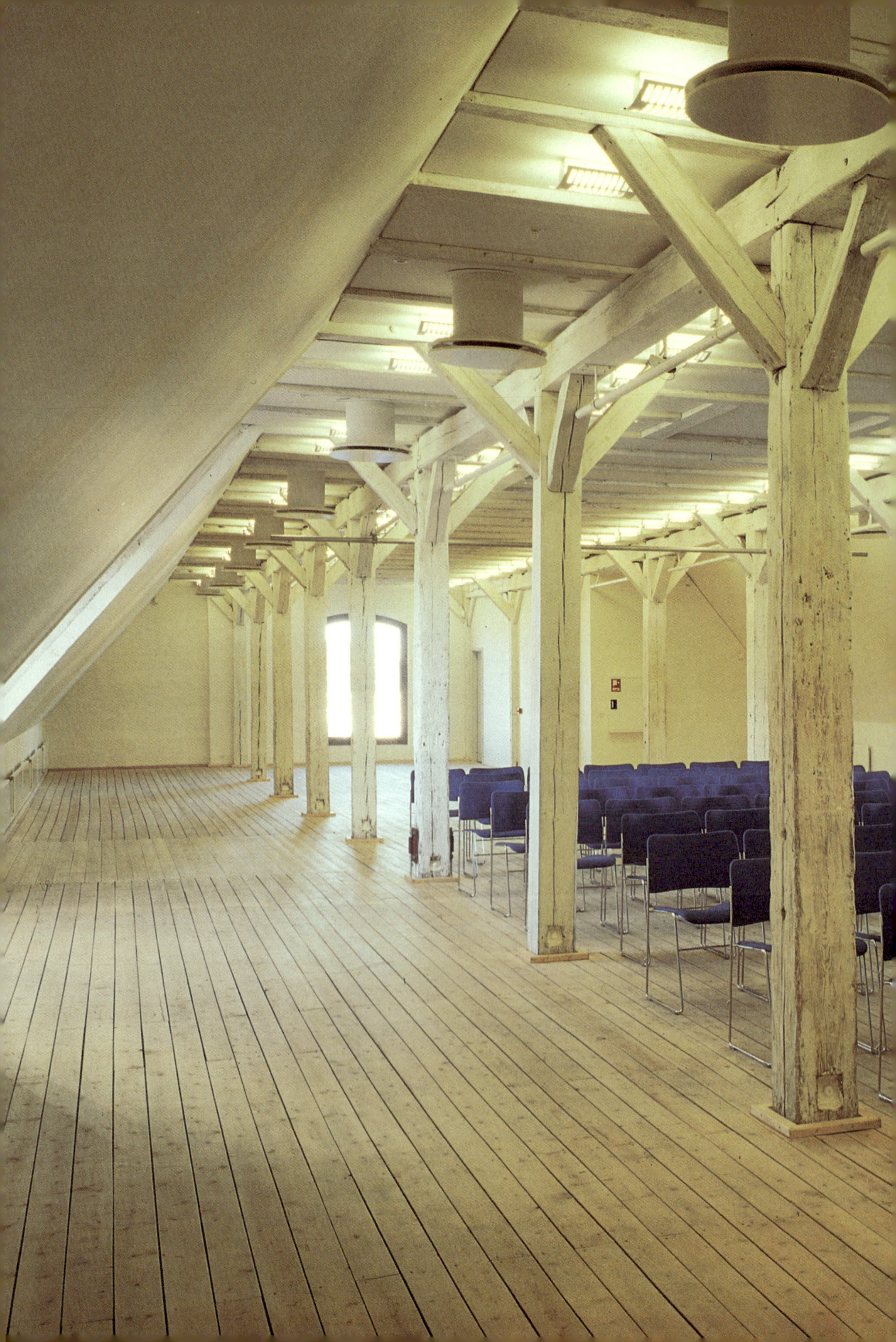

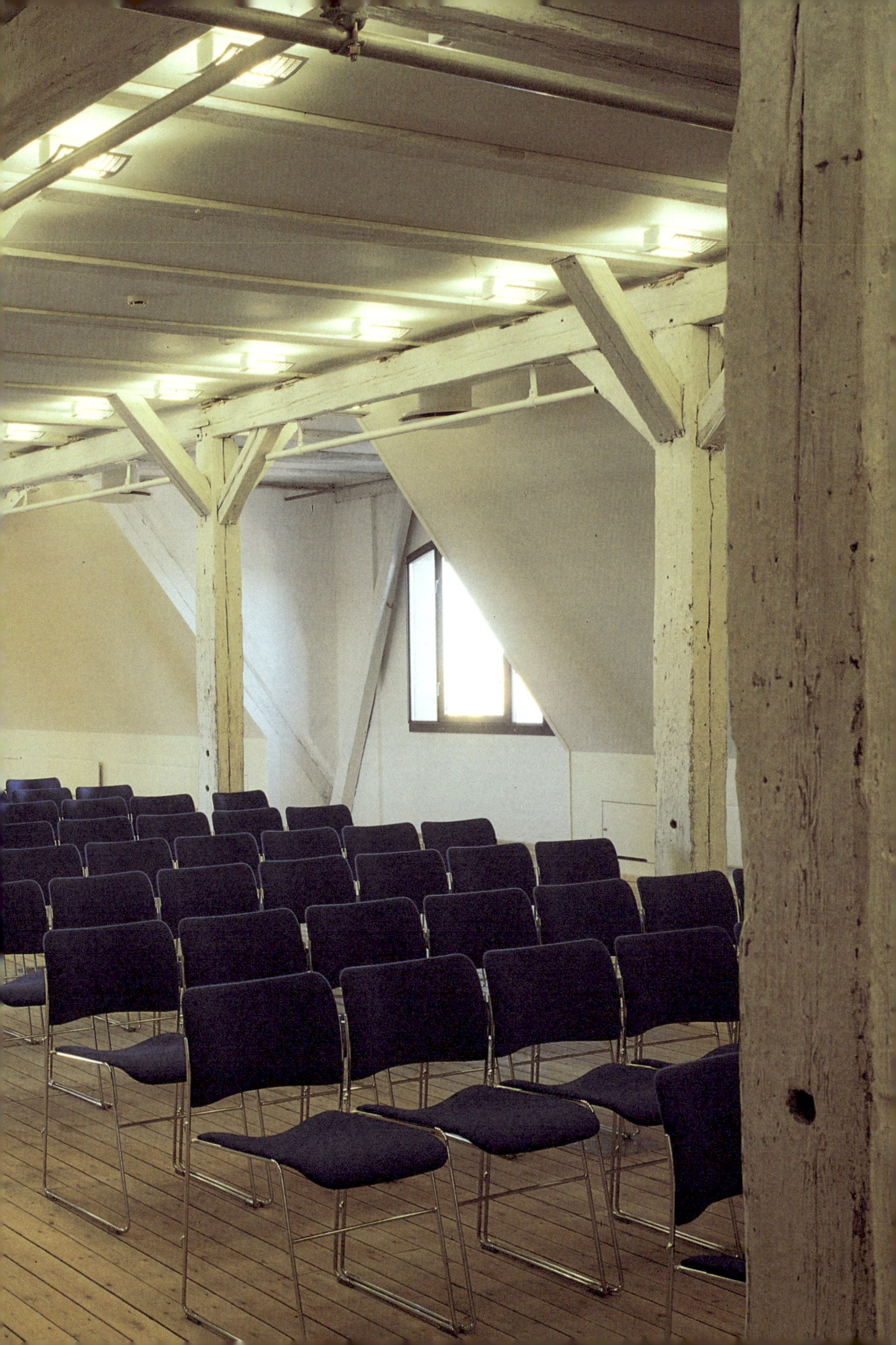

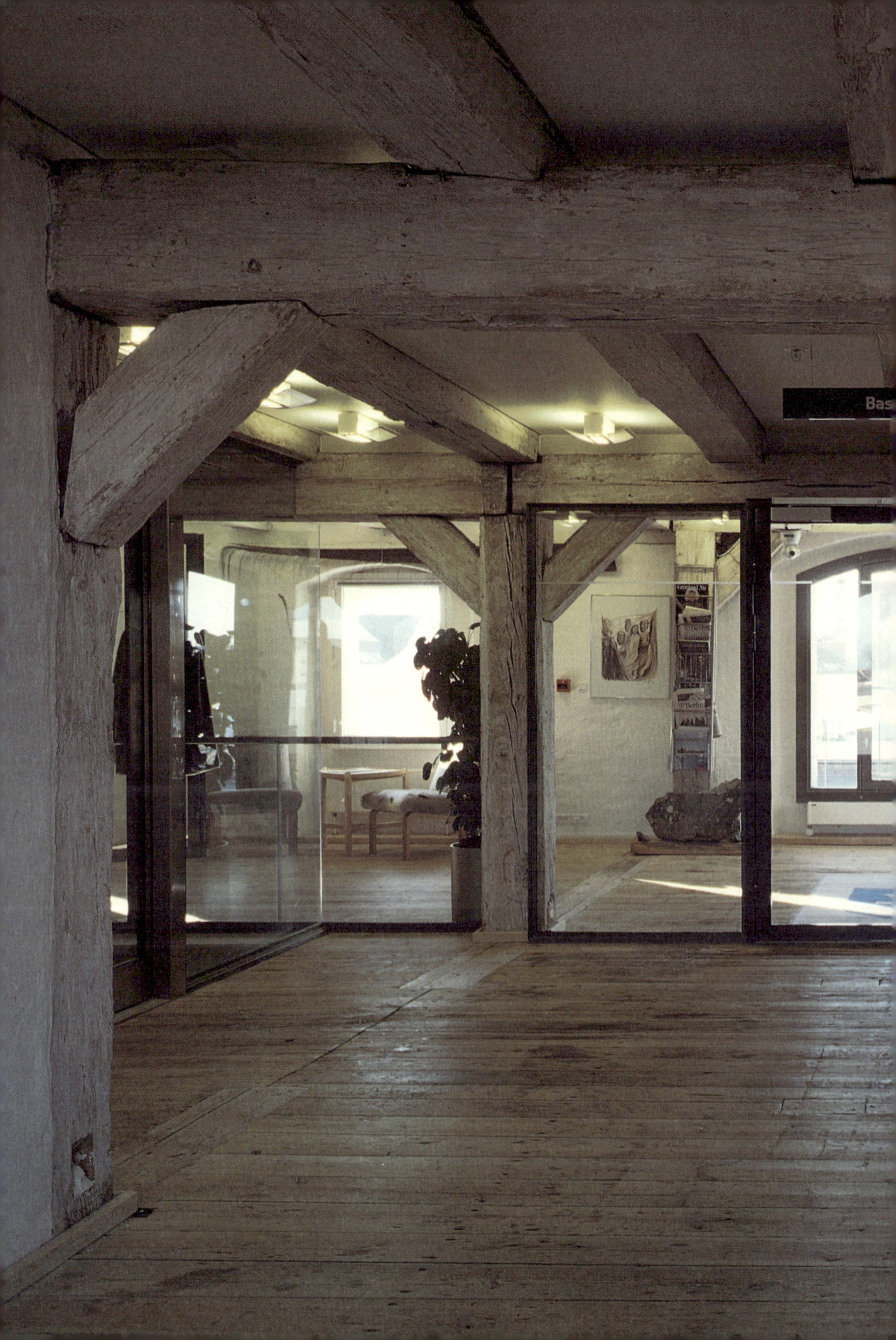

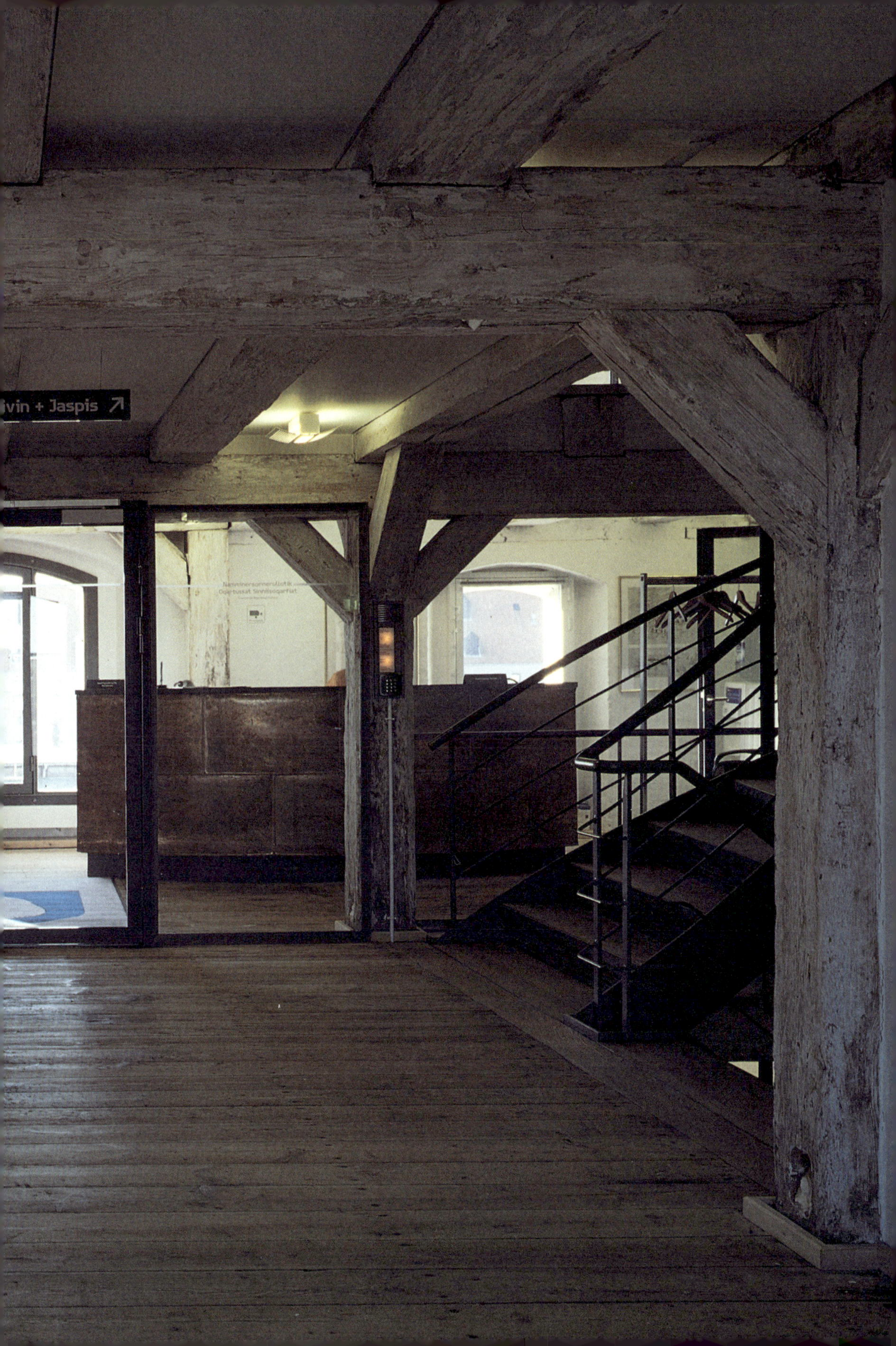
ivin + Jaspis ↗

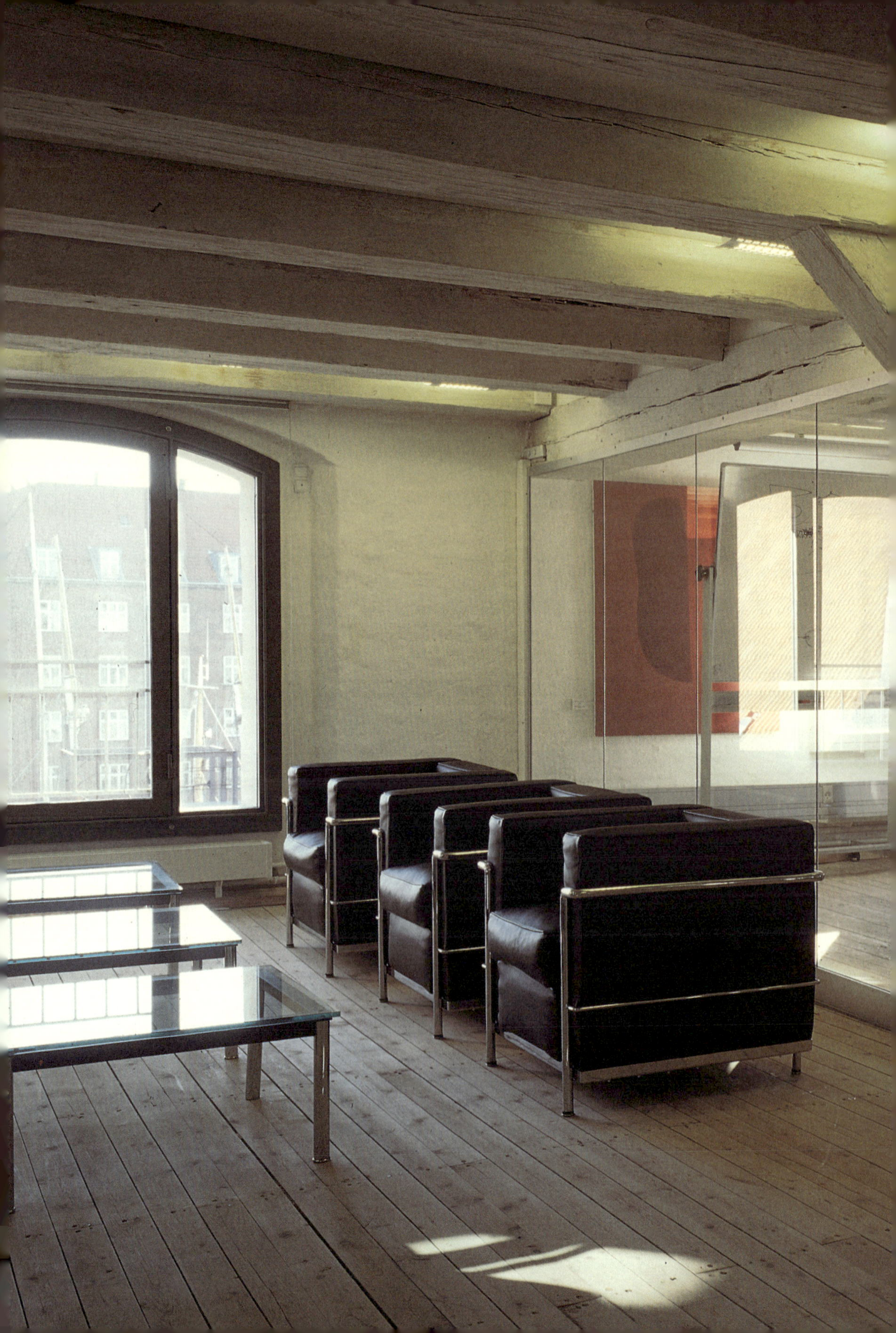

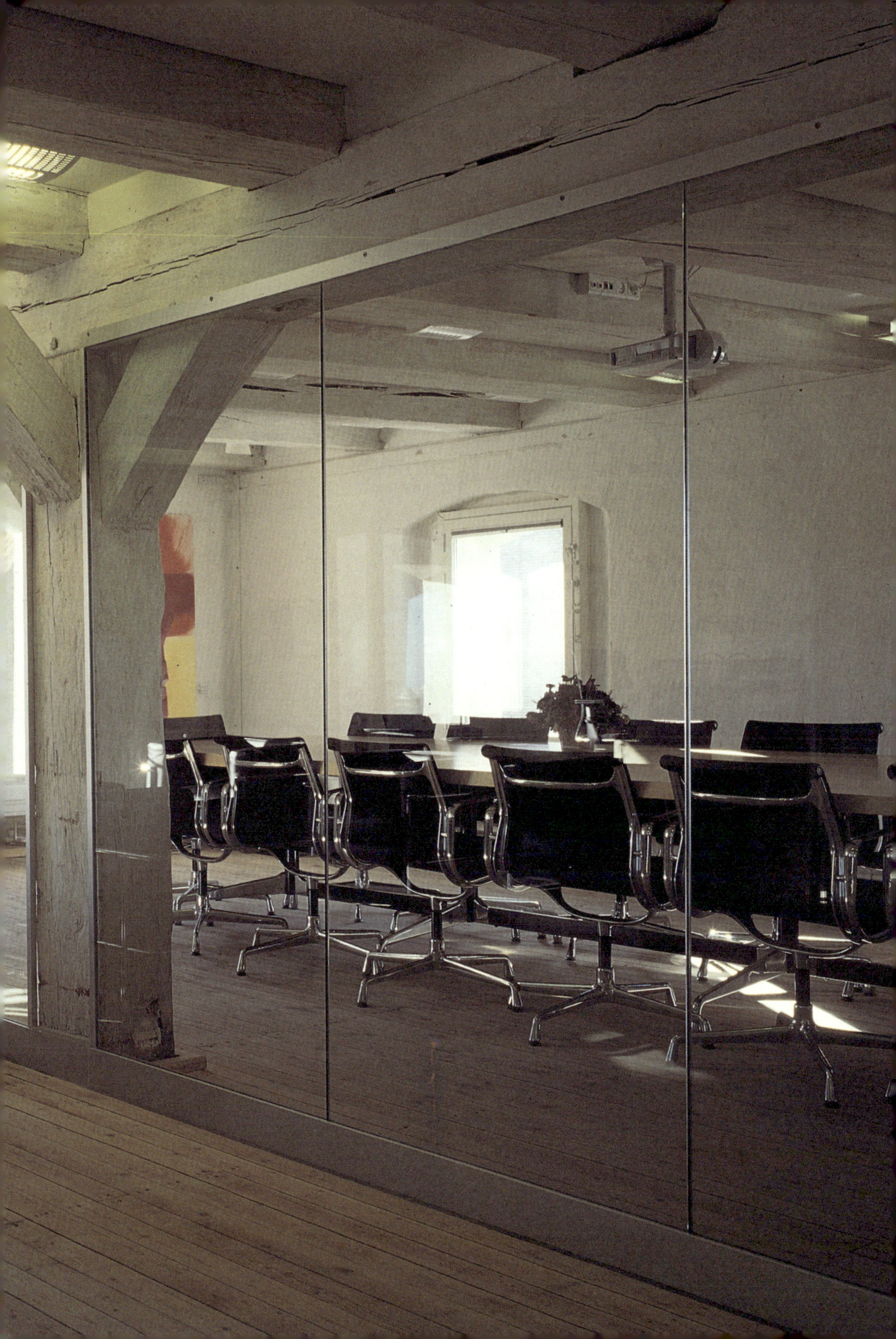

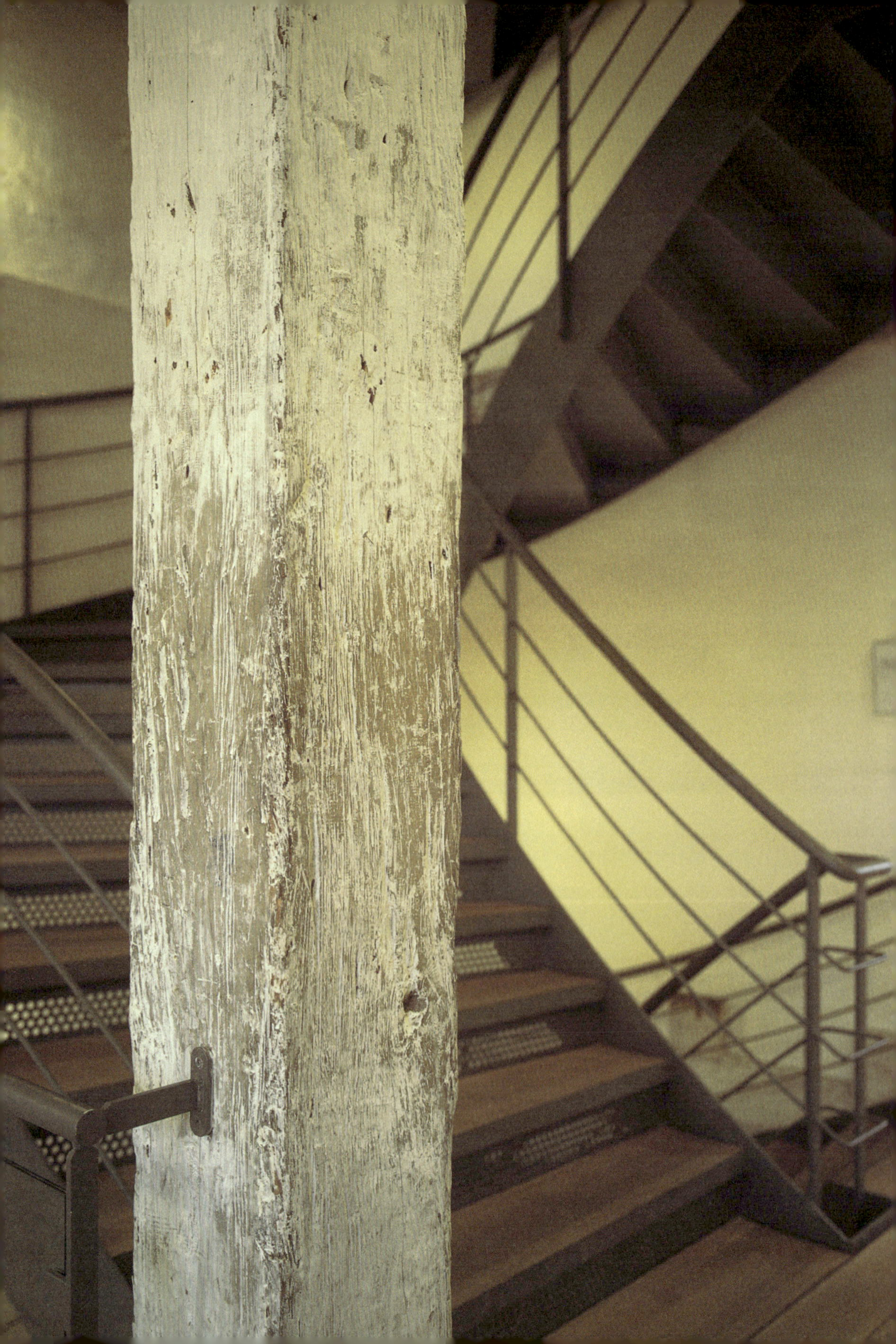

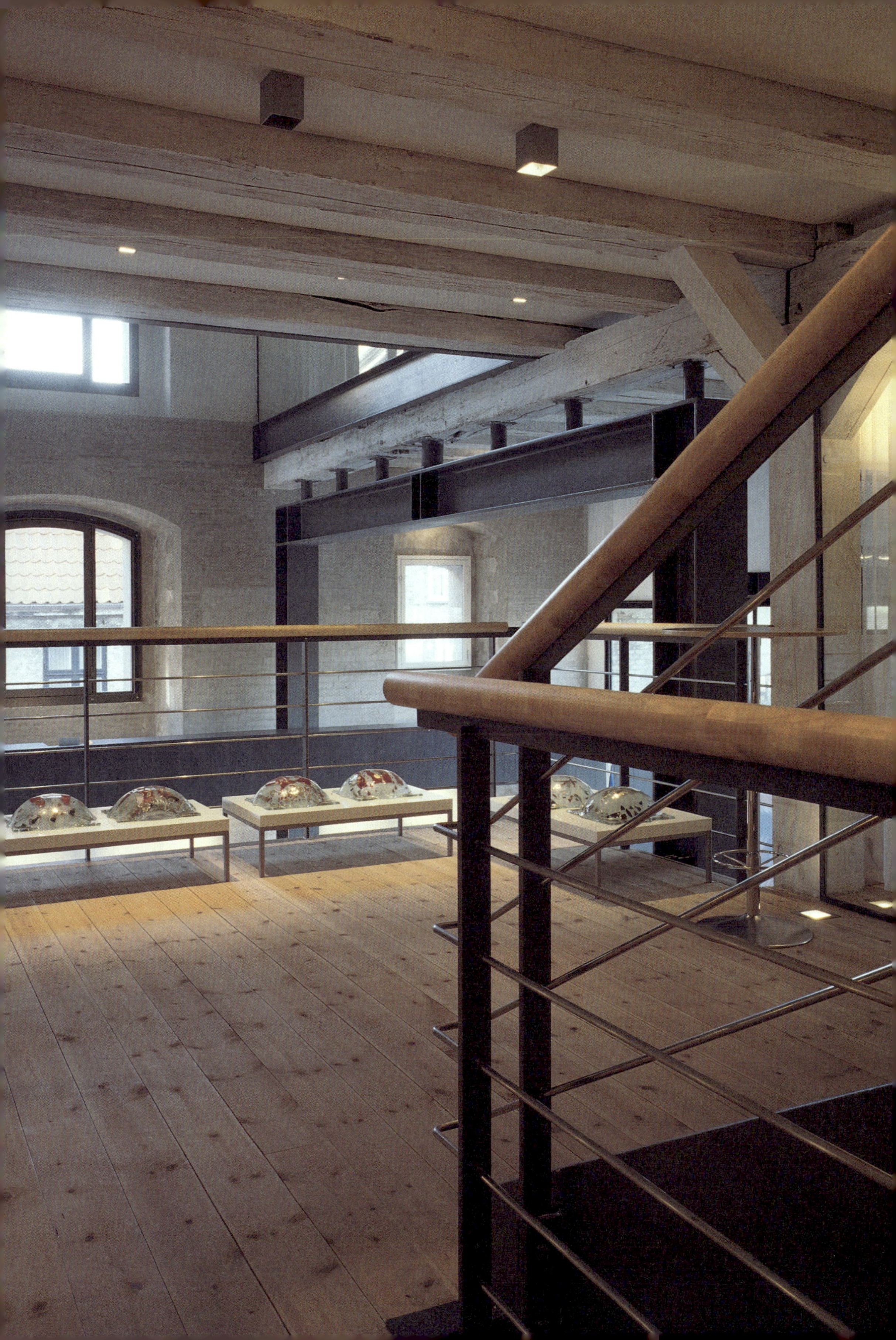

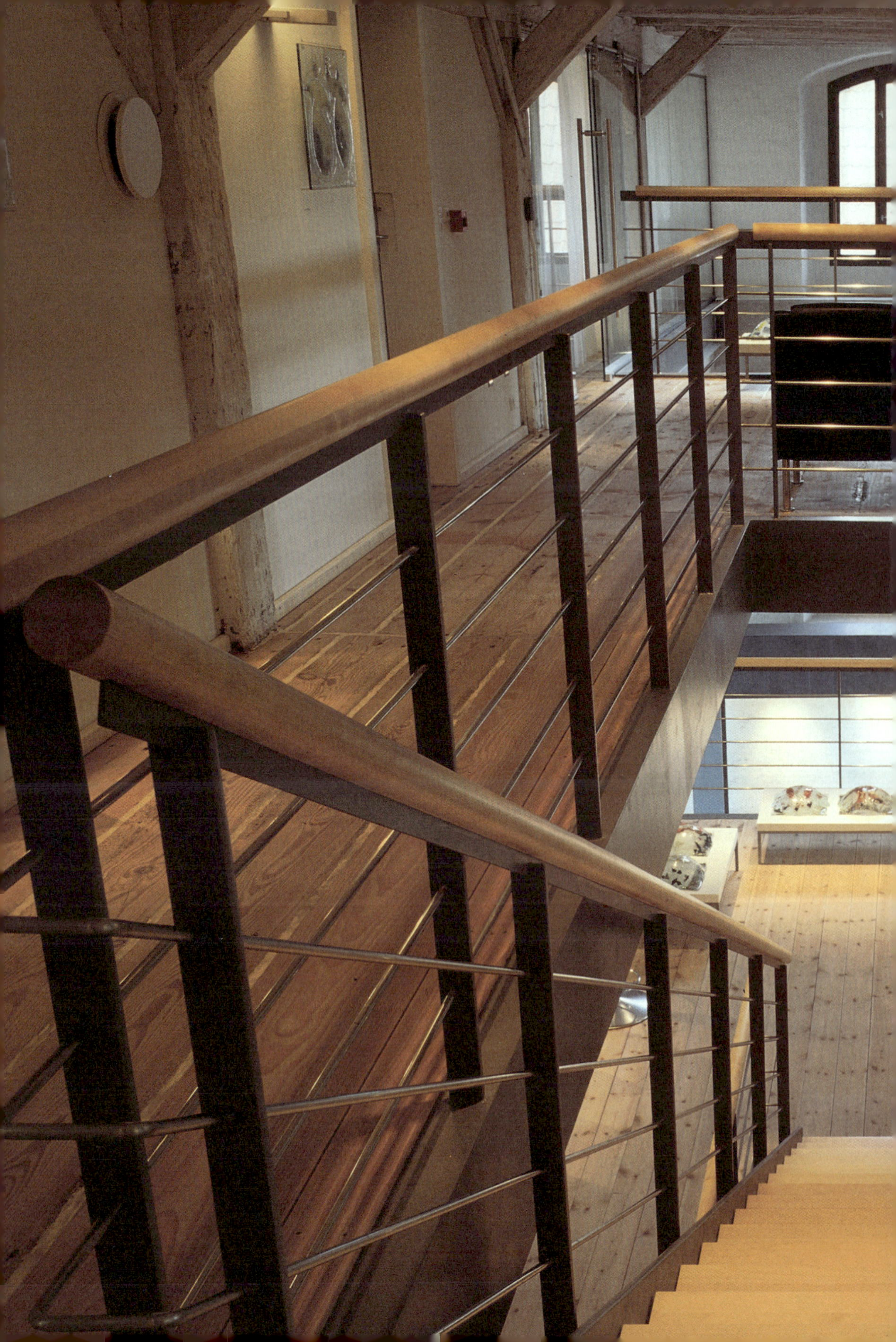